古典文獻研究輯刊

三七編

潘美月・杜潔祥 主編

第 **58** 冊

傳統中國：珞珈先賢紀念專輯

司馬朝軍 主編

國家圖書館出版品預行編目資料

傳統中國：珞珈先賢紀念專輯／司馬朝軍 主編 -- 初版 -- 新
北市：花木蘭文化事業有限公司，2023〔民112〕
序 2+ 目 2+296 面；19×26 公分
（古典文獻研究輯刊 三七編；第 58 冊）
ISBN 978-626-344-521-5（精裝）
1.CST：國立武漢大學中文系 2.CST：人物志 3.CST：文集
011.08　　　　　　　　　　　　　　　　　112010542

ISBN-978-626-344-521-5

9 786263 445215

古典文獻研究輯刊
三七編　第五八冊　　　　　　　　　ISBN：978-626-344-521-5

傳統中國：珞珈先賢紀念專輯

本書主編　司馬朝軍
主　　編　潘美月、杜潔祥
總 編 輯　杜潔祥
副總編輯　楊嘉樂
編輯主任　許郁翎
編　　輯　張雅淋、潘玫靜　美術編輯　陳逸婷
出　　版　花木蘭文化事業有限公司
發 行 人　高小娟
聯絡地址　235 新北市中和區中安街七二號十三樓
　　　　　電話：02-2923-1455／傳真：02-2923-1452
網　　址　http://www.huamulan.tw 信箱 service@huamulans.com
印　　刷　普羅文化出版廣告事業
初　　版　2023 年 9 月
定　　價　三七編 58 冊（精裝）新台幣 150,000 元　　版權所有·請勿翻印

傳統中國：珞珈先賢紀念專輯

司馬朝軍　主編

本書主編簡介

司馬朝軍，上海社會科學院歷史研究所研究員、《傳統中國》主編、《文瀾閣四庫全書》總編纂、《司馬氏志》總編輯，原任武漢大學國學院經學教授、歷史學院專門史教授、信息管理學院文獻學教授、中國傳統文化研究中心研究員、黃侃研究所研究員、文獻學研究所副所長、四庫學研究中心主任、武漢大學珞珈特聘教授，此外還充任上海交通大學、湖南大學、湖北師範大學、衢州學院等校兼職教授。著有《四庫全書總目研究》《四庫全書總目編纂考》等四庫學系列著作，主編《辨僞研究書系》，此外出版國學系列著作多種。組織主持「經學論壇」與「江南學論壇」，主編學術集刊《傳統中國研究集刊》。

提　　要

　　本書為學術集刊《傳統中國》之「珞珈先賢紀念專輯」，以紀念中文系「五老八中」群體為主，兼及歷史系唐長孺先生、石泉先生與哲學系的「三駕馬車」（即蕭萐父先生、唐明邦先生、李德永先生）。既有回憶性文章，也有評述性文章，所選文章大都出自門人弟子之手，耳聞目睹，真實可信，此冊足以為「珞珈人文學派」保存一點掌故與史料。山不在高，有仙則靈。珞珈之靈，彪炳千秋。

小　引

　　我於 1986 年秋天考入武漢大學中文系，大有蟾宮折桂獨佔鰲頭之感。初上珞珈山，就沉醉於桂園濃鬱的桂香之中。大學時代是我的覺醒時代。那個激情燃燒的年代，學術自由，思潮澎湃，我這個來自洞庭之野的野馬，一頭衝向了傳統文化的天地，沉醉於故紙堆中，尤其愛好章黃之學。與此同時，「五老八中」是我們敬仰的先賢。課堂上聽得最多的名詞就是「五老八中」，那些大先生都是我們的祖師爺，我們的學統就是來自他們。他們的趣聞軼事成為我們課餘津津樂道的傳說。經過十年浩劫，「五老」俱已謝世，「八中」也銳減其數，我僅見過程千帆先生兩次，見過胡國瑞先生一面，與李格非先生經常相遇於途，偶而也去他府上請教，當然最熟悉的還是周大璞先生，經常出入其門，執經問難，得到他的大力賜教。正是在這些老前輩的循循善誘與大力援引之下，我才有幸步入學術的殿堂。三十多年，往事依稀，宛如隔世矣。

　　珞珈山無疑是我們心中的一座聖山。曾經三進三出，前後在珞珈山學習、工作二十個春秋，那是我一生中的高光時刻。珞珈情節凝聚為幾個符號——「珞珈散人」、「珞珈七子」、「珞珈學者」。「珞珈散人」是我請朋友刻的一方閒章。最初自號「珞珈山人」，先師曹之先生不以為然，他研究過歷史上的山人群體，認為多為負面人物，「山人」多帶貶義，於是改為「珞珈散人」，閒雲野鶴，性近散淡，庶幾近之。山居那些年，與楊逢彬、程水金、吳根友、師領、楊華、丁四新諸兄結社讀書，戴建業、鄒其昌等教授後來也曾加盟，雖無蘭亭之雅趣，亦無竹林之高懷，本不足為外人道也，不意引起媒體關注，一時號稱「珞珈七子」。後來各自走散，丁四新進入清華園，程水金到了滕王閣，楊逢

彬與我先後來到魔都。時光荏苒，仍然難忘昔日那段其樂融融的溫馨時光。曾經入選武漢大學「珞珈學者」特聘教授，這可能是我今生獲得的最高學術榮譽。雖然早已視若芻狗，畢竟也是可遇不可求的文化符號。一言以蔽之，珞珈山之於我，豈可一日或忘？今生攀登過各種各樣的山峰，惟有珞珈山是無可取代的最高峰！

　　「山不在高，有仙則名。水不在深，有龍則靈。」珞珈山雖然海拔不高，卻擁有過一大批的先賢。作為從珞珈山中走出來的一員，我為他們自豪。武漢大學以人文見長的優勢似正在喪失，畢竟先賢偉業還在，希望她走向復興。本書所回憶的傳主，都是武漢大學的卓犖之輩，他們才是引領風騷的珞珈之靈。仰望珞珈，遙祭先賢。謹以此一瓣心香向珞珈先賢致敬！謹向所有作者致謝！

司馬朝軍

2023 年立春於上海浦西之震旦園

目次

群像剪影

珞珈山下四人行

金克木

1946年，武漢大學戰後復員武昌珞珈山，山上仿布達拉宮外形建造的教學樓和學生宿舍依然無恙，山前山後上上下下的舊房雖然還在卻已殘破了。

秋天傍晚，大路上常有四個人碰面時就一邊走一邊高談闊論，有點引人注目，但誰也不以為意，彷彿大學裏就應當這樣無拘無束，更何況是在田野之中，東湖之濱。

這四位老師模樣不過35歲上下，談得不著邊際，縱橫跳躍，忽而舊學，忽而新詩，又是古文，又是外文，《聖經》連上《紅樓夢》，屈原和甘地作伴侶，有時莊嚴鄭重，有時嬉笑詼諧。偶然一個即景生情隨口吟出一句七字詩，便一人一句聯下去，不過片刻竟出來七絕打油詩，全都呵呵大笑。

原來這是新結識不久的四位教授，分屬四系，彼此年齡相差不過一兩歲，依長幼次序便是：外文系的周煦良，歷史系的唐長孺，哲學系的金克木，中文系的程千帆。四人都是「不名一家」。周研究外國文學，但他是世家子弟，又熟悉中國古典，唐由家學懂得書畫文物，又因家庭關係早年讀劉氏嘉業堂所藏古書。他還曾從名演員華傳浩學崑曲，又會唱彈詞，後來在上海進了不只一個大學的不止一個系，得到史學大家呂思勉指引後才專重中國史學，譯出《富蘭克林自傳》和賽珍珠的小說。他是為草創《孽海花》的金松岑代授課才開始教大學的。金是認識他的人都知道的「雜貨攤」。程專精中國古典文學，但上大學時讀外文，作新詩，所從業師是幾位著名宿儒，自己又是名門之後，卻兼好新學。程的夫人是以填詞出名的詩人沈祖棻，也寫過新詩和小說。她是中文系教授，不出來散步，但常參加四人閒談。

　　八年抗戰勝利結束，復員後文化教育各方都想有所作為，誰也料想不到一年後烽煙再起，兩年後全國情況大變。需要從頭學習以適應新的形勢要求。那時大學都還照老一套辦事，想重振學風，勇攀高峰，參加世界學術之林。武漢大學校長周鯁生雄心勃勃，做的第一件事便是請新教師。他要把文、理、法、工、農、醫六個學院都辦成第一流。單說文科，便有劉永濟任文學院長，吳宓任外國文學系主任，劉博平任中國文學系主任，新從美國回來的吳於廑任歷史系主任，已在病中隨後中年早逝的萬卓恒任哲學系主任。萬以後洪謙繼任。全校各系都請了一些新的教授，真是不拘一格聘人才。

　　珞珈山下在一起散步的四人教的是古典，而對於今俗都很注意，談的並非全是雅事。唐長孺多年不讀《紅樓夢》而對《紅樓夢》中大小人物事件如數家珍，不下於愛講「紅學」的吳宓。周煦良從上海帶來兩本英文小本子小說。他在戰後地攤上買了專為士兵印的許多同一版式的小書，想知道戰時美國軍人的讀書生活。他說，古典的不論，通俗的只有這兩本可看。一是他後來譯出的《珍妮的畫像》，一是講外星人來地球在愛中以「心波」不自知而殺人的荒誕故事。他還帶來還珠樓主的《蜀山劍俠傳》，說是當時上海最風行的小說，寫了西南少數民族，有些「法寶」是大戰前想不到的。金克木曾到租書鋪租來《青城十九俠》、《長眉真人傳》等等還珠樓主的小說。四人都對武俠流行而愛情落後議論紛紛，覺得好像是社會日新而人心有「返祖」之勢。雅俗合參，古今並重，中外通行，是珞珈四友的共同點。其實這是中國讀書人的傳統習慣。直到那時，在許多大學的教師和學生中這並不是稀罕事，不足為奇。大學本來就是「所學者大」，沒有「小家子氣」和「社會習氣」的意思吧？當然這都是 50 年代以前的古話，時過境遷，也不必惋惜或者責備了。

憶中文系「五老」風範

姜為英

劉賾先生，字博平，敬稱博老。湖北廣濟人，早年就讀於北京大學，深得國學大師黃侃先生的垂青。國學泰斗章太炎老先生又許其為再傳弟子，是著名的文字、聲韻、訓詁學家，也是章黃學派的薪火傳人。其主要著述有《聲韻學表解》、《簡園日記存鈔》等。是 1957 年 7 月前武漢大學五位一級教授（李達、李國平、高尚蔭、劉賾、李劍農）之一，又是中國文字改革委員會委員，曾任武大中文系主任、文學院院長多年。德高望重、位尊虛懷，確是同仁讚佩、學生敬仰的名師。

我就讀武大前在南昌大學即修了中國語言文字學概論，因此未選修博老的課，但卻在文學院一個教室裏聆聽過他的學術報告。當時中文系師生聞訊蜂擁而至，濟濟一堂。學術報告的主題是：釋「爸、媽」。由乾坤、天干、地支開講遞及象形、象聲。記得當時袁昌英教授也來聽報告，博老樂呵呵地說：「今日課題不歡迎女士們蒞臨指正。」袁老師笑答道：「學術報告的對象應該沒有男女之分吧！」博得滿堂大笑，其樂融融。博師身材稍長，臉也略長，精神抖擻，意氣風發，滔滔不絕，一講就是兩個多小時，似大江東去，一瀉千里。

我雖然未選修博老的聲韻學，但是，由於我不時去恩師黃焯教授府上晤談，而博老是黃師的師兄，同為章黃學派主要傳人，因此往往與博老邂逅。博老為人可親，從來不擺架子，與他老人家在一起就似在冬天的和煦陽光下那樣地溫暖。

武大中文系「五老」

記得 1954 年盛春的一天，博老在黃師家中約我下星期天下午去他府上玩。屆時我沿著林陰曲徑去他住的別墅式的珞珈山十八棟。蒼松翠柏如傘，綠茵覆地，山花似錦噴香。對面東湖白帆雪浪，碧水藍天，煙波浩渺。不時耳聞目睹「漠漠水田飛白鷺，陰陰夏木囀黃鸝」的美麗景色。詩人郭沫若曾稱這裡是「物外桃源」、「森林公園式的住宅」。眼見偌大的一層洋樓，似乎除了一位服侍博老的女傭外，不見其他人影。他老人家在客廳裏給我遞煙沏茶、略事寒暄之後，就邀我進他那古色古香的書房。房裏壁掛書畫，櫥中陳列著一排排線裝書。我坐定之後，博老不聲不響地突然把一本學生名冊展示在我的眼前，詢問我哪幾位是班裏的主要學生幹部？我一一相告後，他用特有的記號記在各個幹部的姓名前，別的就不再說。學富五車的長者不說，我作為初次拜望恩師的小輩是不便多問的。然後他收起點名冊，探問我語言文字學學得有味否，在南大是誰教的。我說，王綸副教授。他說知道其人。轉而從側面考較我語言文字學的根基。由於我一向對語言文字概論不大感興趣，回答自然使博老很失望。我甚感內疚，不由得臉紅耳赤，慚愧得無地自容。博老馬上話鋒一轉，為我解窘地說：耀先（黃焯老別號）對你的印象很好，稱讚你腦子靈活，記憶力不錯，文筆也有一定的功底，求知欲強，肯下工夫學習等。我連忙誠惶誠恐地說：哪裏、哪裏，只不過是黃師不棄錯愛罷了。博老又正色地說：這裡有個不爭的事實，我

與耀先相交在武大已有十七年，作為學生能經常去他家頻率這樣高的你是第一人⋯⋯坐了近兩小時後我才告辭，博老親自送我至門口，我愉快地回到宿舍。光陰似箭，星移斗轉，1981年春，黃焯恩師函示我博老已於1978年駕返道山了。1996年金秋，我經歷了漫長的四十年坎坷人生旅程後故地重遊，再謁十八棟，不禁衷生物是人非之歎！

劉永濟先生，字弘度，號濟生，尊稱弘老，湖南新寧人，是研究屈賦的名家，又是詩人、詞家。曾任武大中文系系主任、文學院院長有年。1956年被評為一級教授。他身材修長，面孔清癯，吐言清晰，念詩詞節奏韻律準確動聽。「此秘未睹」是劉師的口頭禪。乍見有點令人生畏，其實不然，如果你有問題請教，弘老總會侃侃而談，不使你失望，嚴肅的外表中蘊藏著濃濃的長者情。我個人雖只有一次單獨向他老人家請教，那諄諄師表的印象至今還鑲嵌在我的心中。不過在有些場合他則很嚴肅。記得1954年，在中文系主任江櫓先生主持下，召開對胡適。俞平伯等紅學家的批判會。劉師開口即說：「俞平伯我不瞭解他。至於胡適其人，我的朋友蔣南翔先生告訴我，他在美國留學回國前即說回國後要提倡白話文，後來他也成了研究《紅樓夢》的權威。」這段發言給人的印象很深，顯示了一位老專家不苟從時流的品格。

弘老講授屈賦、唐宋詞都很有新意。記得講南唐馮延巳的《謁金門》（風乍起）時，有聲有色，令聽者為之情動：講李煜的《虞美人》，情隨詞現，惆悵思緒溢於言表：誦張孝祥《六州歌頭》：「念腰間箭，匣中劍，空埃蠹，竟何成！⋯⋯使行人到此，忠憤氣填膺、有淚如傾。」表現得慷慨激昂，幾乎聲淚俱下，課堂裏鴉雀無聲。但宋詞格律的確難懂，我就自認是聽不懂的人之一。弘老當時也有覺察，當堂問同學們是否能聽懂？同學們不敢貿然回答。沉默幾秒鐘後學生黨支部書記許文慶回答說：可以聽懂。但我懷疑這是為了安慰老師。他真的聽懂否，我無法判斷。反正不少同學也與我一樣說：聽不懂。當然這不是說弘老講課不當，而是我們水平參差不齊，故此有不少人不懂。據說劉師對屈賦的見解，某些地方與郭沫若先生相左。當然，學術上是允許百家爭鳴的，只要言之有理。總的來說，弘老給我的印象是「博」，但稍欠「純」。上海古籍出版社對他的《詞論》一書在出版說明中就有此見解。

我手邊有劉師親手寫的石印本《誦帚詞集》，係劉師快婿皮公亮學長轉贈。下卷第12頁有《減字木蘭花・贈別吳雨僧教授》：

　　雨僧由渝來漢，小住四日，即赴穗再入都。然後西去隻身萬里、
遍訪南北親友而興致勃勃，無風塵倦色，可感亦可喜也。

　　龐眉書客，自以文章為潤澤。執手言歡，狂態依稀十載前。山
川寥廓，萬里秋曼飛老鶴。何用傷離，同在長江水一涯。

　　足見劉師與吳雨僧先生友誼之篤，真情畢露。為英手錄於上，與校友學長
們分享品味。

　　黃焯先生，字耀先，敬稱耀老。惟其師弟陸宗達先生專以「迪之」呼之。
黃師係著名的小學家、詩學家、散文家。給我班講授《詩經》、《古代散文選》。
對我來說，諸子百家任何學科有問必答，不僅是嚴師，而且是「慈父」。耀老
祖籍湖北蘄春，詩書傳家，係國學泰斗黃侃的堂侄。耀老常對我說：「親炙先
從叔季剛老先生長達十五年。」名師出高徒，可以當之無愧。耀老他們叔侄有
相似的驚人記憶力，對劉師培老先生同有特殊感情，認為治經學者無出其右。
耀老治學嚴謹，孜孜不倦，博覽群書，力求博大精深，追求真理，絕不沽名釣
譽，故而學通古今，名揚海內外，博得章黃學派主要傳人之一的美名。但有趣
的是，他本人卻反對章黃學派之說。耀老於 1956 年被評定為二級教授，直至
1983 年，他因病住院前在有關證明信上系裏仍填為「二級」，當時任校長的劉
道玉知道後笑著說：「還填二級呀！早就該提一級了！完全是耽擱了哇！」說
罷便改成了一級。

　　黃焯師早年執教於南京「中央大學」。1938 年後來武大中文系任教。是「五
老」中最年輕的教授。「文革」後為中文系開創了漢語史首批博士點，並任中
國語言學會理事、中國訓詁學會顧問。他不僅在學術上獨樹一幟，而且在為人
師表的品德上也成為我們後學的光輝楷模，深得學生欽佩。我記得，當年在黃
府上不時可以遇見劉賾、何定傑、李國平、吳於廑等名教授。每年春節間，在
黃府有私誼甚佳的教授們的迎春詩詞吟唱會。有一次我有幸也碰上了，嚇得我
戰戰兢兢。黃師給我一包麻酥糖用以緩解我的緊張情緒「——你吃一包！」幸
好劉賾老、何定傑老教授與我較熟，見我窘態百出，不時為我「解圍」。我有
幸能躋身於這群星燦爛的大學者中聆聽清音，真是我今生不可再得的一大幸
福！北京師範大學訓詁學家陸宗達教授在世時把「迪之」當成他對黃焯師兄的
專稱，並對其弟子說：「你們的師伯乃古之君子、今之古人！」陸師的高足之
一許嘉璐先生，當年曾兼任中國訓詁學會秘書長（陸師是會長），於揚州開完
紀念段玉裁等人的會議之後，受學會委託，專程繞道千里來看當時任中國訓詁

學會顧問的黃焯先生。不虞先生住院，未曾安頓，即赴醫院探視，在漢三天每日侍坐於先生之側……（見《黃焯文集》405頁）足見黃師除學問博大精深外，道德高尚、人緣之佳也非比尋常。

黃師為人從不託大，絕不把自己的主觀意見強加於人。而且師生問答沒有禁區，他老人家會傾聽你的合理意見，假使發現不當，也會耐心地諄諄教導。他老人家曾針對我的鈍氣經常提醒我：「敏事慎言」，要做到這一點必須以博學為基礎。大丈夫立身處世必須習慣於眼看四面、耳聽八方，心靈手勤，心記不如筆記。另外，還必須虛懷若谷。古人曰：「海納百川，有容乃大。」譬如說：師友給你修改文章，你一定要對照自己的原文，仔細琢磨，詳加推敲，首先進行對比，改了好，還是不改好，必須明白好在什麼地方。然後吃一塹、長一智，由此吸收精髓，豐富自己的寫作技巧。這樣才能得益，久而久之，日臻佳境。耀老的教導陪伴我大半生，使我獲益匪淺。

總之，黃師一生最反對的是驕傲自滿，固步自封，自以為是，不求上進。對那種妄自菲薄前人學術成果，自己偶有一孔之得就沾沾自喜，坐井觀天，標新立異之徒，是不屑一顧的。黃師厚積薄發，所撰《經典釋文彙校》、《毛詩鄭箋評議》、《詩疏平議》、《詩說》等，均言前人所未言，令治經者歎服。他的著作遍及海內外。黃師晚年為整理其先從叔黃侃老先生遺著立下不世之功，出版十餘種。例如《蘄春黃氏文存》等，為弘揚章黃學派學術主旨起了不可替代的作用。

耀老同情窮苦勞動人民，值得讚揚！1955年春的一天，我去他家敘談，一進門他就開口說：為英，前幾天我家來了一個粗人，一進門就大聲呵問：「你是黃焯嗎？」我回答：「是，有事嗎？」該人矮小身材，但聲音洪亮地說：「漢口某派出所打電話給學校保衛科說，該所抓到一個偷吃的小偷，審問時說武漢大學的黃焯是他的親戚。你認識此人嗎？是否慣偷？如果慣偷要治罪受罰，向你瞭解情況。」黃師直說：「前幾天這位遠房親戚是來過我家，供飯後離去，據我瞭解不是慣偷，大概外出時盤纏帶得不多，故而『飢餓發盜心』了。」由於黃師的開脫，這位「粗人」回保衛科彙報後，由保衛科掛電話給派出所說黃焯教授證明不是慣偷，於是教育後釋放。此人釋放後再來黃府道謝，耀老還贈金令其早日回家。黃師說：「鄉下人來趟武漢不易，如果送勞教所勞動十天半月，家人豈不急壞？」由此足見黃師的為人。

黃焯恩師道德高尚，人品上乘。智者樂、仁者壽，直到1984年6月5日，

因患肺癌醫治無效駕鶴仙遊，享年 83 歲。這是後來接到黃景熙師妹寄來的訃告我才知道的。這位比父親還親的恩師悄然逝去，令我這個劣徒不勝哀傷！時至今日，每年農曆「七月半」鬼節、春節三天仍偕妻子徐翠英祭思不輟，每當月明星稀之夜，憑窗遠眺，鹿溪兩岸垂柳搖曳，流水潺潺，腦子裏總不時浮現出身材高大、和藹可親、談笑風生頗具古學者風範的耀老的身影。回眸當年在珞珈山二區 47 號親炙恩師的「高山流水」的歲月，多麼令人神往啊！回首當年青春年少，而今已七十又四虛齡，垂垂老矣！唉！百歲人生，稍縱即逝！猛抬頭，直視客廳壁上貼著的黃焯恩師與陸宗達老教授合影的皓首長鬚的半身遺照，逝。誠有「世無不散筵席」之感。無限傷生，至 1955 屆即我們這一屆為止。

徐天閔先生，可說是五老中穿著最樸素的。他為人隨和，樂群可親。當年教我們習讀漢魏詩、唐詩。每當我看見僅存的《歷代韻文選》講義時，腦子裏馬上就會重現一個身材高大、穿灰白長布衫、頭戴束頭帽、腳踏布鞋的老教授，在講堂上高聲吟唱「戰城南，死廓北，野死不葬烏可食……」徐老博學善教，常以高聲朗誦的鏗鏘韻調帶動學生，啟開學生的心扉，與詩人的脈搏同跳動，促使滿堂學生聚精會神地聆聽，洞悉詩中深意。徐師學問淵博，治學嚴謹，並以「蠟燭的精神」照亮學生。在他的講義中，綜述、分論、題解、注釋，一應俱全，集百家與己見於一編，以便於學生課後溫習。注釋己見時常冠以「天閔案」。我有時作文也喜歡用「為英」，這就是從徐師講義上學來的。

天閔老師是個慈祥博學的長者，凡有提問，定能使你獲得滿意的答案。記得有一次，我要求徐師解惑後，告訴他老人家：我是您講義中選講的白香山《江南旱》一詩中「是歲江南旱，衢州人食人」的衢州府江山縣人。誰知他老人家可樂了，馬上眉開眼笑，連珠炮似地問：那你到過劉禹錫詩中「到鄉翻作爛柯人」的爛柯山嗎？你來自棋鄉善弈嗎？我笑答道：爛柯山在衢州鄉下，離我家鄉江山縣新塘邊鎮相距 160 華里，我沒有去過，學生愚笨不善下棋。徐老聽了似有失望之感，因為他是高級棋手。但馬上又帶笑地問：孔子南宗家廟也在衢州，這你總該到過吧！我點頭答道：到過，但當年不怎麼顯眼。從此每逢相遇，徐天老總是笑哈哈對我點頭。所以就我來說，在武大學習二年，我認為見了最無拘無束的老師就是徐天老。和徐老在一塊兒呆著可神了，彷彿魚兒在水裏自由自在地遊著，快樂得很。可歎，徐天閔老教授 1956 年上半年就仙逝了。所以，完整地受過「五老」教導的中文系學生，至 1955 屆即我們這一屆為止。

　　席啟#先生，字魯思，湖南東安人，敬稱席魯老。是個個子矮瘦的老人，既無講義，又缺發表的著作。作為學生，今日想撰寫悼文也頗難下筆了。在我的印象裏，席魯老對經史典籍特別熟悉，諸子百家，滾瓜爛熟，講課時滔滔不絕，出口成章。記得他講授白居易十六歲赴長安時所作《賦得古原草送別》，念到「野火燒不盡，春風吹又生」時曾說，京都某達官貴人誇獎曰：有如此才華「長安居之何難」？別的我就什麼也記不清了。我也拜讀了《武大校友通訊》上，席魯老千金席湘媛老師的文章，但她也未展示出席魯老的傳世之作。只說寫有一篇有關王船山的學術研究論文，身後還留下了一份沒有發表的遺稿，名為《荀卿賦定本校箋》，由三姐學媛收藏。

　　前些日子我溫習劉弘老《誦帚詞集》，況見有席序，如發現「新大陸」，今摘錄幾句與校友們分享：

> 予友劉君誦帚適邁斯會，少時受詞法於朱況雨先生，由是以名其家。而涉詞以教於上庠者垂三十年。論詞則一主況先生，而條理之加密，校古詞集尤勤。又創定律譜，其學深而功至，故發於章闋，能擷古人之菁英，顧規撫一家，意非所屑，不追時好。為夢窗詞，而往往似白石，意其胸襟性情或近之歟？而君固弗自限也。學古不以古人自限，吾又安敢以詞人目吾誦帚哉！……

　　為英深感季剛大師言五十始著書立說而剛五十而仙逝。席魯老既無講義，又缺著作，令學生輩惆悵。吾輩適逢改革開放盛世，亦當與時俱進，留下文墨，以供後世參考。

2002 年 4 月 20 日
《武大校友通訊》2003（1）

劉永濟先生

今日治學易犯之過失

劉永濟

主席、諸位先生、諸位同學：

今日所講之問題，乃吾人切身之事。今且分作兩節講。

（一）治學易犯過失之原因

1. 昔人謂治學所要者才、學、識。本人之意，三者難俱，而識為甚。蓋才由天生，學以力致，而學力可以啟發天才，唯識必才、學俱到方有。治學之士與此三者，有一不足，則生過失。

2. 昔人又謂習俗移人，賢者不免。此言時代、風尚影響學者思想之力甚大，一為所蔽，便生過失。如清代重漢學，遂以詆斥朱子為能；宋儒重理學，遂謂工文者為玩物喪志，是其例也。故曰：識時務者為俊傑。此語非趨時之謂，乃能分別時務之是非長短之謂也。

3. 有此二因，故歷代治學者亦或不免過失，必待後賢糾正，而後無弊。因一代學術，為支配一代政治社會之原動力；學術有失，則一切皆受其害。此如兩晉之清談，北宋之黨爭。其初皆起於個人之學術，其卒也，害及國家。

（二）今日治學易犯之過失為何

1. 前論治學之過失，一由才、學、識難懂全，二由為時代習俗所蔽，今日治學之人，亦難出此例外。因今日有今日之習俗，而今日治學之人，亦未必人人皆才、學、識懂全者。並且就耳目所及，略舉近二三十年中治學之過失，以討論之。

2. 此所指之學，自屬我國者。至治歐美之學者，不在此內。有無得失，乃另一問題非余所及知，故置之不論不議之列。

3. 今所舉之過失，亦只就其犖犖大者言，不能備，亦不能詳。至所以提出此問題之意，因今後建國事大，苟學術有失，影響亦大也。惟今所論及者，乃為何種過失而非何人過失，論事論理而非論人。所重在事理者，事理明，則吾人治學不致再蹈此失，是積極的而非消極的，是補救的而非指責的。故但舉事例，而不出人名，此點務須瞭解。

4. 今且先舉過失之最著者七事，次討論其致此之故。

一曰以指為月　今人有病儒學為致弱之因者，其理由謂儒字本訓柔，從需之字又多為柔順、軟弱之義。如懦——駑弱也，鯑——弱也，濡——潤也，孺——孔子也之類是。不知儒家之稱，出秦漢間。而禮記儒行，謂「儒之言憂也，和也，能安人，能服人也」。《周禮》太宰，謂「儒以道得民」。揚雄《法言》，謂「通天地人為儒」。許慎《說文》謂「術士之稱」。王充《論衡》，謂「能說一經為儒」。則皆從其性質功能立說，何來柔弱之義？且孔子以智、仁、勇立教，無怯懦之義甚明。而顯然以柔弱立教者，則為老子。然觀老子書中，柔勝剛，弱勝強，及柔弱者生之徒，剛強者死之徒等語，則是以柔弱為手段，亦非教人怯懦。由此言之，則謂學儒致弱者，不但不知儒，且不知道。一語而犯二失，尚何學之可言？是謂以指為月。指月之喻出自佛書，言人有不知月者，他人指月告之，其人誤認此指為月，是不但失月且亦失指。

二曰向壁虛造　昔唐道士杜光庭妄撰道書，時人遂謂憑空妄作者為杜撰。今人著書立說，杜撰亦多。而治甲骨文者尤易犯此失。因甲骨文原不易識，又難免雜以贗品。治此學者每任意立說，復根據此認識未確之字說古事，自不免鑿空。其極也，遂多怪論，有謂殷商尚無文化，舊傳古史不可信者，有謂殷人尚未離野蠻，且有吃人之習者，種種無稽之談，皆由而生。不知何以解於新出土之商代精美彝器，是謂向壁虛造。

三曰盲人摸象　近人治學，動詡為新方法，於是有取《論語》孔子答弟子自及當時人問孝、問政、問仁各章，以類排比，從而判斷之，謂孔子倫理思想、政治思想有此等此等諸義，自命為用歸納方法，驟觀之似有條理。不知《論語》所記孔子答問之詞，皆因材施教，必視問者之性行及爾時之事勢而定。問者十人，答以十義，問者二十人答以二十義。此十義、二十義，不可謂孔子言孝、言政、言仁之義已盡，必須統觀其學說之全部，參以後儒所論，兼用演繹法，推求其未備之旨，而後方能得其全體。苟不如此，則不免以部分武斷全體之失，是謂盲人摸象。摸象之喻亦出自佛書，言王命眾盲同摸一象，然後問之。摸得

耳者謂象如箕，摸得牙者，謂象如蘿蔔根。所摸之處不同，其言亦不同，而皆非象之全體也。

四曰以管窺天　近世治文學者，所失尤多，如以語法論文法，以散文法論詩歌，或且以外國文法論我國文法，一見不同，遂詆為不通。最佳之例，為論「紅豆啄餘鸚鵡粒，碧梧棲老鳳凰枝」二句，即以散文句法論詩之失，不知散文句原與詩句不同，反謂老杜亦不通，而主改為「鸚鵡啄餘，鳳凰棲老」。不知此乃形容天寶未亂前長安之富庶與承平，通觀全首便知，非言鸚鵡何所啄，鳳凰何所棲也。宋詩話有人疑為倒裝者亦誤。今試以此二句改成駢文，則句意自明，且文從字順矣。此二句改成駢文，句法則為：紅豆啄餘無非鸚鵡之粒，碧梧棲老皆是鳳凰之枝。以啄餘形容紅豆之多，棲老形容碧梧之安。而鸚鵡之粒，鳳凰之枝又以見其富麗如此也。上下二句，各省去三字即成詩句矣。蓋駢文句法原與詩句相近也，由此言之，其非倒裝，更非不通明甚。此乃論者不知己見之淺，反以譏評古人，是謂以管窺天。

五曰矯枉過正　近人因清末文弊，作者皆無實學，以空疏詞句、搖曳生姿為桐城義法，以典故，堆砌浮藻為文選家數，俗濫可厭，遂一概抹殺之，雖古人佳篇，亦視同一例。又惡清代八股家徒以經書為獵取科名之用，遂謂經學可以不講，或又以經典中具史事，竟以史料視之，致失古哲垂教之意。其太甚者，且謂為帝王專制之利器，足以阻礙思想，於是變本加厲者，乃有禮教吃人之謬論。原其本意，不過思矯正清末之失耳。但立論過激，淺人復推波助瀾，而流弊乃生。今日舉國貪污無恥之徒，所以自便私圖，毫無忌憚者，未必非此說有以階之屬也。是謂矯枉過正。

六曰比擬不倫　今人之習西方文哲學者，每喜以之比擬我國文哲學，而忘其不相類；初學之士，見其新奇，信而不疑，輾轉相傳，貽誤實大。夫心同理同，雖地域懸隔，其間非無相同之處，但亦自有相異之點。此可以同異言，而不可謂同者必憂必是，異者必劣必非，尤不可強異為同也。今人有謂屈子《天問》中之思想為懷疑哲學者，有謂並無屈子其人亦如希臘作史詩之荷馬者。有謂白居易《新樂府》為寫實派者，有謂莊子書中有生物學理者，皆強異為同也，不可不辨。否則與清季人士謂西洋聲光化電諸科，我亦有之牽強附會者復何異。是謂比擬不倫。

七曰認賊作子　晚近以來，學術界有一最危險之事，即竊取日人治漢學者之說是也。不知日人謀滅我國，無孔不入，即治學之士，亦懷侵略之心。其講

我國學術者皆存心破壞我國文化，喪失我人自信之心者。如謂我古史為偽造，謂我先哲有非漢族者，謂秦檜為忠於宋室，謂我西南各省為別一民族，皆欲詆毀我、分割我者。國人不學，又好異說，於是拾其牙慧，轉相販賣，不知正墜其術中。今雖日寇投降，漢奸就捕，而此種侵略陰謀，與文化漢奸，尚無知者，其害遠過於前舉六事，是謂認賊作子。

　　上舉七過，推其原因，略有四種：不自力學而喜出名，一也。厭平正之道而競新奇，二也。此二種屬之個人者。其屬於時代習尚者亦有二種：一曰當國體改革之際，革命之風甚盛，影響及於學術，遂不暇辨其是非，務推翻向來一切為快；二曰西學東來，淺嘗之徒，習其皮毛，自料不足見好於世，乃轉向故紙堆中討生活，以欺世盜名。此外又有以一己所遇之環境，推論古今，以一偏之思想及所好之學術測度古人之思想學術，亦難免不有過失。此最近二三十年學術界之不良現象。或謂當國家擾攘之際，乃學術變新之會，雖有不根之言，與怪異之論，乃為當然，原不足責，且此輩較墨守陳腐舊說，不求改進者，似尚勝一籌。然吾人苟欲求真知，欲得實學，欲學術果能變新，則必不能容其長此詭更任情而不衷於至當，不能令其惡影響及與國家社會，而不求補救之道，更不能坐視後來青年為其說所誤，亦猶今日政治不上軌道，論者不當以過渡時期應有之現象為之辯護也。此則余今日所以討論此問題之故也。

原載《國立武漢大學週刊》第 357 期

現代學術史上的劉永濟

陳文新

劉永濟是 20 世紀名滿天下的詞人和古典文學研究專家。作為詞人,《誦帚盦詞》是其主要詞作的結集,他也寫詩,有《雲巢詩存》。作為古典文學研究專家,他在屈賦(楚辭)、《文心雕龍》、詞學、曲學、文學理論、文學史、唐人絕句等領域均有突出貢獻。學術研究和詩詞寫作,構成了劉永濟文字生涯的兩翼。在現代學術史的視野下考察劉永濟的詩詞和古典文學研究,既有助於認識劉永濟本人,也有助於認識 20 世紀的學術史和文化史,對深化中國古代文學史、古代文學批評史以及古代文體研究均有裨益。

一、詞人劉永濟

劉永濟習詞,曾得清末詞壇名家並同屬常州一派的朱祖謀(彊村)、況周頤(蕙風)指授。1949 年,劉永濟自序其《誦帚盦詞》,還滿懷深情地回憶了三十餘年前親炙於朱祖謀、況周頤的那段彌足珍貴的經歷:「予少時得古今詞集於姑丈松琴龍先生家。久之,亦稍習為之,而不自知其不合也。既壯,遊於滬濱,適清社已屋,騷人行吟,若蕙風況先生、彊村朱先生,皆詞壇巨手,均寓斯土。偶以所作《浣溪沙》『幾日東風上柳枝,冶遊人盡著春衣。鞭絲爭指市橋西。　　寂寞樓臺人語外,闌珊燈火夜涼時。舞餘歌罷一沉思。』請益蕙風先生。先生喜曰:『能道「沉思」一語,可以作詞矣,詞正當如此作也!』心知此乃長者誘掖後生之雅意,然亦私自喜。時彊村先生主海上漚社,社題有綠櫻花、紅杜鵑分詠,予非社中人,蕙風命試作,彊村見之曰:『此能用方筆者!』予謹受命,然於此語不甚解也。」〔註1〕劉永濟請益於朱祖謀、況周頤

〔註 1〕劉永濟:《誦帚詞集　雲巢詩存　附年譜　傳略》,北京:中華書局,2010 年,第 130 頁。

的具體時間，徐正榜等所作年譜繫於 1912 年夏，李工真《劉永濟先生傳略》繫於 1913 年秋，〔註2〕相差不遠。那時候，劉永濟二十五、六歲左右。此後他終身服膺朱、況兩位前輩，無論是作詞，還是教詞、研詞，都信守常州矩矱。禪門所謂衣缽授受，大概就近於這樣一種情形。

（一）詞人劉永濟的文化關切

對於詞人劉永濟的文化關切，需要聯繫 20 世紀初葉學衡派與新文化人之間的劇烈論爭加以說明。

1894 年中日甲午戰爭以後，為了救亡圖存，「廢科舉棄舊學」成為諸多朝野精英的共同選擇，由此引發了中西文化之爭。「五四」時期，中西文化之爭達到了白熱化的程度。新文化人如胡適、魯迅等文化激進主義者認為：西洋近代的文化的確比中國文化進步得多，無論在思想上，藝術上，科學上，政治上，教育上，宗教上，哲學上，文學上，都比中國的好。中國的出路在於全盤西化，徹底清算舊文化是唯一正確的選擇。梅光迪、吳宓、劉永濟等文化保守主義者則認為：中華文化是維繫中華民族的命脈。「學衡」等文化保守主義流派就是在這種氛圍中形成並展開其文化事業的。

新文化人提倡對我國固有文明作嚴肅批判和改造，這種「革命」的態度，在 20 世紀初葉的思想文化界居於主導地位。胡適的高足、《古史辨》派的代表人物顧頡剛，在談到其學術研究的目的時，曾這樣說：

> 而我的《古史辨》工作則是對於封建主義的徹底破壞。我要使古書僅為古書而不為現代的知識，要使古史僅為古史而不為現代的政治與倫理，要使古人僅為古人而不為現代思想的權威者。換句話說，我要把宗教性的封建經典———「經」整理好了，送進了封建博物館，剝除它的尊嚴，然後舊思想不能再在新時代裏延續下去。〔註3〕

顧頡剛的這些話，代表了新文化人的共同立場。他們並非不研究中國傳統文化，他們這方面的成就毋寧說相當卓越。但是，研究的目的不是為了弘揚，而是讓它進入博物館，不復影響現代人的生活和現代歷史進程。「博物館化」是 20 世紀中葉美國學者列文森（Joseph R. Levenson，1920～1969）在《儒教中

〔註2〕劉永濟：《誦帚詞集　雲巢詩存　附年譜　傳略》，北京：中華書局，2010 年，第 257、632 頁。
〔註3〕顧頡剛：《我是怎樣編寫〈古史辨〉的？》，顧頡剛：《古史辨》第一冊，上海：上海古籍出版社，1982 年，第 28 頁。

國及其現代命運》中提出的一個術語。列文森認為，中國傳統文化在很多方面已經被博物館化了。雖然中國傳統的經典依然有人閱讀，但這已不屬於他們了。所謂「不屬於他們」，意思是說，這些東西沒有生命力，在社會上沒有起到提升我們生活品格的作用。很多人閱讀古代經典，就像參觀埃及文物一樣。考古發掘出來的珍貴文物，和我們的生命沒有多大關係，和我們的生活沒有多大關係，這就叫做博物館化。而劉永濟的文化理想是：要使古書不僅為古書而且成為現代的知識，要使古史不僅為古史而且成為現代的政治與倫理，要使古人不僅為古人而且成為現代思想的指導者。劉永濟的這一宗旨，與同屬於學衡派的梅光迪、吳宓並無不同，只是採取了不同的實行路徑。梅光迪、吳宓是對新文化人做針鋒相對的反擊，「當舉世狂呼打倒孔家店，打倒中國舊文化之日」，「獨奮起伸吭與之辯難」〔註4〕，致力於對抗社會輿論，以維護中國傳統文化在現實中的權威。而在劉永濟看來，針鋒相對的反擊反不如狷介自好來得更有風度，更能贏得世人的尊敬和嚮慕。他不願徒事口舌之爭，而寧可我行我素地寫自己的詩詞、做自己的研究。〔註5〕這些活在生活中的詩詞和研究成果，在他看來，就是延續了中國文化的慧命。

對於詞人劉永濟的文化關切，還需要聯繫他以詞為史的理念來加以說明。

常州詞派有「詞史」之論，即周濟《介存齋論詞雜著》所云「詩有史，詞亦有史」。〔註6〕「詩史」概念雖盛行於對杜甫詩的評價，但「詩史」精神卻源遠流長地存在於中國文學中。無論是《左傳》的留心《詩》的本事，還是鄭玄以政治興衰說《詩》，都旨在將詩與現實社會生活聯繫在一起加以考察。所以，說「詩有史，詞亦有史」，就不只是將「詞」的地位與「詩」並提，並且強調：詞人應當留心國計民生，應當留心社會生活的種種變故，應當使其作品成為「後人論世之資」。有人將常州詞派的「詩有史，詞亦有史」的說法視為門面語，劉永濟則對這一理念深信不疑。他《誦帚盦詞》就是這一理念的貫徹。

1949年，劉永濟作《誦帚盦詞·自序》，主旨是就詞與時事的關聯加以說明。「竊嘗合古詞人之作觀之，其發唱之情雖至夥，要不出乎哀樂，而世之治

〔註4〕郭斌和：《南京高等師範學校二十週年紀念之意義》，洪銀興、陳駿主編：《大學之魂：南京大學精神傳統文存》，南京：南京大學出版社，2012年，第154頁。
〔註5〕關於劉永濟與梅光迪、吳宓在文化姿態上的異同，詳見陳文新、江俊偉：《從〈湘君〉與〈學衡〉的離合看劉永濟的辭章家風範》，《文藝理論研究》2017年第2期，第58～68頁。
〔註6〕周濟：《介存齋論詞雜著》，4頁，北京，人民文學出版社，1959。

亂，即因以見。其有專為一己之通塞，或且但為遊目騁懷而作，固不可一繩以此義。然詞人抒情，其為術至廣，技亦至巧：或大聲疾呼，或呻吟宛轉；或逕情質言，或旁見側出；或掩抑零亂，迷離惝恍；或言在此而意在彼；或且流為迭宕怪神，不可為訓。然而，苟其情果真且深，其詞果出肺腑之奧，又果具有民胞物與之懷，而又若萬不得已必吐而後快之勢，則雖一己通塞之言，遊目騁懷之作，未嘗不可以窺見其世之隆污，是在讀者之善逆其志而已。」〔註7〕1959年，劉永濟作《誦帚盦詞・錄稿後記》，主旨是就《誦帚盦詞》的傳世價值作出說明，理由依然是詞中有史。在經歷了「思想改造」等運動之後，他雖承認《誦帚盦詞》作為「詞史」偏於以個人主觀感受折射時代，「於卅年來客觀存在中巨大歷史變革」缺少直接「反映」，〔註8〕但仍不願意這些詞作就此消泯，執意「取此區區聊以存數十年之蹤跡」。〔註9〕儒家有三不朽之說，「立功」是帝王將相的事，與劉永濟無關；「立德」是聖賢的事，劉永濟自知尚未達到聖賢的境界；唯有「立言」，在畢生從事文字生涯的劉永濟看來，不只是有些關係，甚至有點「捨我其誰」的自負。而他的那些詞，因為保存了個人的「數十年之蹤跡」，而有其獨特的存史價值。

美國學者倪豪士在《以文學印證歷史：歐陽詹個案》一文中引用了阿瑟・韋理就其白居易傳的取材說的一段話：「我對白居易一生的描述，主要依據他自己的作品，包括散文和詩，以及他們的題目和序。中國傳統文學作品中的題目，不僅僅是一個簡單的標題，常常連帶介紹了創作詩文的情境。序則比題目給出了一個更寬泛的背景描寫。因此，我們常常能從作者的詩作中得到可靠的傳記材料，其可靠的程度往往勝於官方記錄……」〔註10〕這個看法與劉永濟以詩詞「存數十年之蹤跡」的理路可說是不謀而合。

現代學人中，特別熱衷於寫自傳的，胡適大概是可以排到前幾名的。他之所以看重自傳，是因為自傳具有不可取代的史料價值。胡適嘗言：「我有一次

〔註7〕劉永濟：《誦帚詞集　雲巢詩存　附年譜　傳略》，北京：中華書局，2010年，第129頁。

〔註8〕劉永濟：《誦帚詞集　雲巢詩存　附年譜　傳略》，北京：中華書局，2010年，第132～133頁。

〔註9〕劉永濟：《誦帚詞集　雲巢詩存　附年譜　傳略》，北京：中華書局，2010年，第132～133頁。

〔註10〕〔美〕倪豪士：《以文學印證歷史：歐陽詹個案》，樂黛雲等編選：《北美中國古典文學研究名家十年文選》，南京：江蘇人民出版社，1996年，第509～510頁。

見著梁士詒先生，我很誠懇的勸他寫一部自敘，因為我知道他在中國政治史與財政史上都曾扮演過很重要的腳色，所以我希望他替將來的史家留下一點史料。我也知道他寫的自傳也許是要替他自己洗刷他的罪惡；但這是不妨事的，有訓練的史家自有防弊的方法；最要緊的是要他自己寫他心理上的動機，黑幕裏的線索，和他站在特殊地位的觀察。」〔註11〕胡適這種理念，可以推廣到大多數自傳作者，包括劉永濟，只是他們採取的方式有所不同而已。而這種不同，也正有一種存史的價值。劉永濟這個前清秀才，這個曾從朱祖謀、況周頤學詞的民國詞人，雖然已是中華人民共和國的公民，但其心理年輪上依然鐫刻著世變的印痕，以及來自前清、民國的記憶，對於一種文化、對於一種情懷的不能捨棄的記憶。他要用這種特殊的方式保存人生的雪泥鴻爪，保存他所經歷的包括「兩千年未有之巨變」在內的種種變故。選擇以填詞的方式來寫自傳，對於劉永濟來說，不是一個技術問題或文類的跨越問題，而是其終生的信仰。

（二）劉永濟的詞風近於吳文英、姜夔

劉永濟曾說：「詞至南宋，作家於情思之外，兼重敷藻之功，於是修辭之技亦在所精研。吾輩但觀其是否與情思相發，是否犯曲、滯、晦之忌而已。前人毀譽，自別有故。大抵意在救時弊者，立言或不免有偏宕之處，亦不可不細辨也。」〔註12〕「按詞至南宋，姜、史、張、王，彌極工麗，法度既密，而能運用不滯，是為詞學成熟之時。五代則奇花初胎，北宋則紅紫爛漫也。觀其時序，殆與其他文藝同一途轍。近人有詆南宋諸公為詞家匠石者，可謂失言。」〔註13〕所謂「大抵意在救時弊者，立言或不免有偏宕之處」，指的是王國維。〔註14〕而「近人有詆南宋諸公為詞家匠石者」之「近人」，則指胡適。〔註15〕

王國維《人間詞話》斷言，衡量境界高下的核心尺度在於「隔」還是「不隔」，而南宋詞人吳文英等所講求的「敷藻之功」、「修辭之技」如「用事」「代字」之法乃是造成詞境之「隔」的病根所在。王國維關於隔與不隔的闡發，確

〔註11〕 胡適：《四十自述》，合肥：安徽教育出版社，2006年，自序第2頁。

〔註12〕 劉永濟：《詞論宋詞聲律探源大綱》，北京：中華書局，2010年，第116頁。

〔註13〕 劉永濟：《詞論宋詞聲律探源大綱》，北京：中華書局，2010年，第86頁。

〔註14〕 如劉永濟所說：「大抵古人立言，多在救時弊。南宋之末，詞尚雕繪，故玉田非之以質實。明季詞多浮采，故竹垞救之以清空。浙中諸子之弊也，故有止菴、蕙風之論。而靜安之言，又為近世詞學夢窗者之藥石也。」劉永濟：《詞論　宋詞聲律探源大綱》，北京：中華書局，2010年，第51～52頁。

〔註15〕 胡適之論，見於其1927年出版的《詞選》，詳見後文。

立了一種評價標準，即重白描而輕「色澤」；即使用典和用代字，也要用那些含義明白易懂的典故和字句。王國維的這一標準，如朱光潛《詩論》所說，確有可商榷處。蓋詩原有偏於隱和偏於顯的兩種。寫景詩宜顯，言情詩所託之景雖仍宜於顯，但所寓之情則宜於隱。寫景隱則流於晦，寫情顯則流於淺。王國維只看到顯的必要，卻沒有看到隱也有隱的妙處。〔註16〕只是，王國維的議論雖屬偏見，卻是一個在學界占主導地位的偏見。

1927年出版的胡適《詞選》，對吳文英等人的否定，力度更大。胡適《詞選》將唐五代兩宋詞劃分為三個階段：歌者的詞；詩人的詞；詞匠的詞。蘇軾之前，是教坊樂工和青樓妓女歌唱的詞；從蘇軾到辛棄疾、劉克莊，是詩人的詞，是一種新體的詩，可以懷古，可以悼亡，可以談禪，可以說理，可以發議論，詞人的個性得到了表達；姜夔以後，直到宋末元初，是詞匠的詞，姜夔、史達祖、吳文英、張炎的詞多屬於這一類，可取的不多。王國維還只是強調白描的重要性，胡適更以是否如說話一樣淺顯明白為尺度，對吳文英詞和晚清仿傚吳文英的詞，指斥更為嚴厲：「《夢窗四稿》中的詞幾乎無一首不是夢窗靠古典與套語堆砌起來的。……近年的詞人多中夢窗之毒，沒有情感，沒有意境，只在套語和古典中討生活。」〔註17〕胡適的影響，也超過了王國維，如龍榆生所說：「自胡適之先生《詞選》出，而中等學校學生，始稍稍注意於詞；學校中之教授詞學者，亦幾全奉此書為圭臬；其權威之大，殆駕任何詞選而上之。」〔註18〕到了20世紀50年代末60年代初，文學史教學已習慣於將吳文英視為形式主義或反現實主義的代表人物。

在王國維、胡適的影響如日中天之時，劉永濟依然謹守常州詞派的理念。他不滿於王國維和胡適對「南宋諸公」的指斥，表明了他對吳文英、姜夔等南宋詞家的傾慕。這樣一種立場的持守，既是劉永濟的師承使然，也是他的文化關切使然。而他的個人情性，亦由此可見。如其摯友席魯思所說：「予友劉君誦帚適遘斯會，少時受詞法於朱、況兩先生，由是以名其家，而涉詞以教於上庠者垂三十年。論詞則一主況先生，而條理之加密，校古詞集尤勤，又嘗創定

〔註16〕朱光潛：《詩論》，武漢：武漢大學出版社，2008年，第42頁。

〔註17〕胡適：《詞選小傳》，《胡適文集》第5冊《古典文學研究（上）》，北京：人民文學出版社，1998年，第166～167頁。

〔註18〕龍榆生：《論賀方回詞質胡適之先生》，1936年9月刊於《詞學季刊》第三卷第三號，參見龍榆生：《龍榆生詞學論文集》，上海：上海古籍出版社，1997年，第304頁。

律譜，其學深而功至，故發於章闈，能擷古人之菁英，顧規模一家，意非所屑，不追時好。為夢窗詞，而往往似白石，意其胸襟性情或近之歟？」〔註19〕

從劉永濟的詞來看，他確曾寫過若干首與蘇、辛詞風相近的作品，如1924年寫的四首《金縷曲》：《金縷曲》（和豢龍與奇甫夜談，感賦原韻）、《金縷曲》（再酬豢龍）、《金縷曲》（和豢龍元日喜雪，再疊前韻）、《金縷曲》（戲效歐蘇禁體，四疊前韻，酬豢龍元日喜雪），尤其是1931年11月18日，即9‧18事變滿兩個月那天，他寫的《滿江紅》（東北學生軍軍歌），感慨淋漓，直逼蘇、辛。但這種風格的詞，在劉詞中比例不大，也不足以代表其成就。劉永濟詞的主導風格是含蓄深隱，與吳文英、姜夔的詞風頗為接近。如《三部樂》（癸未中秋）：

> 霓節行空，映萬頃玉煙，佇寒凝白。素輝多處，知在誰家瑤席。有人正、傷別傷秋，剩趁歌伴酒，翠鬟偷泣。甚時說與，雁斷魚沉消息。

> 尋思十年夢影，夠教人瘦損，教人淒惻。那堪羽裳曲改，銀橋塵隔。莽天涯，冷蓬亂荻，都不是、瀛壺舊色。悲調漫攄，殘枝外、何限驚翮。

劉永濟的弟子、已故武漢大學教授胡國瑞曾在《讀〈劉永濟詞集〉》一文中就這首詞作過解說：「劉先生曾將此詞寄給我，並於信中表明說：『近作中秋詞《三部樂》一首，……前半所謂傷別傷秋之人，非泛泛閨情語，近見某雜誌載偽汪題自畫山羊一詩，婉轉哀鳴，知其中心甚苦而書之。至雁斷魚沉之言，則指西南太平洋作戰訊也。』這詞寫於1943年中秋節，這年美軍已在南太平洋逐島反攻，日軍戰爭形勢很不利，作為日本庇護下的傀儡汪精衛，儘管與主子勉力周旋，然主子意圖難測，自己命運難料，內心當不免有許多矛盾感傷的。本詞調名下標題為『癸未中秋』，乃因玩賞中秋月色而起興。開始二句展出一幅秋月良宵下的美景，『素輝』二句推想到今宵誰在月下盡情宴樂，因為在此嚴重的國難期間，不以國家憂患置懷的人才會應節賞樂的，『知在誰家』言外多少感慨！『有人正』以下更縱開情思，由雜誌上見到的消息想到託身敵人卵翼下的偽汪，當此良宵，也當有無限苦惱的。這五句全用比興手法，以女性的憂疑感傷情懷比喻地形容偽汪當時的處境和心情。『趁歌伴酒』是歌妓娛人的

〔註19〕席魯思：《〈誦帚庵詞兩卷〉序》，《劉永濟集‧誦帚詞集 雲巢詩存 附年譜 傳略》，中華書局2010年版，第129頁。

生活，儘管是那樣陪人歡笑，但仍是『翠鬟偷泣』，背人垂淚，把偽汪當時的情態形容得可謂盡致。『甚時』二句的涵義，包含了偽汪對其日本主子的種種猜疑。『雁斷魚沉』舊常用作書信斷絕之意，這裡還縮合有軍事內容，這時日本在美軍反攻中飛機和戰艦的損失是很嚴重的，偽汪這時對日本不向他吐露戰爭前途的真實自然要感到擔心。下半闋則是作者抒發自己今宵的感慨：想到過去，無限悲傷，更念到祖國淪陷的大地，都是一片荒涼慘黯，自己僅於流離驚定之餘，漫作悲吟耳。本詞非常深沉地抒發了作者在喪亂中的身世之感，詞的風格清空冷雋，又酷類姜白石。劉先生在信中談到本詞的音節說：『此調「悲調漫摭」四字中，調、漫兩用去，徐吟之覺其頓挫極好，大抵緣其上音節緊急，至此故頓之，以便收場耳。』信的前面曾說：『此調極苦澀，而於抑塞之情為宜，拙作於上去入三聲悉依清真、夢窗為之。』可見先生作詞，對於依情選調及倚聲，是極為精細嚴密的。」〔註20〕

《三部樂》這一類的詞，代表了劉永濟詞的建樹。就這些詞所蘊含的意義而言，確乎當得起詞史之稱，而其表達方式則可能引發部分讀者的疑問。「這些具有重要意義的感情，何不徑直抒出，使人易於了然，何必如此蘊蓄隱秘呢？」胡國瑞教授所提供的答案是：「其中有個重要的藝術思想問題。作為一個真正的藝術家，他以其獨具的匠心，抒寫其獨有的靈感時，他但求造詣精微，稱適其藝術理想，而是不遑計及其他的。王半塘認為填詞不必考慮人知與不知，『固以可解不可解所謂煙水迷離之致為上乘』（《蕙風詞話》卷一）。以最精妙的手腕，抒寫不能自己的真情實感，而無所外求，才是最真純的藝術態度。而且讀者的水平，也會隨著對作品的鑽研而提高的。」〔註21〕這一答案，應當比較切合劉永濟的藝術理念。

實際上，以香草美人的手法寄託厚重感情，乃是詞的寫作中極為常見的現象。比如，沈祖棻作於抗戰期間的《浣溪沙》十首，第一首云：

　　　　蘭絮三生證果因，冥冥東海乍揚塵。龍鸞交扇擁天人。

　　　　月裏山河連夜缺，雲中環佩幾回聞。蓼香一掬佇千春。

程千帆箋曰：「此第一首，謂中華民族反對日本帝國主義侵略之正義戰爭

〔註20〕胡國瑞：《讀〈劉永濟詞集〉》，武漢大學文學院編：《胡國瑞先生九十壽辰學術紀念文集》，武漢：武漢大學出版社，1999 年，第 242～243 頁。

〔註21〕胡國瑞：《讀〈劉永濟詞集〉》，武漢大學文學院編：《胡國瑞先生九十壽辰學術紀念文集》，武漢：武漢大學出版社，1999 年，第 243～244 頁。

終於爆發，希望長期抗戰，終能轉敗為勝也。蘭絮句謂中日關係自一八九四年中日戰爭以後，日益惡化，此次抗戰自有其歷史因果。東海句謂日寇入侵。龍鸞句謂全國一致擁護宣稱堅決抗戰到底之蔣介石也。月裏句謂日寇不斷深入，雲中句謂反攻渺無消息。蓼香句即前《臨江仙》第四首之『消盡蓼香留月小，苦辛相待千春』之意。」〔註22〕與劉永濟《三部樂》比較，可以看出，兩者都用了比興寄託的手法。劉永濟用比興寄託，不難理解，因為他本是宗奉常州詞學的，比興寄託乃常州詞學的精義所在；而沈祖棻則曾對常州詞派用比興寄託釋溫庭筠詞表示並不認同，或者說，她並非常州詞學的宗奉者，那她何以又熱心於用比興寄託的手法作詞呢？這一事實表明，當一個詞人用詞這種體裁來寫國族感情或其他具有重要意義的感情時，無論他是否宗奉常州詞派，都極有可能以比興寄託為之。蓋以詩為詞的蘇、辛一脈，自可直抒胸臆；而以詞為詞的詞家，倘若既要保持婉約的風範，又要表達厚重的社會人生情感，比興寄託手法正可派上用場。

二、古典文學專家劉永濟

在詞人的身份之外，最近數十年間，劉永濟尤以古典文學專家知名於世。

（一）劉永濟的屈賦研究

劉永濟在武漢大學執教三十餘年，屈賦研究是其常設課之一。主要成果有《屈賦通箋》《箋屈餘義》《屈賦音注詳解》《屈賦釋詞》。《屈賦通箋》初稿於1932年，1953年寫定。每篇都分解題、正字、審音、通訓和評文五項，加以考究。其有關全書總義有待商榷者，則別為《箋屈餘義》19篇。二書由人民文學出版社於1961年合為一冊出版。《音注詳解屈賦定本》是劉先生根據《屈賦通箋》中所作的結論寫成，1959年改定，易名《屈賦音注詳解》。《屈賦釋詞》卷上釋虛詞，卷中釋詞彙，卷下釋句例，1983年附於《屈賦音注詳解》由上海古籍出版社出版。上述四種著作均有中華書局2010年版。

就路徑的選擇而言，劉永濟兼顧「義理、考據、辭章三途」。〔註23〕在義理方面，劉永濟以知人論世作為基本的研究方法，提出了三個意味深長的判斷：屈原名下的作品出自屈子「一家」之手而非屈原一人之手，不過，即使是

〔註22〕沈祖棻著、程千帆箋：《涉江詩詞集》，石家莊：河北教育出版社，2000年，第41頁。

〔註23〕劉永濟：《屈賦通箋　附箋屈餘義》，北京：中華書局，2010年，第295頁。

那些屈原追隨者所做的屈賦，也是揣摩屈原的心理狀態和生存狀態而寫出來的；屈原是一個有著特殊的楚國貴族身份的詩人，他具有強烈的家族血緣意識，視自己的宗族和楚國為一體；《九歌》兼有客觀敘事與主觀抒情兩面。〔註24〕這三個判斷表明，劉永濟的知人論世，與特定意義上的「傳記式和政治性解讀」不同，與西方漢學對屈原歷史真實性的否定不同，而旨在揭示與屈原相關的「有性格的事實」。〔註25〕屈原那種高自期許的宗國情懷和不避偏激的「楚狂」風采，正是屈原獨特的魅力所在。

劉永濟的屈賦考據，包括兩種類型。第一類偏於人文性的闡發，常常並無鐵證，如關於屈賦作品的認定和部分字句的改動，一方面對讀者多有啟迪，另一方面也不時招致商榷；第二類則以科學性見長，包括屈賦的審音、訓詁、語法研究等內容，他的幾個主要成果，如《屈賦通箋》各卷的「正字」、「審音」、「通訓」各節，以及《屈賦音注詳解》《屈賦釋詞》兩部專書，集中顯示了他在考據和語言學方面的深厚造詣。其屈賦研究得到聞一多、游國恩等大家的激賞，主要是在第二個方面。〔註26〕

（二）劉永濟的《文心雕龍》研究

黃侃《文心雕龍劄記》、范文瀾《文心雕龍注》、劉永濟《文心雕龍校釋》和楊明照《文心雕龍校注拾遺》一向並稱為20世紀「龍學」的四大奠基之作，享有崇高的學術地位。

劉永濟是武漢大學開設「漢魏六朝文」課程的第一人。他為《國立武漢大學一覽》撰寫的介紹有云：「本課詳述漢魏六朝文體之流變，詮品當時作家之異同。論理以《文心雕龍》為主，而參以他家之評騭；選文以彥和所標舉者為本，而補以《文心》所未及，俾諸生得欣賞其藝術，而抉擇其高下。」〔註27〕所謂「論理以《文心雕龍》為主，而參以他家之評騭」，即《文心雕龍校釋》，

〔註24〕關於劉永濟對這三個判斷的論述，詳見拙文《疑古與分寸——評〈劍橋中國文學史〉的楚辭論述》，《文藝研究》2016年第6期，第153～160頁。

〔註25〕如德國哲學家恩斯特·卡西爾所說：「一切歷史事實都是有性格的事實，因為在歷史中——不管是在民族的歷史還是個人的歷史中——我們都絕不會只研究單純的行為和行動。在這些行為中我們看到的是性格的表現。」〔德〕恩斯特·卡西爾：《人論》，甘陽譯，上海：上海譯文出版社，1985年，第249頁。

〔註26〕關於劉永濟屈賦考據的論述，詳見拙文《論劉永濟屈賦考據的人文性與科學性》，《長江學術》2017年第2期，第80～88頁。

〔註27〕國立武漢大學編印：《國立武漢大學一覽》，武漢，國立武漢大學，1933年，第16頁。

約 12 萬字；所謂「選文以彥和所標舉者為本，而補以《文心》所未及」，即《文心雕龍徵引文錄》，約 28 萬字。《文心雕龍校釋》自 1935 年起，多次由武漢大學出版部印行，1948 年 10 月由正中書局出版。1957 年，正中書局又在臺灣印行新一版。1962 年中華書局上海編輯所修訂再版。2010 年中華書局版《劉永濟集》收入。《文心雕龍徵引文錄》自 1933 年起多次由武漢大學出版部印行，2010 年附於中華書局版《文心雕龍校釋》一併刊行。《文心雕龍校釋》和《文心雕龍徵引文錄》都是劉永濟講授漢魏六朝文學的教材，屬於斷代文學史，這一事實顯示了《文心雕龍校釋》的文學史特性。

如果將劉永濟《文心雕龍校釋》與黃侃《文心雕龍劄記》加以比較，對《文心雕龍校釋》的文學史特性可以有更清晰的體認。雖然都以《文心雕龍》為研究對象，但《文心雕龍劄記》是民國初年《文選》派和桐城派紛爭的產物，宗旨在於闡發駢文理論，故對於《文心雕龍》的文體論部分，黃侃較為輕視，其論《文心雕龍》之上篇，《祝盟》《銘箴》《誄碑》《哀弔》《雜文》《諧讔》《史傳》《諸子》《論說》《詔策》《檄移》《封禪》《章表》《奏啟》等十四篇概從省略，不予置評。黃侃之所以選擇這種處理方式，蓋因《神思》至《物色》各篇，正好為他提供了闡發駢文理論的平臺，足供發揮，而辨章文體的各篇，注重具體的文體法度的說明、文體源流的梳理和各體範文的確定，發揮駢文理論的空間不大。而劉永濟則立足於魏、晉、六朝文學教學之需，致力於文學史的建構，對《文心雕龍》中為黃侃所忽略的篇目，一一作了校釋。劉永濟還編纂了容量極大的《文心雕龍徵引文錄》，旨在以作家作品來配合文學史線索的清理。

（三）劉永濟的詞學研究

劉永濟的詞學研究，聚焦於三個方面：論「填詞之事」，代表作為《詞論》《宋詞聲律探源大綱》；詞史研究，代表作為《唐五代兩宋詞簡析》；唐宋婉約詞細讀，尤其是吳文英詞的細讀，代表作為《微睇室說詞》。

劉永濟論「填詞之事」，重心在詞調、聲韻、歌辭。詞調就是詞的腔調。詞人作詞必須選用詞調或創製詞調，所以作詞又叫倚聲填詞。劉永濟之所以反覆申說「一調有一調之聲情」，旨在匡正將詞視為「詩之新體」的說法。「聲韻介宮調與歌辭之間，既與唱曲相關，復與辭句密切。今唱法雖亡，而與之相關之聲律，尚可考見。嚴守聲律，不但保存詞調，且可進而研究唱法。故諸家於

此不憚反覆申明也。」〔註28〕朱祖謀、況周頤極為重視聲律，劉永濟對聲律的重視是這一傳統的延伸。「歌辭」即歌詞，這是填詞的第三個要素。《詞論》卷下《做法》，專論歌辭做法，包括「總術」、「取徑」、「賦情」、「體物」、「結構」、「聲采」六項。〔註29〕劉永濟之所以關注詞調、聲韻、歌辭，與其作為詞人的填詞生涯息息相關，也與其教人作詞的著眼點有關。但就其理論意義而言，又不限於填詞，而是詞體研究的重要成果，「實已建構起一個相當完整的詞學理論體系。」〔註30〕

劉永濟的詞史研究，主要包括唐五代兩宋詞流派的劃分和唐五代兩宋詞不同發展階段的劃分與評價，其論述時有卓見，尤其是對吳文英詞史地位的評價，在20世紀的大陸學界獨樹一幟。

20世紀的中國文學史書寫，是伴隨著新的審美風尚的盛行而展開的，吳文英一路詞人因其不合時宜而受到了前所未有的貶抑。劉永濟則因其特殊的習詞和研詞經歷，始終對吳文英詞保持了高度的敬仰。其《詞論》卷下曾將吳文英與蘇、辛相提並論：「蘇、辛之難及者，詞外之性情、學問也；夢窗之難及者，詞內之清氣、魄力也。」〔註31〕吳文英的文學史地位，在劉永濟眼裏是與蘇、辛並列的。20世紀60年代他專門開課講吳文英詞，正是為了重申這一學術評價。他穿插於《微睇室說詞》中的那些類似於總論的話，尤其顯示了他心目中吳文英的崇高地位。〔註32〕

劉永濟的唐宋婉約詞細讀，其代表作是《微睇室說詞》，主體是對吳文英詞的細讀。劉永濟之所以偏重吳文英詞，既是因為他上承常州詞派的統緒，對吳文英詞的文學史地位有大不同於主流學術的看法，也是由於，在數十年的研詞生涯和填詞生涯中，吳文英詞已經與其藝術生命融為一體。1940年，時年53歲的劉永濟，曾作《減字木蘭花》二首。其小序云：「岷沫二水匯合處，陡

〔註28〕劉永濟：《詞論宋詞聲律探源大綱》，北京：中華書局，2010年，第108頁。

〔註29〕關於劉永濟的「填詞之學」，詳見拙文《劉永濟論「填詞之事」》，見中華詩詞研究院、復旦大學中國古代文學研究中心編：《中華詩詞研究》第二輯，上海：中國出版集團東方出版中心2016年10月版，第1～29頁。

〔註30〕程千帆、畢本棟：《劉永濟先生的詞學研究》，南京大學古典文獻研究所編：《古典文獻研究》第五輯，南京：江蘇古籍出版社，2002年，第24～25頁。

〔註31〕劉永濟：《詞論　宋詞聲律探源大綱》，北京：中華書局，2010年，第70頁。

〔註32〕關於劉永濟的吳文英文學史地位論述，詳見拙文《劉永濟的吳文英論述與20世紀中國文學史書寫》，《暨南學報》（哲學社會科學版）2016年第10期，第12～21頁。

起一峰，林壑幽美，步磴周曲，曳杖其間，如入夢窗翁詞境中也。」〔註33〕劉永濟以山水景物比擬吳文英詞境，可見他沉浸於夢窗詞中，讀的已不是詞句，而是詞句所展示出的意境。考察劉永濟對吳文英詞的細讀，不應忽略了長存於其心靈中的這一境界。如果以為劉永濟看重吳文英詞主要是著眼於技巧，就不免走眼。他看重的首先是其真切的情感世界和真切的藝術感覺。

（四）劉永濟的其他研究領域

《文學論》是劉永濟最早出版的一部學術著作，也是 20 世紀初葉較早問世而又較有影響的現代意義的文學理論著述。從文化視野看，劉永濟主張中西文化融合，故以「參稽外籍」、「比附舊說」作為著述方略。從文學史視野看，劉永濟雖然承認「感化之文」、「學識之文」都可以納入文學之中，但更為重視「感化之文」。從文學批評史視野看，《文學論》已初步確立中國文學批評史的核心理念與格局，對郭紹虞產生過直接影響。劉永濟在中國古代學術資源的現代轉化方面所做的探索至今仍有其啟示意義，而在中國文學批評史領域的開創者地位尤其值得大書一筆。〔註34〕

1925 年 4 月，劉永濟在《學衡》第四十期發表的《說部流別》，是他唯一有系統的小說研究著述。其特色是：尊重不同類型小說的特點，用不同的標準加以衡估。比如，對於「兩漢六朝雜記小說」、「唐代短篇小說」和「宋元以來章回小說」，他分別借鑒了班固、紀昀所倡立的子部小說尺度、洪邁等人「唐人小說」「與詩律同稱一代之奇」的視角以及耐得翁、郎瑛以來諸多通俗小說行家的理論。劉永濟不盲從一家，不拘泥一隅，表現出一個現代學者的通達和氣度。而他豐厚的學術積累和對於中國古代各種文體的深入研究，也有助於他對小說作品做出睿智的評鑒。〔註35〕

《十四朝文學要略》原為劉永濟在東北大學任教其間（1927～1932）的講義，1928 年 9 月至 1929 年 9 月以《中國文學史綱要》之名在《學衡》第 65 期、68 期、71 期連載，1945 年中國文化服務社結集出版，更為今名。《十四朝文學要略》的文學史理念，劉永濟在「敘論」中表述為四綱、經緯、三準、

〔註33〕劉永濟：《誦帚詞集　雲巢詩存　附年譜　傳略》，北京：中華書局，2010 年，第 52 頁。

〔註34〕關於劉永濟的《文學論》，詳見拙文《劉永濟〈文學論〉的三重視野》，《文藝研究》2015 年第 12 期，第 31～39 頁。

〔註35〕關於劉永濟的小說研究，詳見拙文《論劉永濟的說部流別研究》，《上海師範大學學報》（哲學社會科學版）2016 年第 2 期，第 65～73 頁。

三訓，對文學史的論述對象，文學體制、類別的流變及相互之間的關係，文學發展的階段，流派意識、流派要素、流派得失，文學的表現手段和表現內容，文學作品與社會生活的關係，作者和讀者的關係等內容，均有討論，構成了一個頗為嚴整的體系。《十四朝文學要略》與 20 世紀主流文學史的視野之異，主要體現在三個方面：對民間文學在文學史進程中的作用、對外來影響在文學史進程中的作用、對漢賦和駢文等中國文學中的特有文體的文學史地位，劉永濟均有其富於個性的評估和敘述。〔註36〕

　　《唐人絕句精華》編選於 1959 年至 1963 年間，而與其早年在東北大學所撰講義《唐樂府史綱要》頗有淵源關係，人民文學出版社 1981 年出版，此後多次重印。就學術宗旨而言，劉永濟認為，清代王士禎的神韻說是政治高壓時代的產物，王士禎所編選的《唐人萬首絕句選》過求空靈，過矜修飾，迴避人間瘡痍，有其不必諱言的短處，《唐人絕句精華》就是為了彌補其不足而編選的。其貢獻主要在三個方面：劉永濟對清代神韻說在詩學發展脈絡中的地位及詩學背後的社會人生境況做了言簡意賅的闡釋；所選唐人絕句兼顧了具有神韻美感的詩和雖不符合神韻旨趣但卻有其獨特長處的作品，例如杜甫、杜荀鶴的諸多絕句；劉永濟的「釋」即作品解讀既長於知人論世，又長於掘發文心。其注釋簡明準確，也是一個顯著優點。〔註37〕

　　劉永濟的曲學研究，始於 1932 年在武漢大學開設「戲曲」課程，其主要成果包括《宋代歌舞劇曲錄要》，上海古典文學出版社 1957 年出版；《元人散曲選》，上海古籍出版社 1981 年出版。〔註38〕這兩種書均有中華書局 2010 年版。另有講義《戲曲志》《古戲曲存》，《古戲曲存》曾於 1934 年、1939 年由國立武漢大學出版部印行，《戲曲志》已列入 2014 年度國家社科基金後期資助項目，由劉敦綱負責整理，尚未出版。

　　劉永濟的戲曲研究，和同時代的王國維、吳梅一樣，始終以曲學為中心，體現了鮮明的「民國範式」。其《宋代歌舞劇曲錄要》聚焦於歌詞，而對歌詞

〔註36〕關於劉永濟的《十四朝文學要略》，詳見拙文《論〈十四朝文學要略〉的文學史書寫》，《文藝研究》2017 年第 6 期。

〔註37〕關於劉永濟的《唐人絕句精華》，詳見拙文《劉永濟〈唐人絕句精華〉的學術宗旨與主要貢獻》，《武漢大學學報》（人文科學版）2015 年第 1 期，第 23～31 頁。

〔註38〕劉永濟所著《元人散曲序論》，曾於 1935 年由國立武漢大學出版部印行，1936 年以《元人散曲選序論》為題刊於《文哲季刊》第 5 卷第 2 期。

的考察又集中於三個方面：歌詞的唱法；歌詞是否能夠表現完整的故事；歌詞是敘事體還是代言體，展現了清晰的戲曲史視野。《元人散曲選》是劉永濟散曲研究的主要成果，其特點是從「風會」入手，在與詩詞的對比中，準確揭示了散曲的文類特徵及其形成原因，具有顯而易見的文學史意義。〔註39〕

三、現代學術史上的劉永濟

行文至此，劉永濟在現代中國學術史上的形象，已逐漸呈現出清晰的輪廓。茲就其中兩個主要側面略加勾勒。

（一）一個「不合時宜」的文化保守主義者

劉永濟的「不合時宜」，與他執著堅守文化保守主義立場密切相關。

1942 年，朱光潛寫過一篇《五四運動的意義和影響》，一方面從正面評價了五四喚起民眾、救亡圖存、促進思想解放的作用，另一方面也對五四的狂熱性、破壞性表示不滿。「五四發生時，他在香港大學念書，明確對五四破壞舊文學表示不理解。他用了一個很準確的比喻描述當時心理：就像一個珍藏了很多舊鈔的人，一夜之間，被宣布他所有的鈔票都成了廢鈔。對於朱光潛這樣從小飽讀詩書的人，這真的是一件很痛苦的事情。儘管他後來也接受了新文學，但是畢竟這種失去財富的心理創傷是很深的，何況他內心深處從未真正承認古典文學就真的是一堆廢鈔了。」〔註40〕劉永濟對傳統儒家的眷懷與信仰，其背後的心理因素與朱光潛有某種相近之處，但劉永濟後來的執著與固守，表明他與朱光潛確有不同。朱光潛儘管留戀文言，卻逐漸習慣了用白話寫作，甚至他影響最大的學術領域也是西方美學。朱光潛明瞭自己的「不合時宜」，因而努力合於事宜。劉永濟則明知自己「不合時宜」，卻絕不為了「合時宜」而勉強自己。

比如，劉永濟的《十四朝文學要略》，就刻意採用了傳統的語言形式和體例，以顯示與胡適等人競爭的文化姿態。

1928 年，胡適在新月書店出版了他的《白話文學史》上卷。胡適認白話文學為文學史的正宗，在宣判文言這種語言形式的死刑時，理直氣壯地否定

〔註39〕關於劉永濟的曲學研究，詳見拙文《論劉永濟的曲學研究》，《長江學術》2016年第 1 期，第 20～27 頁。

〔註40〕胡曉明《真實的現代性》，見胡曉明：《詩與文化心靈》，北京：中華書局，2006年，第 436 頁。

了漢賦、六朝駢文、律詩和韓柳古文，也否定了與這幾種文體相伴隨的修辭手段和修辭風格。譬如他說：「沈約、王融的聲律論卻在文學史上發生了不少惡影響。後來所謂律詩只是遵守這種格律的詩。駢偶之文也因此而更趨向嚴格的機械化。我們要知道文化史上自有這種怪事。往往古人走錯了一條路，後人也會將錯就錯，推波助瀾，繼續走那條錯路。譬如纏小腳本是一件最醜惡又最不人道的事，然而居然有人模仿，有人提倡，到一千年之久。駢文與律詩正是同等的怪現狀。」〔註41〕漢賦、六朝駢文、律詩和韓柳古文是傳統集部的主體部分，劉永濟精力所注，也正是傳統集部，而在胡適這裡卻都被判了死刑。

面對勝利成果仍在不斷擴大的白話文運動，面對胡適《白話文學史》對漢賦、六朝駢文、律詩和韓柳古文的全盤否定，劉永濟作出了自己的回應。雖然劉永濟也能用白話寫作，他1922年出版的《文學論》就是用清通流利的白話寫成的。但是，他沒有繼續採用白話撰寫學術著作，而是用了文言，並且是帶有駢體意味的文言，一種被胡適判了死刑的語言形式。1928年、1929年間連載於《學衡》的《中國文學史綱要》（後來定名為《十四朝文學要略》）就是他的第一部用文言撰寫的學術著作。這當然與《學衡》雜誌的要求有關，《學衡》是不刊載白話作品的，但同時也是劉永濟的自覺追求，否則他不會選擇駢體的文言。從此以後，劉永濟所有重要的學術著作，如《屈賦通箋》《文心雕龍校釋》《詞論》等，都是用文言寫成的。從這些著作來看來看，劉永濟的語言精粹清麗，足以為文言贏得身價。文化學術的競爭往往能激發人的潛能，胡適因為學衡派的抨擊而不斷推出用白話撰寫的重要成果，劉永濟也用他的著述證明，文言依然可以寫出出色的文章和出色的學術著作。

程千帆曾在所著《程氏漢語文學通史》中論及《十四朝文學要略》兼用紀事本末體和紀傳體的體例之長：「從紀事本末體和紀傳體中，我們也可以得到一些有益的啟示。以紀傳體為例，『本紀』可以交代時代大背景；『世家』可以處理文體文類主題；『列傳』可以用來評述文學史上的大家名家；『表』可以列舉有關統計數字及圖表；『志』可以討論一些比較重要的文學史專題，例如雅俗問題、南北異同問題等等。六朝古典名著中，《三國志注》《世說新語注》《洛陽伽藍記》《水經注》等書都吸取了佛經合本子注的形式。在中國文學史著作

〔註41〕胡適撰，駱玉明導讀：《白話文學史》，上海：上海古籍出版社，1999年，第89頁。

中，劉永濟先生的《十四朝文學要略》也是採用這種形式，以簡馭繁，綱舉目張，有其優長之處，在今天仍有啟示意義。」〔註42〕這個意思，程千帆在給門生講課時也曾提及：「從《春秋左傳》，到佛經合本子注及其效法者，如《三國志》《水經注》《洛陽伽藍記》，還有後來的《三朝北盟會編》等，一個綱，下面分系很多材料。劉師培《中國中古文學史》就是這樣寫的，劉永濟先生《十四朝文學要略》也是這樣寫的。」〔註43〕其實，劉永濟《十四朝文學要略》之後所有的著述，其體例都取法於傳統的經典。這不是偶然的，而是一種文化信念的執著表達。

（二）一個以辭章之學安身立命的文化保守主義者

在林林總總的文化保守主義者中，劉永濟的特色在於，他富於辭章家氣質，終生以辭章之學安身立命。

劉永濟的辭章家氣質，首先表現在他終身耽於詞的寫作。

一個活生生的生命，往往和一個癖好連在一起。人總要有所寄託，活著才有意義。把自己生命的精華調動出來，傾力於一處，像干將、莫邪一樣，把自己煉進自己的劍裏，這，才能顯出生命的意義。詩詞寫作，尤其是填詞，在人生的任何階段，劉永濟都沒有放棄過。並不是因為生存所需，實在是因為鍾情太深。1940 年，他的好友劉賾龍教授勸他不要耽於填詞，因為填詞過於傷神。劉永濟就此填了一首詞，即《江城子》（賾龍戒余吟多損神，勸寫《金剛經》以結勝緣，詞以報之）：

慈王何力度狂流。遍閻浮，鬥龍虯。一匊殘灰，中結萬恩仇。

便寫金經胝右腕，冤不解，願安酬。

斑斕囊句費冥搜。恣兒嘔，無母憂。只有吟邊，眉蔓為添愁。

多謝故人憐瘦損，書珍重，意綢繆。

雖然感激故友情深，但仍不願捨棄這份傷神的事，填詞對於劉永濟來說，具有證實其存在的意義。他甚至樂於不辭辛苦地為朋友捉刀，只要得到朋友的贊許就好。1928 年，他曾代吳宓作《木蘭花》詞：「玉樓人倦停金線，閒夢江

〔註42〕程千帆：《程氏漢語文學通史·後記》，程千帆、程章燦撰：《程千帆全集》第
　　　　12 卷《程氏漢語文學通史》，石家莊：河北教育出版社，2000 年，第 557 頁。
　　　　標點有所改動。
〔註43〕程章燦整理：《老學者的心聲——程千帆先生訪談錄》，程千帆述，張伯偉編：
　　　　《程千帆全集》第 15 卷《桑榆憶往》，石家莊：河北教育出版社，2000 年，
　　　　第 163 頁。標點有所改動。

南春正遠。自嫌移柱手生疏，未解飲泉心冷暖。情深可待蓬瀛淺，爐火青時丹自轉。獨憐芳意未分明，早是驚回鶯語亂。」據吳宓自己說：「宓曾以本意作函詳告弘度。此闋詞雖代擬，而悉仍原意，不啻宓作也。」〔註44〕獲得友朋的真誠贊許，劉永濟有一種不能自己的成就感。癖好是一個人性格的標誌和生命的標誌，而劉永濟的癖好，正是填詞。

劉永濟的辭章家氣質，在綿延數十年的學術研究中也有充分表現。

「在劉先生已完成的學術著作中，以『楚辭學』、『龍學』和詞學方面的較多，學林也很自然地推崇先生在這些領域的造詣，然實際上劉先生治學之廣，讀書之多，是很驚人的。他在群經、諸子、小學、史學及佛學方面，在目錄、校勘、版本方面，在地理沿革、名物制度等方面，修養都很深厚。所以他研治古籍，就能左右逢源，多所創獲。從有關《楚辭》的著作以及其他著作中，我們可以看出先生對古文字學和古史的造詣；從有關《文心雕龍》等著作中，又可以看出先生對玄學，特別是《莊子》的造詣；而從其詩詞的創作與研究中，我們還可以看出先生對禪學的研究也是很深的。他所以很少發表文學研究以外的東西，只不過是因為他並不認為讀了書就一定要讓別人知道罷了。」〔註45〕古典文學研究或者說集部研究，是劉永濟的安身立命之學，對子、史群書的廣泛閱讀，都是為了深化集部的研究。

〔註44〕劉永濟：《誦帚詞集　雲巢詩存　附年譜　傳略》，北京：中華書局，2010年，第32～33頁。
〔註45〕程千帆、鞏本棟：《劉永濟先生的詞學研究》，南京大學古典文獻研究所編：《古典文獻研究》第五輯，南京：江蘇古籍出版社，2002年，第6～7頁。

劉永濟的「自命不凡」

陳文新

從 1906 年到 1911 年，劉永濟前後接受了六年的新式教育。

劉永濟先生

　　1906 年，年近 19 歲的劉永濟考入長沙私立明德中學（1949 年後該校一度改名為長沙市第三中學）。1907 年秋，劉永濟又考入位於上海吳淞的復旦公學，在那裡度過了兩年多的時光。

　　1910 年，劉永濟考入天津高等工業學校，修習應用化學，目的是為報考清華做準備。因為復旦公學不重理科，報考清華，怕難以錄取，所以先去天津

高等工業學校補習理科各門課程。

清華園

　　1911年夏，劉永濟如願以償，考入清華留美預備學校。同時考入清華的，除了他的老同學梅光迪外，還有吳宓、吳芳吉等人。

　　六年的新式教育生活，拓展了劉永濟的視野，也拓展了他的學緣。他與梅光迪、陳寅恪、吳宓、吳芳吉等人之間的友情，他後來立身處世的風格和態度，與這六年的新式教育生活密切相關。

　　劉永濟自己曾說：「在這短短的六年中，我學無所成，但影響我的卻有幾點：一、養成我自命不凡和自由散漫的習慣。二、灌輸我革命的思想。三、廣泛地粗略地具備些世界知識和科學知識，加強我讀書的興趣。」〔註1〕

　　劉永濟所說的「自命不凡」，大概是指那種領袖群倫的風采。在復旦公學期間，他一直擔任班長，「上為教務長重視，中為教員所怕，下為同學所擁護」，是為數不多的核心人物之一。

　　一個二十歲的年輕人，不僅在同輩人中高視闊步，而且受到校方的倚重，令各位任課教師心存畏懼，這樣一種經歷，足以召喚出對個人能力的豪邁自信和對個人事業的不凡期許。推想起來，這時的劉永濟，大概是初次體驗到了領袖群倫的美妙感覺。

〔註 1〕劉永濟1952年《自我檢討報告》，見徐正榜、李中華、羅立乾編著：《劉永濟先生年譜》，劉永濟：《誦帚詞集　雲巢詩存　附年譜　傳略》，北京：中華書局，2010年，第256頁。

《復旦公學章程》

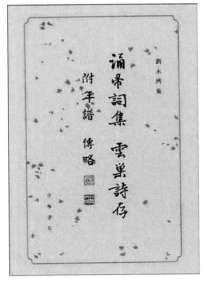

《誦帚詞集　雲巢詩存　附年譜　傳略》

　　在未來的生涯中，他還有領袖群倫的機會，例如 20 世紀 40 年代長期擔任武漢大學文學院院長，並多次代校長處理校務。但那種感覺應當是不一樣的，一個二十歲的人，和一個年逾五十的人，同樣是處於舉足輕重的位置，但欣喜的程度一定大為不同。「我因此不免自高自大」，這乃是飽含得意的自嘲，那種少年得志的神采，雖時過境遷，仍不難想見。

　　在復旦公學的同窗中，後來與劉永濟長期保持聯絡的有梅光迪、陳寅恪等人。從劉永濟的這個朋友圈，可以看出他的自我定位。

　　晚年的劉永濟，講述過他與陳寅恪同窗期間的一件趣事：「陳寅恪素以博聞強記、過目不忘而著稱，有一次我和他打賭，拿一頁古書，只准許看一遍，看誰能一字不差地默寫出來。結果他贏了，果然是一字不錯，我卻錯了兩個字，從此真是服了他。」〔註2〕正當年少輕狂的時節，兩位未來的學界巨擘，留下這樣一幅剪影，倒也有一種「不著一字，盡得風流」的韻味。

　　在劉永濟的清華同窗中，後來成為其終身摯友的，有吳宓、吳芳吉等。吳宓這位《學衡》主將，早已為學界所熟悉。吳芳吉（1896～1932）因其英年早逝，才三十七歲便赴修文，當代讀者對他也許較為陌生。其實他在 20 世紀 20 年代，曾是詩壇的風雲人物，其才情和氣度，深受劉永濟敬佩。

〔註2〕李工真：《劉永濟先生傳略》，劉永濟：《誦帚詞集　雲巢詩存　附年譜　傳略》，北京：中華書局，2010 年，第 631 頁。

陳寅恪先生

吳芳吉先生

劉永濟先生

　　劉永濟所說的「自命不凡」，大概還包括了那種以學術救國的氣概。晚清最後幾年的新式教育，一方面引入了各種各樣的新知，另一方面激發了一代讀書人對「少年中國」的想像。

　　在一個國門敞開的時代，有混亂的雜音，也有激越的旋律。這種氛圍，對於那些嚮往新的生活景觀的人來說，別有一種召喚和鼓舞的力量。文學和學術改造社會的力量，常常被這一代人高估。

　　魯迅和郭沫若棄醫從文，早已成為許多人熟悉的佳話。與胡適、魯迅相比，劉永濟當然不屬於新文化人，但那種以文學和學術救國的信念，那種「少年不識愁滋味」的高視闊步的情調，卻又何其相似。

　　1937 年，劉永濟在《文哲季刊》第六卷第 20 號發表《文學通變論》，有云：「常人每目治文學為無用，世之為此學者，亦常有以無用為真諦者。不知無用之用，實乃大用。蓋文學之力，無影無形，及其深入人心，有非可以勢取強奪者……如最近之國民革命，尤為有力之證。革命之成，不成於武昌起義之日。清運之移，已移於《蘇報》《民報》《國粹學報》發行之日。蓋排滿之思，亡國之痛，皆憑藉文字為之喚起，而後革命之力乃偉大而普遍也。試檢吾國史乘，由平民而易代革命者，漢之劉邦，明之朱元璋外，唯今之孫中山先生，足與鼎峙。論世之士，當有以知其故矣。」〔註3〕

　　劉永濟之所以確認學術可以救國，是因為他經歷了清末民初的易代之變，親身感受到了社會輿論在清朝覆滅過程中所起的那種無形的作用。曾經不可一世的滿清王朝居然如此不堪一擊，經歷過這一巨變的劉永濟這一輩人，他們對於學術和文學的力量，確有一種「史無前例」的信任，他們有志於以學術和文學的力量創造一個新的中華。

　　對於學術和文學重塑社會的力量，劉永濟後來有一個補充的說法。在《元人散曲選・序論》中，他一方面強調元人散曲促進了元朝的崩潰，「雖謂湖廣、燕南篝火之眾，士誠、友諒揭竿之兵，實關、王、馬、鄭諸賢歌曲有以驅使之，亦不為過矣」，另一方面又指出，「雖然，文學之士，發為詩歌，欲以起衰敝，發忠憤於亡國破家之後，其效否殊不可必。萬一彼鉗制之樞終不可搖，壓抑之勢終不可移，或且求為元曲諸家之所為而終不可得，則又何從激發忠烈而摧陷傾覆之邪！此又讀元曲者所當深省，處危世者所當驚心者矣！」〔註4〕

　　這個說法，與劉永濟 1925 年 12 月發表於《學衡》第 48 期的一則詩話，意味似乎相近，但其實大有不同。那則詩話說：

　　（孔穎達《詩正義》）又論詩人救世之情曰：典刑未亡，覬可追改，則箴規之意切。《鶴鳴》《沔水》，殷勤而責王也。淫風大行，莫之能救，則匡諫之志微，《溱洧》《桑中》，所以諮嗟歎息而閔世。陳、鄭之俗，亡形已成，詩人度已箴規，必不變改，且復賦己之志，哀歎而已，不敢望其存，是謂匡諫之志微……嘗怪江左詩人，世極迍邅，而辭意夷泰，豈當時詩人，獨於一代興亡及民生疾苦，漠然無動於衷耶！及讀老杜天寶亂後諸作，憂時憫亂，詞迫意深。

〔註3〕劉永濟：《文學論　默識錄》附《論文拾遺》，北京：中華書局，2010 年，第419～420 頁。

〔註4〕劉永濟：《宋代歌舞劇曲錄要　元人散曲選》，北京：中華書局，2010 年，第146 頁。

而晚唐以逮五代，作者每多放情風月，極意花草，豈老杜多愁而悲憫獨至耶！大抵天寶之亂，唐室猶有可為。齊梁五代，國事已無可救，此正詩人苦志所存，未可淺測也。然則孔氏此言，可以為齊梁五代詩人，一洗千古奇冤矣。〔註5〕

《元人散曲選·序論》和上一則詩話都說到了詩人對時事有可能「漠然無動於衷」，但《元人散曲選·序論》說的是詩人之口遭到了權力的鉗制，在政治高壓下不容說出實話；上一則詩話說的是社會已無可救藥，詩人說了也沒有意義，所以沒有了說的願望。前者是不敢開口，後者是不願開口。

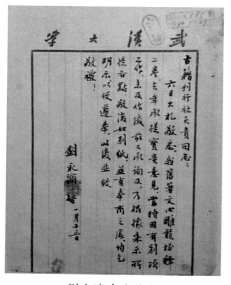

劉永濟先生信札

《屈賦通箋》

劉永濟注意區分這兩種情形，倒也提示我們，清末民初的劉永濟、胡適們，雖然面對著一個積貧積弱的國家，但依然對未來抱有信心，放言高論也無所顧忌。他們不僅願意開口，而且敢於開口。他們相信文學和學術的力量將塑造出一個全新的社會，也把文學和學術的力量發揮到了極致。

那種「少年不識愁滋味」的爽朗和單純，回頭看去，雖然嘴角不免泛起幾絲調侃的微笑，但心底卻又油然生出幾分羨慕和嚮往。

〔註5〕劉永濟：《文學論　默識錄》附《論文拾遺》，北京：中華書局，2010年，第468頁。

劉永濟傳略

程千帆

一

劉先生名永濟，字弘度，別號誦帚，齋名易簡，湖南省新寧縣人。一八八七年（清德宗光緒十三年）十二月二十五日誕生，一九六六年十月二日逝世，享壽七十九歲。

先生出生於一個「書香門第」。他祖父劉長佑雖曾做過清朝的直隸、雲貴總督，但卻一直保持著讀書人的家風。他父親劉思謙就只在廣東、雲南等省做過幾任知縣，因為不能隨波逐流，而棄官歸隱了。

在祖父、父親身邊讀書的先生，從小就培養了對於文學、學術的愛好，為後來的事業打下了堅實的基礎。他十九歲離鄉，先到長沙明德中學，後去上海復旦公學學習。一九一〇年，考入天津高等工業學校，次年，考入北京清華留美預備學校。清華留美預備學校的學生，是從該校在各省招收限額學生的極為嚴格的考試中選拔的，所以可算是「得天下英才而教育之」。

與先生同時考入而後來同樣卓有成就的學者，有梅光迪、吳宓、吳芳吉等。入學不到一年，因有學生不滿校中當局的一些措施，加以批評，反被開除學籍。這事引起了全校學生的公憤，於是推選代表，向學校要求收回成命。不料校方仍然採取高壓手段，將十名代表一併開除。後經教授調停，要由代表們寫具「悔過書」，才能恢復學籍。但先生和吳芳吉卻認為無過可悔，斷然拒絕了這種無理要求，放棄了官費留學的機會。辛亥革命發生，先生受當時民主革命思潮的影響，便由北京趕到海南島，動員和協助任瓊崖道道臺的四哥滇生起義。民國成立，回到上海居住。

辛亥革命以後到一九一七年，先生一直住在上海。這時，近代著名詞人況周頤、朱祖謀都在上海作寓公，先生便向他們問學，得到兩位老輩的特別賞識，走上了以後研究詞學的道路。一九一七年，先生應老師長沙明德中學校長胡元琰之約，回湘任教。次年，軍閥張敬堯因胡校長參與了孫中山領導的革命，密謀逮捕，胡校長倉皇離開，學校瀕於解散。先生就將多年積蓄起來預備出國留學的三千銀元，全數取出，作為學校開支，而自己也仍然留在校中教授語文，和全體教職員一樣，每月拿八元的生活費。後來，因為學校經費困難，胡校長始終沒有將那三千元還給先生，先生也從未索取。但先生本擬出國學習森林，從事實業救國的願望，卻從此不能實現了。

一九二四年中秋節，先生與黃惠君女士結婚。她是北京女子高等師範學校畢業生。當時任湖南省立第一女子師範學校校長。結婚以後，感情一直非常融洽。先生能夠在其後時局艱危、生活困苦中，精勤治學，始終不懈，她給與了極大的鼓勵和支持。先生逝世後不久，她也因悲痛太甚而離開了人間。

一九二五年，在清華大學的吳宓先生介紹先生和吳芳吉先生到清華大學擔任教授，先生因胡校長的挽留，未能應聘（吳芳吉也因故未去，後來清華就聘請了俞平伯、朱自清兩先生）。一直到一九二八年，先生才由吳宓再度介紹，到瀋陽東北大學擔任中國文學系教授。

九一八事變發生，東北淪陷。先生改任武漢大學教授，中間除了從一九三八年到一九三九年曾在廣西宜山浙江大學及湖南辰溪湖南大學各講學半年而外，一直在武漢大學。一九四二年到一九四九年，並兼任文學院院長。

一九四九年，全國解放，先生已六十二歲，但認真學習馬克思列寧主義，接受黨的領導，努力從事教學科研，較之中青年教師，有過之而無不及。黨和政府也非常尊重先生。他於一九五六年被評為一級教授，並先後被選為中國人民政治協商會議武漢市委員會常務委員、湖北省文學藝術界聯合會副主席、中國作家協會武漢分會理事、《文學研究》編輯委員會委員。

先生為人一向熱愛祖國，耿直不阿，富於正義感。六十年的生活經歷與對馬列主義的學習，又使他明確地認識到，只有在中國共產黨的領導之下，努力從事社會主義革命與社會主義建設，才能使中國富強起來，同時，作為一個受黨重視的老知識分子，也必須對黨的事業，十分忠誠，要敢於直陳利弊，知無不言，言無不盡。先生是這麼想的，也是這麼做的。但就是因為這些，他卻被打成「內定右派分子」，「白旗」，「反動學術權威」，在十年浩劫中，飽受凌辱，

終於被奪去了寶貴的生命。

先生一輩子服膺屈原，研究屈原。屈原由於「亦余心之所善兮，雖九死其猶未悔！」終身與黑暗勢力鬥爭，最後被迫自沉。但最公正的歷史老人卻給了他以極高的評價，同意劉安所說的他的志行可與日月爭光的話。今天，在萬惡的「四人幫」覆沒之後，黨給先生徹底平反，使先生正直的品德和精深的學術，得以繼續發揚和流傳，可以說是比屈原更為幸運了。

二

先生簡單的經歷和他豐富的著作恰好形成鮮明的對照。在五十多年的學術生活中，先生在古典文學領域內，從研究到創作，作了多方面的探索，取得了非凡的成果。除現在還沒有來得及搜集的單篇論文和未完成的殘稿之外，已經成書者，共有下列二十種，今將分類簡介如次：

〔文學史二種〕：《十四朝文學要略》《唐樂府史綱要》

一九二八年，先生初到東北大學任教，主講中國文學史，便擬定了一個宏偉的計劃，著手撰寫一部《文學通史綱要》。當寫完第二卷，即寫到隋朝的時候，因系中改請先生擔任其他課程，便沒有續寫下去。其後，將已成部分，連載於《學衡》雜誌；一九四五年，賀昌群先生又將其介紹於中國文化服務社出版，並易名《十四朝文學要略》。這是一部在結構和見解上都有特點的文學史，可惜流傳不廣，現正由黑龍江人民出版社重印。

先生同意王士滇「唐三百年以絕句擯場，即唐三百年之樂府」的觀點，以絕句為重點，寫了《唐樂府史綱要》。這是迄今為止，我國研究店代樂府歷史的唯一專著。此書也寫於在東北任教時期，有講義本，待正式出版。

〔文學理論二種，附二種〕：《文學論》、《文心雕龍校釋》；附：《文心雕龍徵引文錄》、《文心雕龍參考文錄》。

先生早年即從事文學理論之研究，在《學衡》上發表的《文鑒篇》，對文藝鑒賞有極精微的剖析，傳誦一時。《文學論》是在明德中學講文學概論的講義，貫通中西，要言不煩。此書後由商務印書館出版，重印多次。

到武漢大學以後，先生在文學理論的研究方面。集中於《文心雕龍》，在四十年代完成了《文心雕龍校釋》一書。先師黃季剛先生所著《文心雕龍劄記》，久為學林推重，先生此書乃繼《劄記》之後，又一力作。諸所銓釋，能得劉勰原意。在樂山時，先生曾在閒談時對我說：「季剛的《劄記》，《章句篇》寫得

最詳；我的《校釋》，《論1說篇》寫得最詳。」以精於小學推黃師，以長於論議自許，可以說是持平之論。此書解放前曾由朱光潛先生介紹在正中書局出版。解放後，再加修訂，由上海中華書局出版。其附錄二種，遠較范文瀾《文心雕龍注》所附錄的為詳備。《徵引文錄》所訂凡例若干條，尤其精審。以後出版社重印《校釋》時，即使因為篇幅關係，難以將附錄二種全部付印，也應當將其小引、凡例、篇目附印正文之後，以供讀者之參考。

〔屈賦四種〕：《回賦通箋》、《箋屈餘義》、《音注詳解屈騭定本》、《屈賦釋詞》。先生畢生致力於屈原研究。《屈賦通箋》初稿成於一九三二年，反覆訂補，一九五三年才寫定。首為序論六篇，然後對《楚辭》中可以斷為屈原作品的《離騷》、《九辯》、《九歌》、《天問》及《九章》中的《惜誦》等五篇。每篇都分解題、正字、審音、通訓和評文五項，加以考究。其有關全書總義，有待商榷者，則別為《箋屈餘義》十九簡。這兩種，人民文學出版社曾合為一冊，於一九六一年出版，惜印數過少，今已難得。

《音注詳解屈賦定本》是先生根據《屈賦通箋》中所作的結論寫成，供大學生閱讀的。原來只據校文，寫成定本，題為《屈賦定本》，附在《通箋》之後，其後才加以注解，獨立成書。

《屈賦釋詞》卷上釋虛詞，卷中釋詞彙，卷下釋句例。這是先生用王引之《經傳釋詞》及俞樾《古書疑義舉例》的方法，從語言學的角度來研究屈賦的一部專著。（先生晚年還有意從這一角度研究《文心雕龍》，想編一部《文心雕龍詞典》，可惜沒有能夠如願。）以上兩種，也待正式出版。

先生本擬寫成《屈賦學》五種，但第五種未及寫出。就已成四書看來，先生對於屈原研究，創獲甚多，確於並世諸家中，獨樹一幟。

〔古典韻文七種〕：《唐人絕句精華》、《詞論》、《唐五代兩宋詞簡析》、《微睇室說詞》、《宋詞聲律探源》、《宋代歌舞劇曲錄要》、《元人散曲選》。

《唐人絕句精華》是先生晚年選注的。前有引言，對唐人絕句的源流正變，它的藝術價值以及此書的選旨，作了扼要的介紹。就某種意義說，它是《唐樂府史綱要》的姊妹篇。已由人民文學出版社出版。

《詞論》是一部通論詞學的著作，其特色是突出了對前代詞人作詞方法的研究，它分類選輯著名詞話，加以按語，論其得失。計分總術、取徑、賦情、體物、結構、聲采等項。先生曾經對我說：「這事實上是一部詞話選，前人的精論要語，都在其中。」

先生早年講詞選，曾編《誦帚庵詞選》四卷，選錄較多。到了老年，由博返約，又攝唐宋詞的精華，寫成《唐五代兩宋詞簡析》，將唐五代宋詞的主要流派，系統地加以介紹，每篇都有精要的注釋。其中還注意到了前人和時人所忽視的流派。如兩宋通俗詞及滑稽詞等。以上二種已由上海古籍出版社出版。

一九六〇年，先生為青年教師講授南宋婉約派詞，以吳文英為重點，並前溯周邦彥、姜夔、史達祖，後及王雲孫、周密、張光，以見此派源流。撰虎《微睇室說詞》一卷，上卷專說吳，計七十八首，下卷周（邦彥）六首，姜六首，史二首，王五首，周（密）一首，張二首。這是當代詞人陳洵《海綃說詞》及陳匪石《宋詞舉》之後，又一部說詞的名著，也是先生對於宋詞的晚年定論。他研究之功力及成就，備見此書。現正設法出版。

《宋代歌舞劇曲錄要》及《元人散曲選》是先生講曲選時的講義，書前各有序論一篇，頗多發前人所未發的意見，如認為宋代歌舞劇曲的結構有縱列橫列之分，元人散曲風格有陰剛陽柔之分，都值得重視。前者已於五十年代在上海古典文學出版社出版，後者已由上海古籍出版社出版。

《宋詞聲律探源》是先生晚年研究詞律的專著，詳列圖譜，論證精密，多所發明，尚待出版。

〔雜著一種〕：《默識錄》。

《默識錄》是先生多年積存的讀書劄記，除已寫入各種專著的之外，晚年復將其餘部分輯為此書，共四卷。《文學遺產》一九八〇年第三期發表了其中十二則，可見一斑。現正設法出版。

〔創作二種〕：《雲巢詩存》、《誦帚庵詞》。

先生在創作方面，以詞為主，詩不多作。晚年經過精選，輯成《雲巢詩存》一卷，《誦帚庵詞》二卷。詞集曾在一九六四年由武漢大學印刷廠排印，但由於當時左傾思潮的影響，這一部主要記錄了舊中國的苦難，體現了一個正直學者的心靈，並具有高度藝術性的作品，卻被誣為有「毒素」，全部被銷毀。由於這部「反動詞」，先生也以風燭殘年而橫遭迫害，飲恨而死。但凝聚著先生畢生心血的這些著作，卻是永遠也不會消亡的。詞集在先生寬案平反昭雪之後，武漢大學曾將手稿膠印若干冊，但為數過少。這兩部集子，都有待正式印行。

三

我從一九四〇年在四川樂山謁見先生，直到一九五七年被錯劃為右派為

止，這十七年中，除了在成都三年之外，一直和先生在一道工作，因而有機會向先生學習。學他的治學精神和方法，學他豐富的知識，特別是他崇高的品德。先生的著作（往往是稿本），我都有先讀的幸運。其中許多，我還知道其慘淡經營的過程。現在回想起來，有很多是使我深受教益的。

首先，我覺得求真是貫串在先生五十餘年為人治學中的一根紅線，基於對祖國學術文化的熱愛，對人民的責任感，先生一輩子都在探求真現的過程中。他早年深受儒家學說的影響，潔身自好，決不同流合污，尤其注重民族氣節。所以對於北洋政府及國民黨政府的崇祥姻外，禍國殃民，深惡痛絕。在樂山時，曾斷然拒絕友人約他加入國民黨的請求。但祖國往何處去的答案，先生也和當時許多人一樣，並未得到。全國解放以後，經過一段時間的實踐和思考，他終於懂得只有社會主義才能救中國這個道理，而且認識到，這正是他所畢生追求的。

在一篇《鷓鴣天》中，先生寫道：「六十年中百變俱，可憐倦眼眩龍魚。難拋身外無窮事，補讀平生未見書。」說明他最初接觸新事物的惶惑和驚奇。但是，在黨的教育下，他終於認識到，應當和過去告別了。

> 檢點心魂清靜了，春光重豁冷眸。百年過半底須愁？河山皆錦切。人物足風流。明日歡欣何處見，百花齊放梢頭。好開懷抱樂時休！人生歸有道。此外更何求。
>
> ──《臨江仙》

這一篇寫於六十五歲的作品，標誌著先生已經進入了一種更高的精神境界，使他為社會主義祖國又努力工作了十多年。

先生為人如此，治學亦然。他的著作，沒有一部不是精心草創，然後又反覆加以修改的。蠅頭細字，在稿本的天地頭上都批得滿滿的，加以騰清，然後再改，為的就是求真。先生替舉《寓簡》所載歐陽情晚年改定自己的文章，用思甚苦，不是為了怕先生生氣，卻是為了怕後生嘲笑的話告訴我，並且說：「嘲笑還不要緊，但誤人子弟，問題就大了。」所以先生對於學術界一些誶眾取寵、欺世盜名的惡劣作風，是深為不滿的。

其次，先生治學的勤奮也使我深受感動。一九四一年秋，和先生在樂山嘉樂門外的學地頭結鄰，居住在一個小山丘上。錢歌川教授與我住在山頂，先生住在山腰，相距不過一百公尺，有一條石級相通，小路兩旁，栽滿竹子。晨光熹微，竹露演在石級上，汾塗作響，而先生的讀書聲則從霧氣露聲中斷續飄來，每天如是。這聲音像警鐘一樣激發著我和祖菜少年好學的心，使我們一點也不

敢懈怠。凡是熟悉近代學界佚聞的人都知道，北大中文系老教授林損以狂放出名，他曾當面痛斥胡適的洋奴哲學而博得人們的尊敬。有一次，先生和我談起林先生，說：「大家都以為公鐸（林損字）只會使酒罵座，可是我和他在東北同事，看到他每到冬天必然沮習經書。書，是要反覆讀的。」「好書不厭百回讀，熟讀深知子自知，這是顛撲不破的話。」到了晚年，先生更是愛惜光陰，天還沒有亮就起床工作，午餐後，睡一覺，又工做到夜深。他說：「我是把一天當作兩天過，但還是恐怕『所為不及所欲為』。」一直到最後，先生還以沒有完成《局賦學》的第五種和《文心雕龍辭典》為憾。從前曹操認為，只有袁遺和自己才老而好學。先生不也正是這樣的人嗎？

　　可是我和他在東北同事，看到他每到冬天必然沮習經書。書，是要反覆讀的。「好書不厭百回讀，熟讀深知子自知，這是顛撲不破的話。」到了晚年，先生更是愛惜光陰，天還沒有亮就起床工作，午餐後，睡一覺，又工做到夜深。他說：「我是把一天當作兩天過，但還是恐怕『所為不及所欲為』。」一直到最後，先生還以沒有完成《局賦學》的第五種和《文心雕龍辭典》為憾。從前曹操認為，只有袁遺和自己才老而好學。先生不也正是這樣的人嗎？

　　由博反約是先生治學另一個突出的特點。在四十餘年的教學生涯中，先生所經常開設的課程是《屈賦》、《文心雕龍》和詞。學林便也很自然地推崇先生在這些領域中的造詣。但在我經常和先生的往還談論中，在我將自己的一些習作呈請先生教海時，我才逐步發現，先生治學之廣。讀書之多，是驚人的。他在群經諸子、小學及古史方面，在目錄、校勘、版本方面，在沿革地理，名物制度方面，修養都很深厚。所以研治古籍，就能左右逢源，多所創獲。從有關《屈賦》等著作中，我們可以看出先生對古文字學和古史的造詣而從其有關《文心雕龍》等著作中，又可以看出先生對於玄學（特別是《莊子》）的造詣。但先生除了偶而談論有關這些學術的問題外，兒乎完全沒有發表過文學研究以外的文章。我曾對先生說：「您論《莊子》如此之精，卻不肯著書傳世，難道是『善《易》者不自《易》』嗎？」先生只是微笑，沒有回答。先生的著述，篇幅都不大，要言不煩，取其足以達意為止。顯然屬於「簡約得其英華」的南派，而不是「深無窮其枝葉」的北派。黃庭堅評陳師道說：「其讀書如禹之治水，知天下之脈絡，有開有塞，至於九川滌源，四海會同者也。」先生治學由博反約，不廢考據，但主要的是著眼於「辨章學術，考鏡源流」，也正是如此。

　　「好學深思，心知其意」，「多聞缺疑，慎言其餘」，這是我國古代學術的

優良傳統。先生正是這樣身體力行的。先生平時比較嚴肅，言語不多。初見到他的人，往往產生一種錯覺，認為他崖岸很高，難以親近。但和他處久了，才知道他是非常謙虛謹慎而且平易近人。先生的著作生前正式發表的較少，我每每勸他及早公布，以利後學，但怕總覺得自己的一些見解還不夠成熟，謙讓未遍。例如他講《史記‧局原列傳》中有錯簡。《天問》中的「鯀何聽焉」的「聽」字應為「聖」字之誤，以及論述魏，晉、南北朝的學術對當時論辯文的影響，吳夢窗詞的藝術特徵等等，都是發千古之的卓見，其中有些生前迄未發表。由於我和祖菜往往有幸讀到先生的手稿，常蒙先生不恥下問，有時我們也提出一點幼稚的看法，先生無不樂於接受。我們曾經保留了將近一百幅先生手寫的詞稿，都是精楷；其中有些在稿後還附有先生斟酌字句要我們幫同抉擇的意見，可惜這些極其珍貴的文物，在十年浩劫中，已經被造反派抄我的家時抄去悄毀了。先生還給我寫過一付齋聯，上聯是：「讀常見書，作本分事。」下聯是：「吃有菜飯，著可補衣。」這一付對聯足以說明先生為人治學的根本態度，可惜也在前些年「焚書坑儒」時被焚掉了。

先生為人治學值得我學習的地方太多了，很難說全，這只是舉出了我感受最深的幾點而已。

四

先生不但是一位卓越的學者，也是一位傑出的詩人。從先生所寫作的詩詞當中，我們可以看出他對於偉大的祖國、偉大的人民，是多麼熱愛；而對於她和他們在解放前處於水深火熱之中，多災多難的情況，又是多麼悲憤和憂傷。

先生在東北大學教書的時候，日本軍國主義者企圖吞噬東北的狼子野心已經充分暴露。先生講課的時候，就對學生反覆宣傳民族大義，教導他們保衛祖國是每一個人的神聖職責，使學生們深受感動。「九十一八」事變發生後，以中文系學生苗可秀為首的愛國青年，便組織了東北大學抗日義勇軍，奮起抗日。先生給予了積極的支持，並為他們語寫了一篇《滿江紅》作為軍歌。後來苗可秀不幸壯烈犧牲。有人曾把也的事蹟寫成名為《鳳凰城》的話劇。一九三九年先生在湖南大學時，同學們演出了這個劇本，先生因為不忍看到苗可秀最後被殺害的場面，提前退場。回到家裏，就寫了下面這三首詩，來懷念這一位「國殤」：

無端皂帽落窮邊，曾見苗君正妙年，今夕氍毹表忠烈，如塵如

夢最淒然。

　　莨弘碧血成秋燐，精衛冤魂塞海東。為問當年六千士，幾人還唱《滿江紅》？

　　已驚碧月淒魂夜，忍見黃沙搜命時？獨們青燈憶儔侶，故關風雪到當幃。

抗日戰爭時期，國民黨反動派盤踞著大西南，表面上說抗日，實際上是在反共反人民。淪陷區的人民處在敵偽統治之下，物質精神飽受磨難，而國統區的貪官污吏土豪劣紳卻剝削壓迫，花天酒地，無惡不作。這些現象使這位正直的詩人心情十分激動，寫下了許多使人讀了都會感到作者心靈正在燃燒的作品。下面就是其中之一：

　　聞道錦江成洞水，花光紅似長安。（「地轉錦江成渭水」，又「花光不跟上林紅」，告李白詩句也。）銅駝空自泣秋煙。綺羅興廢外，歌酒死生間。野哭千家腸已斷，蟲沙猶望生還。金湯何計覓泥丸？西南客有地，東北更無天！

　　　　——《臨江仙》

在另一首《浣溪沙》當中，先生寫道：「終古雞蟲誰作主？野壇狐鼠自通神，山川能語定酸辛。」可以看出，由於當時反動派的封鎖，先生沒有條件接近共產黨，沒有機會學習馬列主義，但他追求光明，對國民黨的腐敗統治極其不滿，則是肯定的。在垂暮之年，他終於找到了能使我們這個古老民族起死回生的靈丹妙藥，這就是黨的領導和社會主義道路。於是，在一九五一年國慶日，這位六十四歲的老詩人就寫下了這一篇歡欣鼓舞的詞：

　　四座且安坐，聽我唱新詞。中華古稱神胄，文物久衰微。湖白蠻煙東犯。（林則徐詞：「蕃航別有蠻煙」，指鴉片也。），四境重關都啟，歐美竟凌欺，魍魅與饕餮，相率吸人脂。到而今，已百載，更誰悲？識時賴有英傑，奮起樹紅旗。萬里長征偉績，八路雄師苦戰，燦爛建弘基。天地頃清朗，民物共雍熙。

　　　　——《水調歌頭》（國慶頌）

在《誦帚庵詞》的自序中，先生曾經敘述了自己從近代詞學大師況周頤、朱祖謀兩位學詞的經過，而且強調創作必須反映現實生活，以及它既要繼承又要發展的道理。先生說：「歷世既久，更事既多，人間憂患，紛紜交午，有不得不受之；受之而鬱結於中，有不得不吐者，輒於詞發之。復值日寇入侵，而

竊祿者闒茸淫昏，絕無準備，國勢危於壘卵。中情激醫，所為漸多。斯事之艱苦，亦知之漸深。然衡以古詞人之所為，每以自愧。而所遇之世，有非古詞人所得想像者，其艱屯則皆倍蓰之。故其所以為自，有非可範以往矩者。既已不得起朱況兩先生而質正之，終恐棄之亂煙衰草中耳。」關於這最後一點，先生是過慮了。那些摧殘祖國優秀文化的劊子手，不是曾經千方百計地想消滅它們而終於可恥地失敗了嗎？

　　從十八世紀末葉，張惠言兄弟推尊詞體，認為過去被人們視為小道的詞，也可以反映重大的社會政治事件，和作者對這些事件的思想感情，使得詞在這以後的一百多年中，無論在創作上，在理論上，都有較大的發展。其中像周濟、陳廷焯在理論上貢獻較多；王鵬運、朱祖謀在創作上顯出了實績；譚獻、況周頤則在理論和實踐上都很有成就。先生的詞學正是繼承了這些前輩的業績的。他的創作態度非常嚴肅，總是緣事而發，絕無無病呻吟之作。他特別贊成況周頤詞要「重、拙、大」的理論，字裏行間往往充滿了一種「無可奈何之境，萬不得已之情」。這是與一般吟風弄月的作者毫無共同之處的。

　　晚請以來有成就的詞家，都能夠鎔鑄古人，自成面貌。例如朱祖謀的作品就兼有東坡、夢窗之長。先友盧冀野教授在《望江南》（題清名家詞）中說：朱氏是「老去蘇吳合一下，問兼重大妙於言」。這一評論是很正確的。而先生的詞則取徑更。他不獨如席啟駉教授所作的《誦帚庵詞集序》中說的「為夢窗詞，而往往似白石，意其胸襟性情或近之歟」，而且對於南唐的馮正中以及東坡都下過很深的工夫。所以他的作品可以說是將馮之深婉、蘇之豪放、姜之清剛、吳之麗密，合一爐而冶之。例如下面這兩篇作品，就是很好的例證：

　　　　夥老山空，亂蛋裏，露草光搖肌均。鸞駕應怯新涼，霓衣瓣輕白。愁記省眠雲俊侶，隨蒙樞、十年金跡。漲海銅琶，明湖翠盞，都到胸憶。算惟有丸月葩星，向天末依然伴岑寂。多少瑤情假思，總而今拋御。傷換劫，河山壞影，墮玉尊特地淒碧。那更殘曲重尋，故人難見。
　　　　——《琵琶仙》（辛巳樂山中秋，約子蘇夫婦，味橄薄飲雲鼠，念辛未，甲戌此夕，臨與葇龍疊和波仙水調，以寫幽憂窮蓬之音。今時境遠非昔比，而葇龍深隱衡雲，予乃竄身荒谷，奇情勝薇，久墮蒼茫，顧影婆娑，悵然成詠）

　　　　萬緣吹劍首，忍遙弔，楚蘭瑰。正殘圓蕪城。解陽故字，何識

愁痕！乾坤只供醉眼，奈憂時、肝胞自輪囷，誰惜千經萬緯。換來
淚雨哀雲。前塵去，水溝溝。情漫苦，夢難溫。記亂省楡關，驚濤
漢渚，恨墨空存。孤墳甚時酹酒。喚靈欲，赤豹出荒棒。為語滄江
淡日，故人垂老酸辛

　　　　——《木蘭花慢》（挽拳龍）

　　唐人律絕詩是詞的來源之一，所以詞當中的小令與絕句非常接近。由於篇
幅的限制，它們都比較難於用來寫莽蒼的景物和壯闊的胸懷。但先生的小令卻
往往顯得波瀾起伏，有咫尺千里之奇觀。這一點也很突出，是在古代和當今詞
人中少見的，試看下面這兩首寫在不同時期的《浣溪沙》：

行到蛋叢地盡頭，凄清雲物又成秋，請憂難見仲宣樓，刺水吞
聲過楚峽，斜陽凝血下神州，欲呼辭魄弔高丘。

久缺高情作勝醉，塵埃長負歸盟鴻，茂城一上抵查樓。晴野大
雲含雨度，平江濁浪拍山流，又收殘暑入新秋。

　　先生詞學造詣很深，而我對於此道所知又極少。以上所論，不過是管窺感
測。如先生的詞集能正式出版、廣泛流傳，那時，讀者將會證明我所說的決不
是「阿其所好」，反之，很可能是沒有能夠把先生的成就充分地、準確地表達
出來。

五

　　先生晚年帶的詞學研究生馬昌松同志回憶說：「劉老師對我們和青年教師
既嚴格又熱情。例如為了使我們弄清楚俗傳詩律中『一三五不論，二四六分明』
這兩句話的來歷和是非，他除了要我們閱讀有關材料外，還要圖書館設法從外
地借來只在《三續百川學海》這部叢書當中才有的《陽關三疊圖譜》，給我們
看，並且教導我們怎樣讀。從這些地方可以看出，先生認為從事科學研究，必
須盡可能地詳細佔有資料和深刻理解這些資料的謹嚴學風。我們寫的讀書筆
記，先生都詳加批閱，連錯別字也一一改正。特別令人感動的是，他即使臥病，
到了該上課的時候，他仍然躺在籐椅上照常講授，同樣堅持批閱我們的作業。
為了培養接班人，先生真是嘔心瀝血地工作著，死而後已。」

　　從我個人和先生的接觸中，也完全可以證明昌松同怎的話都是「實錄」。
我在很年輕的時候就知道先生，因為先生早年在長沙的時候，就曾經向先叔祖
子大先生（名萬，別號石巢居上，又號十發老人）問學。後來我又在《學街》

雜誌和武漢大學《文哲季刊》上讀過先生詐多文章，非常欽佩。所以一到樂山，便去拜見先生，並把自己和祖棻的一些習作呈請批改。先生不以我們為愚頑不堪教誨，很熱情地接待了我們，而且送了我們一首詞：

> 鼕鼓聲中喜遇君，硪硪頭玉石巢孫，風流長憶涉江人。　　畫殿蟲蛇懷羽扇，琴臺蔓草見羅裙，吟情應似錦江春。
>
> ——《浣溪沙》

後來先生便推薦我到武漢大學中文系任教，這是我到大學教書的開始。先生在學校威望很高，但從來不輕易薦人。在武大十年，就只介紹過劉豢龍先生（名異，湖南衡陽人，是晚清今文經學大師王闓運的弟子）。我是他介紹的第二個人。那時，我才二十八歲。先生怕我不能勝任，就在我講課的課堂隔壁，旁聽了一個星期，才算放了心。這件事，一直到一九四八年我已經是武大中文系的教授兼系主任了，惠君師母才在閒談當中告訴我，但先生始終沒有對我說過。幾十年來，每當想起先生對於後犁是如此地提攜、愛護，就深深地為自己學業無成，事負了先生的關懷而感到悔恨，同時，對待自己的學生，也總想以先生為榜樣去做，雖然還差得遠。

先生是在十年浩劫中含冤死去的。身後的情況，真很像宋代詩人張舜民在《畫墁集》中追悼王安石的詩裏所寫的：「鄉閭匍匐苟相哀，得路青雲更肯來？若使風光解流轉，莫將桃李等閒裁！」這種世態當然是當時特定的政治氣候和邪惡勢力的壓力所造成的，不足深責。但也正如張詩另一首中所說：「江水悠悠去不還，長悲事業典型間。浮雲卻是堅牢物，千古依棲在蔣山！」先生的道文章將在祖國文化史上永遠佔有一席之地。

一九六六年先生逝世的時候，我正在農村被監督勞動，沒有資格前去弔唁。一九七九年黨為先生平反，開追悼會，我並沒有收到正式通知，但聽到這個消息以後，就借用陳師道挽他老師曾鞏詩中的兩句話，託人寫了一副輓聯送去，但卻被某些人以禮儀改革為藉口，拒絕懸掛，因此我始終沒有機會公開地表示對先生的哀思，現在我願意把陳師道的那兩句詩錄在這裡，向先生致敬致哀，以作為這篇傳記的結束：

> 丘原無起日　　江漢有東波

一九八二年春於南京
《中國現代社會科學家傳略》

緬懷老師的老師——紀念劉永濟先生

莫礪鋒

　　我與鞏本棟教授一起從南大來到武大參加紀念劉永濟先生誕辰一百三十週年的盛會，本棟兄曾鑽研過劉先生的學術成就，且整理過劉永濟先生的遺著，完全有資格來此參會。我則不同，對於我來說，劉永濟先生的學術成就有如數仞門牆，「不得其門而入，不見宗廟之美，百官之富」。我來參會的主要目的是來向劉先生致敬。

　　在上世紀五十年代，如果從學術團隊的角度來衡量，全國中文學界聲勢最為顯赫的大學無過山東大學與武漢大學。前者有「馮陸高蕭」，至今尚為山大人津津樂道；後者則有「五老八中」，不但陣容更為壯大，而且「馮陸高蕭」中的馮沅君與高亨兩位先生亦曾是武大的教授，武大中文系的光輝歷史，於此可睹一斑。「五老」中以劉永濟先生居首，「八中」中以程千帆先生居首，而劉、程之間又存在著清晰的師承關係。

　　在千帆師晚年為緬懷老師而寫的以《音旨偶聞》為總標題的一組文章中，第一篇便是《憶劉永濟先生》。我讀了這篇文章，不但如睹劉先生之音容笑貌，而且對劉先生的道德文章深感欽佩。南大當今的古代文學學科是千帆師晚年移席南大後重現輝煌的，劉永濟先生是千帆師的老師，他的道德文章也間接地影響著我們。飲水思源，我謹以南大古代文學學科帶頭人的身份，前來向劉永濟先生這位老師的老師表示敬意。

　　千帆師的《憶劉永濟先生》一文，情文並茂，感人至深。文中回憶劉先生的生平業跡，其犖犖大者有兩點。

　　首先是劉先生的學術成就與創作成就。文中介紹了劉先生的二十種學術著作，指出這些著作「沒有一部不是精心草創，然後又反覆加以修改的」。千

帆師還總結了劉先生治學的兩大特點，一是由博反約，著眼於辨章學術，考鏡源流；二是好學深思，多聞闕疑。正因如此，劉先生對學術界一些譁眾取寵、欺世盜名的惡劣作風深為不滿。千帆師也高度評價劉先生的詩詞創作不但藝術造詣極深，而且總是緣事而發，絕無無病呻吟之作。總之，劉先生既是傑出的學人，也是傑出的詩人，正如千帆師所說，劉先生「在古典文學領域內，從研究到創作，作了多方面的探索，取得了非凡的成果」。

其次是劉先生的品行與人生精神。文中指出：「求真是貫串在先生五十餘年為人治學中的一根紅線。基於對祖國學術文化的熱愛，對人民的責任感，先生一輩子都在探求真理的過程中。他早年深受儒家學說的影響，潔身自好，決不同流合污，尤其注重民族氣節。」在教導學生、指點青年教師以及日常生活中的待人接物等方面，劉先生始終謙虛謹慎、寬厚待人，即使在受到冤屈、迫害時仍不失儒者氣象。

重溫千帆師對劉先生的回憶，使我聯想到孔子所說的「古之學者為己，今之學者為人」，我認為劉永濟先生就是一位古之學者。對先生來說，對傳統學術文化的熱愛已經內化為生命的需求，所以能做到「造次必於是，顛沛必於是」。

千帆師回憶到一件往事：1941 年，千帆師與劉先生在樂山結鄰而居，每天清晨都聽到熹微晨光中傳來劉先生的讀書聲。此時劉先生年已 55 歲，早已名滿海內，仍然如此刻苦。

千帆師又提到，劉先生治學範圍極廣，在群經、諸子、小學及古史等方面修養極深，但他從不輕易發表自己的心得見解。可見劉先生治學，決不是追求名聲、地位等身外之物，而是出於對傳統學術文化的由衷熱愛。同樣，劉先生培養學生，提攜後進，也是為了讓他熱愛的傳統學術文化後繼有人。也就是說，學者與教授這雙重身份，在劉先生身上有著天然的同一性，我認為這正體現了中華傳統文化的一個重要特徵。從孔子開始，優秀的學者與優秀的教師就是一身二任的。孔子既是偉大的思想家，也是偉大的教育家。一部《論語》，有多少警句格言是與教育有關的：有教無類，誨人不倦，循循善誘，不憤不啟，等等。正因孔子造就了大賢七十，小賢三千，才形成了源遠流長的儒家學派。孟子甚至認為「得天下英才而教育之」是君子一樂，是比「王天下」還要重要的人生樂事。要問學者與教師兩者的結合點在何處，我認為就在文化的傳承性上。孔子是中國傳統文化整體上的祖師，朱熹甚至說「天不生仲尼，萬古長如

夜」，但孔子自己的志向卻是繼承前代文化。他聲稱「述而不作，信而好古」，他還認為「殷因於夏禮，所損益可知也。周因於殷禮，所損益可知也。其或繼周者，雖百世可知也」。

　　如果說動植物的生命奧秘在於一代一代地複製基因，那麼文化的生命就在於某些基本精神的代代相傳。一種觀念也好，一種習俗也好，一定要維繫相當長的歷史時段，才稱得上是文化，那種人亡政息的觀念或習俗是稱不上文化的。我認為教師就是人類文化的傳承者。韓愈說：「師者，所以傳道，授業，解惑也。」傳道也好，授業也好，都是指文化的傳承而言。業是重要的，它指知識和技能。道更加重要，它指觀念和思想，指具有永恆價值的人類基本文化精神。莊子說得好：「指窮於為薪，火傳也，不知其盡也。」聞一多解釋說：「古無蠟燭，以薪裹動物脂肪而燃之，謂之曰燭，一曰薪。」劉先生、千帆師等「五老八中」，以及他們所代表的那一代學人，就是這樣的一根根紅燭，其自身發出的光輝是其學術成就，他們更重要的貢獻在於把文化的火種傳遞給下一代，使之生生不息。

　　中華傳統文化歷數千年之發展，在近現代遇到了前所未有的挑戰。西方文化的強大壓力，激進思潮的無情衝擊，使傳統文化在相當長的歷史時段內舉步維艱，借用陳寅恪的話說，就是「今日之赤縣神州值數千年未有之巨劫奇變」。在那個艱難時世，以傳統學術文化為安身立命之本的前輩學人遭遇了史無前例的坎坷、挫折，乃至屈辱和迫害。但是他們始終追求理想，始終堅持真理。他們決不譁眾取寵，決不曲學阿世。他們用整個生命維護著傳統學術文化的精神和尊嚴，並用著書立說與培養後學兩個手段實現了傳統學術文化的薪盡火傳。

　　時至今日，舉國上下都認識到應該繼承發揚優秀的中華傳統文化。我認為這種繼承首先要落實在以傳統學術思想為主要內容的觀念文化，也就是中華傳統文化中蘊含的意識形態、價值判斷乃至思維方式，這才是列祖列宗遺留給我們的最寶貴的軟實力和正能量。在這個前提下，我們更加懷念劉永濟先生那一代學者。身教重於言教，前輩學者的學術成果當然值得我們深思、揣摩，前輩學者的立身行事更值得我們緬懷、仿傚。當我們研讀劉先生他們的學術著作時，獲得深邃的知識和探索的眼光當然是直接目標，但是更重要的意義在於繼承其人格精神和學術精神，諸如追求真理而決不媚俗，獻身學術而決不趨利，這才是我們最應關注的重點。

　　學術乃天下之公器，求真務實的學術精神和樸實無華的學風是許多前輩學者的共同風範，也是所有大學、所有學科點都應繼承發揚的優良傳統。所以「五老八中」不僅屬於武大，也屬於整個中國教育界和學術界。從這個意義上說，我們今天紀念劉永濟先生，也是在紀念曾與劉先生同樣為繼承、弘揚傳統學術文化作出貢獻的所有老師，是當代學人對前輩學者的一次集體性的深切緬懷。

　　使我感到萬分欣慰的是，今天有這麼多後輩學人在這裡濟濟一堂，隆重紀念劉永濟先生，這說明我們所珍視的中華傳統文化必將長久傳承下去，因為傳統文化本是生生不息的，中華傳統文化的長江大河必將在華夏大地上永遠奔流。

原載《長江學術》2018 年第 1 期

憶劉永濟教授

姜為英

人生有情不能無感，感而不錨無言，其言之歡戚、請之哀樂寄焉。其情之哀樂、世之治亂繫焉，此詩歌乏所由作也。詞體晚出，所以寄情免愈於詩歌（撬自《誦帚訝集》舊序第 2 頁）

鶴鴣天

中秋同家人山齋玩月

玉斧新修寶鏡成，妲娥臨夜敞雲屏，初翻桂殿無雙曲，共舞瑤臺第一層。

光滿抱，酒盈觥，遭頭幾見月華清，莫將老去悲秋意。減卻兒曹樂賞情。（摘自《誦帚詞集》第 8 頁）

從上面我引用的先師劉永濟教授遺著的詞文，彷彿瞧見先師與師母闔家在風物如畫的珞珈山二區家中歡聚中秋佳節、共享人月兩圓的天倫之樂的歡悅場景。想不到十年「文革」之初，老師慘遭飛來橫禍，原來一團祥瑞和氣、溫馨美好的文士家庭，一夜之間，弄得破敗不堪。老師一生熟諳詞學，專精屈賦，結果在四害橫行時期也像屈原那樣踏上「路漫漫其修遠兮，吾將上下而求索？」的路程，含冤離開人間，令人思之不勝哀傷。

記得 1953 年秋，院系調整時，南昌大學合併到武漢大學，我到中文系三年級學習。先生當年聲望甚隆，如日中天。武大中文系「五老」名震宇內。作為南昌大學來的學生，一般說來在學習上比起武大、湖大的中文系同學，應該是小弟弟。所以我對劉永濟先生既敬且畏，除了上課，其他個別交談的時間甚稀。劉老講課深入淺出，旁徵博引，議論風生，課堂上大家都會屏息諦聽。每

當他的口頭禪「此秘來睹」一出口，大家都知道劉老又有新發現、新見解闡發了，於是會像兔子那樣豎著耳朵聆聽。

有一次劉永濟先生上課，從目錄學、序和跋而論及一個人的名、字、號的妙用。劉老說：世間同姓名的人很多，與劉永濟同姓名的我就知道有三個。但我字弘度，號濟生，別的劉永毫；總不可能與我的字、號都相同吧！再還有，在劉永濟上面冠以出生的月份，這樣就更可以分辨出不同的劉永濟了。劉老的這一宏論博得了同學們的滿堂笑聲。下課時老師走出教室，緩步邁向教授休息室。我急忙快步跟上去對老師說：解放前，我看見上海的報刊載有上海市長吳國楨的名字，在上海六百萬人口中竟有三千多個同姓名的吳國楨，這樣該如何去識別呢？我想用老師的理論就會迎刃而解，足以分辨出不同的吳國楨了。劉老說：此材料我也知道，不過，記住：講課也好，寫文章也好，運用論據，能夠避免不講舊社會的人物，就儘量不要提他，以免惹出意外的麻煩。我至今還記得老師當年的教誨。從上述事例中，可以看出老師雖學豐位尊，但卻平易近人。不但教書，還注意育人。所以當 1981 年 2 月黃焯教授函告我，劉老已於 1966 年 10 月仙逝時，我整個晚上都在回憶劉永濟教授在珞珈山上長期培蘭植桂的情景。但黃焯老謹慎小心，隱去了「文革」中劉老慘遭迫害的情況。

當年劉永濟教授講授屈賦、宋詞韻律、元曲。有一次講授宋詞韻律，提到南唐馮延巳的《謁金門·風乍起》時，劉老說：延巳有「風乍起，吹皺一池春水」之句，皆為警策。元宗嘗戲延巳曰：「吹皺一池春水，干卿什事？」延巳對曰：未如陛下「小樓歡徹玉笙寒」，元宗悅。元宗即南唐中主李璟，他在詞學上也很有造詣。劉老把這首詞引起的君臣戲謔講活了。老師當時的講課風度、形象至今猶深印腦際，似乎仍見面孔清臞瘦削、吐言節奏清晰、身材修長文雅的劉永濟先生對學生在說··「吹皺一池春水，干卿什事？」

先師是知名的研究屈賦的大師，一生甚有心得。在《歷代韻文選》中（1955年 3 月武大出版科印的講義），劉老有如下的見解：「後世名屈子文章曰騷，是因他的重要一篇名離騷的緣故。稱他的文章為賦，是因為他的作風合於詩六義中的賦，又是漢賦之祖的原故。稱他的文章楚辭，不過是說楚人的文章而已。但屈子自己稱他的文章為誦，卻沒有人注意。我在《九辯》和《九章》中尋著了。《九辯》說『然中路而迷惑兮，自壓按而學誦』，《九章》說『追思作誦聊以自救兮』，都是很好韻證據。古代是有這種文體的，所以《詩經·崧高》篇有：『吉甫作誦，其詩孔碩』、《烝民》篇有『吉甫作誦，穆如清風』、《節南山》

篇有：『家父作誦，以究王訽』的說法。這兩人就是作過誦的。我們現在考究誦是怎樣的呢？誦是以有節奏的聲調，歌配樂章的詩章，異於聲比乎琴瑟之歌也。這樣，我們就把屈文為誦體與用古樂章一說結合起來了。」劉老這樣孜孜不倦地為古典文學求證，大有所獲。久而久之，就形成了他老人家「此秘未睹」的口頭禪。

當年程千帆先生向我們五五屆中文系學生講授中國文學專題課，記得其中有王維詩《送綦母潛落第還鄉》，詩的解釋中有個千古謎團。程千帆先生說：經過劉永濟先生考證，才揭開這個千古之謎。可惜，由於事隔近半個世紀，我過去在武大學習的講義，除了一本《歷代韻文選》由於當年被文盲的家母拿去蓋盛種子的罈子口，幸免於劫難外，其他的資料、書籍、講義在「文革」中都被抄去燒毀了，所以，今天無法列舉出劉老的卓見，只好留待其他知情者補記了。

劉老學貫中西，在長期教學中積累了豐富經驗。在教學過程中非常注意學生的信息反饋。記得當年劉老講授宋詞韻律，這是一門內容較高深的課。有一次上課快結束時，他老人家問大家是否能聽懂，當時課堂上鴉雀無聲，同學們不敢貿然回答。最後，學生黨支部書記許文慶同學回答道：可以聽懂。老師說：能聽懂就好，否則，我就白費氣力了。其實老師的覺察是對的，我們中間的確有不少人由於基礎差聽不懂。劉老豐富的教學經驗，使他老人家有所覺察。說明他是注意孔子的「因材施教」原則的。他老人家總是力求在講課中做到深入淺出，盡可能讓每個同學都能聽懂，都有所得。

1954年學術界掀起對胡適、俞平伯等紅學家的批判。在一次中文系全體師生參加的座談會上，劉永濟教授說：俞平伯我不清楚情況，而胡適這個人我知道他會投機取巧。我的朋友蔣南翔先生告訴我，胡適在美國獲得博士回國前，對蔣南翔先生說：回國後要提倡白話文。後來他並沒有這樣做，倒成了研究《紅樓夢》的權威。這說明胡適這個人是善於觀風使舵的。

我雖半生勞碌，道路坎坷，學業無成，但垂暮殘年之際有幸承蒙劉永濟教授之佳婿皮公亮學長慷慨將劉永濟教授部分遺著轉贈，方能再度拜讀，重溫業師鴻文巨著。細心學習時見先師《詞論》第五頁上寫道：「填詞遠承樂府雜言之體，故能一調之中長短互節，數句之內奇偶相生，調各有宜，雜而能理。或整若雁陣，或變若遊龍，或碎若明珠之走盤，或若流泉之赴谷，莫不因情以吐字、準氣以位辭，可謂極織綜之能事者矣。」又見《元人散曲選》序論第六頁

上寫道：「散曲之中，蓋有陰剛陽柔者焉。陰剛之喻，如霜月悽魂，冰澌折骨。陽柔之喻，如火曦麗物，烈炎熔金。」劉老之言，精且約，對詞體、元曲之論述承前啟後，繼往開來，出口成章，下筆有神，多真知灼見，不讓古人。不失為一代宗師。讀先師書，將永遠懷念他老人家。老師的桃李芬芳海內外，其中不少高足已成為當今碩學名士。先師的論著將流芳百世。先師的「文革」冤案也於 1979 年撥亂反正後，徹底平反昭雪了。劉永濟教授是中文系「五老」之一，又曾任武漢大學中文系系主任、文學院院長，1956 年被評為國家一級教授。在 1979 年平反昭雪時，武漢大學召開了規模較大的追悼會。

　　1997 年 10 月 8 日，劉永濟研究所在湖南吉首大學成立。而劉老的遺著也已陸續出版，在天國的老師若有知將會含笑矣！

1999 年 5 月 23 日

《武大校友通訊》2000（1）

劉博平先生

劉博平家世生平考辨

盧烈紅、鄧盼

　　著名語言文字學家劉賾（1891～1978），字博平，湖北廣濟縣（現武穴市）人。他是黃侃在北京大學中文系執教時的得意門生，畢業後任教各地，1929年經黃侃推薦到武漢大學中文系任教，自此在武漢大學工作凡五十年，並擔任中文系主任達十八年之久，1956年被教育部評定為一級教授。他潛心治學，努力繼承和發揚章黃學術，在古音學方面成就突出，於文字、訓詁、方言之學也有獨到的貢獻。其主要著作有《聲韻學表解》《說文古音譜》《初文述誼》《小學劄記》（後二種合為《劉賾小學著作二種》出版）。

　　劉博平是20世紀傳統語言文字學領域有重要貢獻的學者，對他的生平學術展開系統深入研究是20世紀語言學史研究的任務之一。目前學術界對他生平學術的研究很不充分。本文就其家世生平研究中的一些問題進行考辨，匡謬補闕，希望能夠為劉博平生平學術的研究貢獻綿薄。

一、出生年月日

　　劉博平的出生時間，有些材料只給出年份「1891」〔註1〕。劉博平二女兒劉敬黃在她所寫的《劉博平教授傳略》中稱他的父親「一八九一年六月在一個風雨之夜出生於湖南牛鼻灘舟中」〔註2〕，後來她寫的另一篇文章《我的父親

〔註1〕廣濟縣志辦毛務本：《劉博平》，湖北省志・人物志編輯室編《湖北人物傳記》（試寫本）第二輯，1983年，第138頁；中國語言學會《中國現代語言學家傳略》編寫組：《中國現代語言學家傳略》第二卷，石家莊：河北教育出版社2004年，第778頁；唐作藩主編：《中國語言文字學大辭典》，北京：中國大百科全書出版社2007年，第941頁。
〔註2〕劉敬黃：《劉博平教授傳略》，《中國當代社會科學家》第五輯，北京：書目文獻出版社，1983年，第103頁。

劉博平》則具體到了曰：「1891 年 6 月 1 日。」〔註3〕陳滿意編撰《集美學村的先生們》一書，大概是根據劉敬黃的說法稱劉博平生於「1891 年 6 月 1 日夜」〔註4〕。而湯銘《當代著名語言文字學家劉賾》一文則稱劉博平生於「1891 年 6 月 9 日」〔註5〕。以上關於劉博平出生具體日期的說法都是不對的，包括他自己的女兒的說法。

解決這個問題最可靠的材料是劉博平自己所填的履歷表、登記表。劉博平 1952 年 9 月 6 日在《武漢大學工作人員、學生登記表》上填的出生時間是「1891 年五月八日」，1952 年 9 月 9 日在《高等學校教師登記表》上填的是「1891 年五月」，1955 年 11 月 12 日在《幹部履歷表》上填的是「1891 年 6 月 14 日」，1964 年 2 月 4 日在《幹部履歷表》上填的也是「1891 年 6 月 14 日」〔註6〕。這裡有兩個日期，一個是「五月八日」，一個是「6 月 14 日」，表面上看好像不一致。其實，「五月八日」是農曆，「6 月 14 日」是公曆。查閱有關資料可知，1891 年是清光緒十七年，這一年的農曆五月初八日即公曆 1891 年 6 月 14 日。劉博平早年填表時用老家慣用的農曆，後來填表就改用當時城市流行的公曆。至於他的二女兒劉敬黃，她父親當年給武漢大學提交各種登記表、履歷表時她應該沒機會看到，後來寫回憶文章時也沒有到武漢大學檔案館查閱，因此不知道父親出生的準確日子。她可能憑印象大致記得父親過生日是在公曆 6 月，因此在《劉博平教授傳略》中稱父親的出生日期是「一八九一年六月」的「一個風雨之夜」。到 20 年後寫另一篇文章《我的父親劉博平》時，也許是記憶模糊，她自己將「一個風雨之夜」坐實為「6 月 1 日」；也許是她的表述還是「一八九一年六月」的「一個風雨之夜」，而編輯加工人員誤解、誤改為「6 月 1 日」。

二、原名

對劉博平的名、字、號，我們原來知道的是：他名賾，字博平，自號牛鼻灘生，又號許叟、簡園。

〔註 3〕劉敬黃：《我的父親劉博平》，武漢大學北京老校友會、《北京珞嘉》編輯部編：《珞嘉歲月》，2003 年，第 87 頁。

〔註 4〕陳滿意：《集美學村的先生們》，南京：江蘇人民出版社，2018 年，第 131 頁。

〔註 5〕湯銘：《當代著名語言文字學家劉賾》，《黃岡師專學報》，1996 年第 1 期，第 85 頁。

〔註 6〕此四種劉博平所填《登記表》、《履歷表》今存武漢大學檔案館。以下所引劉博平其他《登記表》亦存武漢大學檔案館。

「牛鼻灘生」之號得名於劉博平的出生情況。他的祖父劉燡任湖南常德知府，因病於光緒辛卯（1891 年）四月十三日在任上去世。劉博平的父母赴常德奉柩回鄉，農曆五月八日在常德牛鼻灘舟中生下劉博平，他因此自號「牛鼻灘生」。「許叟」一號則表達了劉博平對許慎的欽敬。他特別尊崇許慎及其《說文解字》，此號實際上也是他一生學術研究特點的真實寫照。他的古音學研究專著《說文古音譜》是以《說文解字》為依託的，即便是他的文字訓詁研究甚至方言詞彙研究也都是以《說文解字》為依託、為核心展開的。

「簡園」一號與他在武昌的一處住宅有關，也體現了他的生活理念。這處住宅在武昌鼓架坡，是平房，他於 1949 前用工資結餘建成，起名「簡園」。從 1952 年起，他填寫的《登記表》《履歷表》稱自己有別號「簡園」。「簡園」之「簡」既指房舍之簡，也表明他生活崇尚簡樸。他的二女兒劉敬黃說：「父親性喜助人，凡是親友、學生無論在哪方面對他有所求。他無不誠懇地給予幫助。……而他自己生活一向簡樸，給寓所題名曰『簡園』。」〔註 7〕

除了這些我們所知道的名、字、號外，劉博平實際上還有一個「文漢」的原名，「賾」是後來改的。他在 1955 年 11 月 12 日填寫的《幹部履歷表》「原名」欄填「劉文漢」，並加有說明：「二十歲以前在武昌住小學及中學的時候名文漢，後來因為與同族中一前輩（遠房的）同名，就改名賾。（住大學時名賾）。」1962 年 12 月的一份《教師情況登記表》根據筆跡和文字表述的口氣應該不是劉博平本人所填，表中的「曾用名」欄亦填有「文漢」。

三、祖父劉燡逝世地點、日期

劉博平的祖父劉燡，字小甫，晚年字悔復。他「同治二年成進十，選庶吉十，散館，授編修」，後出京到地方任職，曾任湖南衡州知府、常德知府，一度改任長沙知府，後來又回到常德擔任知府〔註8〕。他前後在常德知府任上八年，勤政愛民，剛正清廉，「吏懷至誠，民譽休德」，臨終之際，「四境震動，無少長賢愚咸為出涕」〔註9〕。

〔註 7〕劉敬黃：《劉博平教授傳略》，《中國當代社會科學家》第五輯，北京：書目文獻出版社、1983 年，第 103 頁。

〔註 8〕〔清〕閻鎮珩：《常德知府劉君墓表》，《北嶽山房詩文集》，長沙：嶽麓書社，2009 年，第 191～192 頁。

〔註 9〕〔清〕閻鎮珩：《常德知府劉君誄》，《北嶽山房詩文集》，長沙：嶽麓書社，2009 年，第 315 頁。

劉燡逝世的地點、日期，「百度百科」的「劉博平」條稱：「一八九一年光緒十七年辛卯五月初八丑時，祖父劉爆逝世於洞庭湖牛鼻灘，剛落氣公降生。」「百度百科」的「劉燡」條稱：「一八九一年，光緒十七年，公因積勞成疾，告老還鄉，不幸於五月初八丑時，突然昏厥，逝世於洞庭湖牛鼻灘舟中。」這些網絡資料極不可靠。

關於劉燡的生平，最可信且較全面的是閻鎮珩所撰寫的幾篇文章。閻鎮珩（1846～1910），字季蓉，湖南石門縣人。他終身不仕，一心授徒辦教育，名重當時。劉燡長期在湖南為官，與閻鎮珩交情甚篤。病重的時候，劉燡特別留下遺言，要得閻鎮珩之文以葬。閻鎮珩著有《北嶽山房詩文集》，集中有《送劉侯移守長沙序》《送常德劉郡伯入觀序》《常德知府劉君誄》《常德知府劉君墓表》四篇文章，「劉侯」「劉郡伯」「劉君」皆指劉燡。據《常德知府劉君墓表》所記，劉燡第二次任常德知府，第四年，巡撫因其表現「卓異」向朝廷推薦，皇帝召他入京接見，因病未能成行。「明年，遂卒於署，年六十四，光緒辛卯四月十三日也。」〔註10〕光緒辛卯即公曆 1891 年。墓表是要刻在墓前或墓道內的石碑上的，死者家屬是會看到的，誠如閻鎮珩自己所言，此墓表是要「揭諸隧道之石」，使「後之載筆者有藉」〔註11〕，因此絕對可靠。由此可知，劉燡病逝於常德知府官署而非洞庭湖牛鼻灘舟中，逝世時間是 1891 年農曆四月十三日而非 1891 年農曆五月初八日。劉博平的生日與祖父病逝並非同一天，他是在父母赴常德奉祖父之柩回鄉途中，於 1891 年農曆五月八日出生於常德牛鼻灘舟中。

四、劉燡與光緒十年《黃州府志》的關係

劉燡是一位學者型官員。他曾參加編纂同治十一年《廣濟縣志》，這是沒有問題的〔註12〕。有問題的是，劉燡是否參加了光緒十年《黃州府志》的編撰工作？

有些版本的光緒十年《黃州府志》標示的編纂者中沒有劉燡：臺灣成文出版社有限公司 1976 年出版的「中國方志叢書」華中地區第三四六號《黃州府

〔註10〕〔清〕閻鎮珩：《常德知府劉君墓表》，《北嶽山房詩文集》，長沙：嶽麓書社，2009 年，第 192 頁。

〔註11〕〔清〕閻鎮珩：《常德知府劉君墓表》，《北嶽山房詩文集》，長沙：嶽麓書社，2009 年，第 193 頁。

〔註12〕林金金：《清代〈廣濟縣志〉編修沿革考論》，《黑龍江史志》，2020 年第 7 期，第 55 頁。

志》標示的是「據清・英啟修，鄧琛纂清光緒十年刊本影印」〔註13〕；江蘇古
籍出版社 2001 年出版的《光緒黃州府志》標示的是「（清）英啟修・鄧琛纂」
〔註14〕。這些版本沒有把劉燡列為編纂者，這沒有反映該書編纂的重要事實，
是不太妥當的。

　　光緒十年《黃州府志》是由當時的黃州知府英啟主持編撰的。英啟在「敘」
中說奉朝廷詔書修郡志：「啟奉臺符飭修郡志，是時悔復劉太守奉諱家居，獻
之鄧比部乞假旋里，頗不以啟不才無識遐棄弗顧，爰相與稽考典章，甄明諸志。
諏吉八年春二月開館，同事諸君子後先踵至，分門授簡，別目操觚。越明年春，
稿之成者三分有二。太守服闋，奉命重涖湘南。」〔註15〕「獻之」是黃岡人鄧
琛的字，「比部」是明清時對刑部及其司官的習稱，鄧琛官刑部郎中，故稱「鄧
比部」。鄧琛亦有「序」，「序」中說：「太守瀋陽英公，治黃十有六年，政稱廉
平。既吏安其官，民樂其業矣，於是舉修郡志，招郡文學之士分門修輯，而屬
劉君悔復及琛司其事。越二載書成。」〔註16〕據這兩篇序文，劉燡與鄧琛共同
實際主持光緒十年版《黃州府志》編纂工作。當時劉燡「奉諱家居」即在老家
服喪，應英啟之邀與鄧琛共司修志之事，前期「相與稽考典章，甄明諸志」，
光緒八年春二月正式開館組織編纂。第二年春，劉燡服喪期滿，奉命重新回到
湘南任職，這時書稿已完成三分之二。由此可見，毫無疑問，劉燡是光緒十年
《黃州府志》的實際主持人之一。

　　荊楚文庫編纂出版委員會編、武漢大學出版社出版的《〔光緒〕黃州府志》
標注為：「〔清〕英啟修〔清〕劉燡鄧琛等纂」〔註17〕，這樣標注才是符合實際
情況的。

五、葉聖陶離開武漢大學與劉博平的干係

　　武漢大學中文系歷史上教師陣容強大，可謂大師雲集，群星璀璨。而名家
之間的矛盾也頗受社會關注，成為當時和後來人們經常談論的話題。其中，葉

〔註13〕《黃州府志》，「中國方志叢書」華中地區第三四六號，臺北：成文出版社有限
　　　　公司，1976 年。
〔註14〕《光緒黃州府志》，「中國地方志集成・湖北府縣志輯」，南京：江蘇古籍出版
　　　　社.2001 年。
〔註15〕〔清〕英啟：《黃州府志・敘》，《黃州府志》，光緒十年二月黃州府官廨版。
〔註16〕〔清〕鄧琛：《黃州府志・序》，《黃州府志》，光緒十年二月黃州府官廨版。
〔註17〕荊楚文庫編纂出版委員會：《〔光緒〕黃州府志》，「荊楚文庫」，武漢：武漢大
　　　　學出版社 2019 年版。

聖陶與劉博平的關係是頗受關注的話題之一。北京大學中文系教授商金林曾認為，葉聖陶是在被稱為「恒言」風波的事件之後，對王星拱、劉博平的做法「極為義憤，憤然辭職，於 1940 年 7 月離開了武漢大學」〔註18〕。這種看法是不準確的。葉聖陶在武漢大學中文系工作期間，確實與時任系主任劉博平有一些矛盾，但他離開武漢大學與「恒言」風波、與劉博平並沒有直接關係。

葉聖陶到武漢大學中文系任教是在 1938 年 10 月，當時武漢大學在四川樂山，文學院院長陳源聘請他，希望他做全校「國文」教學的牽頭人。他所教課程為「一年級國文兩班。班各三時，二年級作文一班，二時，凡八時」〔註19〕。在到武大後將近一年的時間裏，葉聖陶與劉博平應該是相安無事的。到了 1939 年下半年，兩人之間漸產生矛盾。重要的有 1939 年八九月間的排課事和 1940 年五六月間的「恒言」風波。

1939 年 8 月，劉博平擬安排高亨（字晉生）、朱東潤、蘇雪林、葉聖陶「專教基本國文」，葉聖陶認為「此似太叫人勞苦，亦復看不起人」，當事者四人還曾冒雨訪劉博平「告以不願專教基本國文之意」，但最後問題並沒有解決〔註20〕。這件事讓葉聖陶與劉博平產生了較大的隔閡。

「恒言」風波是 1940 年五六月間圍繞學業競賽選拔賽出題及其閱卷所發生的一場風波。關於這件事，葉聖陶的日記和《朱東潤自傳》都有記述。兩人的記述不完全一致。不過，葉聖陶日記是當時的記錄，《朱東潤自傳》是後來的回憶，顯然葉聖陶日記更準確一些。這場風波與葉聖陶離開武漢大學在時間上是緊密銜接的，表面上看與葉聖陶離開武漢大學直接相關。但我們要以葉聖陶本人的日記為主要依據，注意相關的時間節點，還原事情的真實過程，得出符合事實的結論。

事情的整個過程如下：

1940 年 5 月，教育部新定各大學學業競賽辦法，由各校先舉行選拔賽，「學生自由參加，選其優者再合而試之。得分多者有獎金」〔註21〕。武漢大學

〔註18〕 商金林：《葉聖陶在武漢大學》，《武漢文史資料》，2013 年第 8 期，第 36 頁。

〔註19〕 商金林編：《葉聖陶抗戰時期文集》（第一卷），北京：人民教育出版社，2005年，第 108 頁。

〔註20〕 商金林編：《葉聖陶抗戰時期文集》（第二卷），北京：人民教育出版社，2005年，第 35～36 頁。

〔註21〕 商金林編：《葉聖陶抗戰時期文集》（第二卷），北京：人民教育出版社，2005年，第 76 頁。

的選拔賽於 5 月 21、22 日舉行，試卷上有一道考題是系主任劉博平出的，要求把柳宗元《佩韋賦》中的一段「改為恆言」〔註22〕。劉博平題目中的「恆言」應該是取清代錢大昕《恆言錄》一書的用法，指俗語，亦即口頭白話，但這個用法是一般人甚至大學不專攻語言學的教師所不瞭解的。考場上有學生問監考的中文系老師：「什麼是『恆言』，是文言，還是白話？」老師們都答不上來，朱東潤稱：「這一次出了我們（指老師——筆者注）的洋相。」〔註23〕考試完畢，進入閱卷階段。葉聖陶在 5 月 29 日的日記中寫道：「入夜，東潤來，言校中要我們看國文競賽試卷……『恆言』二字有其習用之意義，今用於此殊覺不妥，若隨同閱卷，將來且為之分謗。共商之結果，決不往評閱，作一信復競試委員會，署東潤、晉生與余之名焉。」〔註24〕葉聖陶、朱東潤、高亨對「恆言」試題的批評和拒絕參加閱卷使劉博平頗為難堪，葉聖陶 6 月 2 日在日記中記載說，聽說劉博平因此事向校長王星拱提出辭職，「即訪東潤，告以所聞。東潤言既已至此，自當與之周旋耳」〔註25〕。6 月 3 日，高亨、朱東潤來找葉聖陶「共商致一書與校長，言我們所以不看競試文卷之故。並言劉反對於國文選讀用標點，實屬頑固」。信由朱東潤起草，葉聖陶謄寫，「三人皆自署其名」〔註26〕。6 月 4 日，葉聖陶將致校長信給蘇雪林看，動員她參與，蘇雪林勸他們罷兵。葉聖陶於是「訪東潤。東潤言敵已樹矣，信不發亦未必減人之怨恨」，表示要堅持與劉博平對抗〔註27〕。

　　6 月 5 日，葉聖陶與朱東潤、高亨又在一起商談。這次商談，涉及「恆言」風波以前的一些事情，請看看葉聖陶在這次風波前所寫的日記。

　　4 月 16 日，葉聖陶在日記中寫道：

　　又得顧剛及鄭心南信。顧剛受川省教廳長郭子傑之託，招余往教廳所辦之

〔註22〕　商金林編：《葉聖陶抗戰時期文集》（第二卷），北京：人民教育出版社，2005年，第 77 頁。

〔註23〕　朱東潤：《朱東潤傳記作品全集》（第四卷），上海：東方出版中心，1999 年，第 250 頁。

〔註24〕　商金林編：《葉聖陶抗戰時期文集》（第二卷），北京：人民教育出版社，2005年，第 77 頁。

〔註25〕　商金林編：《葉聖陶抗戰時期文集》（第二卷），北京：人民教育出版社，2005年，第 77～78 頁。

〔註26〕　商金林編：《葉聖陶抗戰時期文集》（第二卷），北京：人民教育出版社，2005年，第 78 頁。

〔註27〕　商金林編：《葉聖陶抗戰時期文集》（第二卷），北京：人民教育出版社，2005年，第 78 頁。

教育科學館任審查中小學國文教材之事；……成都之事則可考慮，容與墨商量後答之。〔註28〕

　　郭子傑即郭有守，時任四川省教育廳廳長，他託顧頡剛邀請葉聖陶到成都四川省立教育科學館任審查中小學國文教材之事。在這則日記中，葉聖陶表示考慮接受邀請，要與夫人胡墨林商量。

　　5月1日，葉聖陶在日記中寫道：

　　余決去武大而就教廳之事矣。至於移家問題，暫且不提，先與墨二人住成都再說耳。〔註29〕

　　5月2日，葉聖陶給顧頡剛回信，告知自己已下決心接受郭子傑之聘：

　　作書復頡剛，告以決就郭君之聘。〔註30〕

　　到5月16日，四川省立教育科學館聘書已到，葉聖陶在日記中說：

　　傍晚得頡剛書，同時得四川省立教育科學館聘書，余之名義為該館專門委員。……頡剛書中附郭君書，言專門委員之薪實得二百卅元，余由五月起薪，以資補劑（依規定須以到館之日起薪也）。並言將由省府派余視察國文教學，最好於暑假前出發數回云。於是余今後之職務約略明曉，而余之生活決定改一方式矣。〔註31〕

　　6月5日的這次商談之前，葉聖陶亦早在4月21日獲知高亨將應在雲南大理的民族文化學院之聘，「暑中即離去武大」〔註32〕。6月5日的這次商談，朱東潤勸葉聖陶不要離開武大：「東潤仍勸余勿決然言去，余不肯應；遂言既將走散，則不必致書校長，向劉作積極之進攻，以後但取消極之一致耳」〔註33〕。6月7日，高亨來見葉聖陶，稱「決意去滇，無心留武大」，二人於是一起見朱東潤，「東潤聞人言，謂校中有人以為我們將掀起波瀾，又謂劉博平既辭職，將由

〔註28〕 商金林編：《葉聖陶抗戰時期文集》（第二卷），北京：人民教育出版社，2005年，第71頁。

〔註29〕 商金林編：《葉聖陶抗戰時期文集》（第二卷），北京：人民教育出版社，2005年，第73頁。

〔註30〕 商金林編：《葉聖陶抗戰時期文集》（第二卷），北京：人民教育出版社，2005年，第73頁。

〔註31〕 商金林編：《葉聖陶抗戰時期文集》（第二卷），北京：人民教育出版社，2005年，第75頁。

〔註32〕 商金林編：《葉聖陶抗戰時期文集》（第二卷），北京：人民教育出版社，2005年，第72頁。

〔註33〕 商金林編：《葉聖陶抗戰時期文集》（第二卷），北京：人民教育出版社，2005年，第78頁。

學校及教授會出面挽留之而於我們三人，則採有徼之處置云云」〔註34〕。到 6 月 12 日，劉博平應該是在校長王星拱的安撫勸留下，到校上課，繼續履行系主任職責，而葉聖陶三人最終也未並受到學校「有徼之處置」，一場風波就此平息。

這場風波之後，葉聖陶於 1940 年 7 月離開武漢大學到成都四川省立教育科學館就職，高亨沒有去雲南大理，而是去三臺東北大學中文系任教，朱東潤則繼續在武漢大學任教至 1942 年 8 月。考察葉聖陶離開武漢大學與「恒言」風波、與劉博平的干係，要特別注意時間節點問題。根據上面葉聖陶本人的日記可知，觸發「恒言」風波的學業競賽選拔賽是 1940 年 5 月 21 日開始的，而葉聖陶下決心接受四川省立教育科學館之聘是 1940 年 5 月 1 日，5 月 2 日他已將自己的決定告訴了介紹人顧頡剛，收到四川省立教育科學館的聘書和郭子傑廳長關於工資待遇及暑假前工作安排的書信是 1940 年 5 月 16 日，這些都早於 1940 年 5 月 21 日。顯而易見，沒有這場風波，葉聖陶也會離開武漢大學。

至於離開的原因，葉聖陶在這場風波前的 1940 年 5 月 1 日的日記中寫道：

余在武大本不見有興趣，每日改文，又嫌其苦，今得改途，為中學國文教學謀改進，又得從事著述，是不啻開一新天地也。余決去武大而就教廳之事矣。〔註35〕

由此可見，葉聖陶是對在武漢大學的工作不感興趣，又苦於每天改作文的繁重勞動。

在「恒言」風波發生之前就決意離開武漢大學而到四川省教育廳下面的教育科學館任職認為葉聖陶離開武漢大學與「恒言」風波、與劉博平有直接關係，這是不符合歷史事實的。

六、劉博平擔任全國政協委員

1949 年後，劉博平曾多次當選全國政協委員。湯銘稱劉博平：「1957 年被增選為二屆全國政協委員，1959 年、1965 年和 1978 年分別被選為三、四、五屆全國政協委員。」〔註36〕湯銘的說法是有問題的。

〔註34〕商金林編：《葉聖陶抗戰時期文集》（第二卷），北京：人民教育出版社，2005 年，第 79 頁。

〔註35〕商金林編：《葉聖陶抗戰時期文集》（第二卷），北京：人民教育出版社，2005 年，第 73 頁。

〔註36〕湯銘：《當代著名語言文字學家劉賾》《黃岡師專學報》，1996 年第 1 期，第 85 頁。

政協第二屆全國委員會任期是 1954 年 12 月～1959 年 4 月，中間委員和常務委員各有兩次增補。委員的增補第一次是在 1956 年 1 月 10 日，第二次是在 1957 年 2 月 17 日。

劉博平是在 1956 年 1 月 10 日政協第二屆全國委員會常務委員會第十二次會議上被增補為政協第二屆全國委員會委員的，類別屬於「特別邀請人士」。湯銘說劉博平被增補為第二屆全國政協委員的時間是 1957 年，這是把時間弄錯了。

此後，劉博平還有兩次被選舉為全國政協委員。1959 年 4 月，他被選舉為政協第三屆全國委員會委員，類別是「特別邀請人士」；1964 年 12 月，他被選舉為政協第四屆全國委員會委員，類別是「特別邀請人士」〔註37〕。湯銘說劉博平還當選了第五屆全國政協委員。這是沒有仔細查閱相關資料而導致的錯誤說法。

七、結語

綜上所述，以往關於劉博平家世生平的有些說法是不準確或者是有錯誤的。劉博平的出生時間是 1891 年農曆五月八日、公曆 6 月 14 日，不是 6 月 1 日或 6 月 9 日；他原名文漢，後來才改名贄：他的祖父劉燁是在 1891 年農曆四月十三日病逝於常德知府官署，不是 1891 年農曆五月初八日浙世乾洞庭湖牛鼻灘舟中：劉燁是光緒十年《黃州府志》編纂工作的實際主持人之一，應享有該書主要編纂者署名權；葉聖陶從武漢大學辭職與「恒言」風波、與劉博平並沒有直接關係；劉博平被增補為第二屆全國政協委員是在 1956 年，不是 1957 年，他只當選過第二屆、第三屆、第四屆全國政協委員，沒有當選第五屆全國政協委員。

劉博平的古音學、文字訓詁之學是 20 世紀傳統語言文字學的寶貴財富，對他的生平學術展開系統深入的研究不僅是 20 世紀語言學史研究的需要，也能為今天的語言學研究提供可貴的養分和有益的借鑒。我們將繼續努力。

原載《勵耘語言學刊》

〔註37〕劉博平任全國政協委員的情況據中國人民政治協商會議全國委員會官網（中國政協網 www.cppcc.gov.cn）「機構組織」下「歷屆全國政協組成人員名單」。

黃焯先生

憶父親

黃曾暘

一九八四年六月五日，國學星空的最後一顆巨星隕落了。歷史承受的損失，比人們感受到的，要大得多！

父親生於國學衰微之季，這是父親個人的不幸，然而，卻是國學的大幸。父親留給後人的，不僅是國學研究的一座座豐碑，或許更重要的是一個超越時空的堅強榜樣，展示著東方文化不可摧毀的偉力。

為紀念父親而出版的《黃焯文集》裏，記有父親書贈唐異明碩士的橫屏：「大丈夫行事，論是非不論利害，論逆順不論成敗，論萬世不論一生，是所謂

為天地立心，為生民立極，為玄聖繼絕學，為萬世開太平。」這一段箴言，實際上就是父親一生治學為人的寫照。

父親一生，以學術為生命，對學術執希追求。「捨我其誰」之感，煥發無窮的精力，鑄成無畏的風采，洗淨私我之塵埃。視大難如無有，度寒暑如春秋。生平無耳目之娛，進京唯閉坐北圖竟日。以繼往開來為己任，不求一時一事之聲名。子貢曰：「夫子之不可及也，猶天之不可階而升也。」父親亦可當之無愧。父親一生，以學術為牛命，對學術執希追求。「捨我其誰」之感，煥發無窮的精力，鑄成無畏的風采，洗淨私我之塵埃。視大難如無有，度寒暑如春秋。生平無耳目之娛，進京唯閉坐北圖竟日。以繼往開來為己任，不求一時一事之聲名。子貢曰：「夫子之不可及也，猶天之不可階而升也。」父親亦可當之無愧。

父親一生，以學術為牛命，對學術執希追求。「捨我其誰」之感，煥發無窮的精力，鑄成無畏的風采，洗淨私我之塵埃。視大難如無有，度寒暑如春秋。生平無耳目之娛，進京唯閉坐北圖竟日。以繼往開來為己任，不求一時一事之聲名。子貢曰：「夫子之不可及也，猶天之不可階而升也。」父親亦可當之無愧。

回憶六十年代風雨飄搖的日子裏，我懷著惴惴不安的心情，出差路過武漢探望。雖然對當時的一切反常情況已習以為常，但親眼見到父母和元敬祖孫三人擠居一室，一月僅五十元生活費（家信中父親從未提及），仍感到生平未曾有過的震動。然而，更使我震動的是父親無私無畏的胸懷，在常人不堪忍受的逆境中，照樣筆耕不輟，勤奮更勝於平日。我猛然醒悟到，他老人家是站在上

下數千年，而不是幾年或幾十年的歷史高度觀察一切事物的。

就是在那一段歷史上罕見的惡境中，父親完成了耗費數十年心血的不朽巨著——《經典釋文彙校》的定稿下作。並依據十公遺留書籍（這些珍貴資料一直由念田二叔保存，文革前兩年才捐贈武大圖書館，供學者研究）中的校點批註，整理編定了黃侃學術著作六種。十公的偉大學術成就得以流傳後世，父親是作出了最大奉獻的。

在學術界，父親以訓詁學家、經學家、音韻學家、古代文學史家著名，人們奉為泰山北斗，求教者無不滿意而歸。這方面流傳的故事很多，《黃焯文集》裏略有記載。十公的得力門生之一，陸宗達先生曾說過：「耀先於我，乃師友之間。」並非虛謙之詞。父親的博大精深，當代罕有其匹，可謂眾口一詞。但很少有人知道，父親還是近代傑出的散文大家。美學大師朱光潛先生、數學大師李國平先生與父親的友誼，就是源於對父親散文的讚賞。父親對散文有特殊感情和見解，認為它是集詩文樂精華於一體的藝術。《黃焯文集·自敘》中有下面兩段重要的話。第一段：「十九歲至武昌謁先叔公季剛先生，先生試令作文二篇，以為可教，隨令入中學肄業，並示以治學之法。」第二段是：「想起姚姬傳的話，以為古文難作，遠過於詩。唐宋兩代歷時都在三百年左右，其以詩名家者達數百人以上，而以古文名家者則不過數人，以知學古文者難成。焯自知……但……。」第一段話表明，古文的天賦曾是父親人生道路上出現重大轉折的契機。當年十公曾將父親的作文給來訪的學生觀賞，還說：「這個侄子昨天才從鄉下出來，簡直是個奇才。」這個話是當年在座的學生之一，熊子遠先生親口對我講的。第二段話表現了父親在學術上敢打大仗、敢打硬仗的風格，又暗示了以古文的繼往開來者為己任的雄心。在四十和五十年代，父親的主要精力放在散文方面。可惜當時的作品，特別是散見於日記巾的有關論述，已毀於十年浩劫之中。我曾多次聽父親說：「我不反對現代體，文體總是隨時代而發展，但我堅持古體不可廢。試想萬年之後，現代體寫的歷史，後人怎麼讀得完啊！」知識和信息爆炸性增長的勢頭，確實已開始對知識的表達方式提出了挑戰。難道人類永遠不再需要高度濃縮的優化知識表達方式嗎？難道「史記」和「漢書」不會再次成為歷史記載的典範形式之一嗎？讓後人去審度吧！

陸宗達先生多次說過：「耀老是古之君子，今之古人。」這八個字評語的分量，現代人已難以充分體會了。君子的概念同倫理道德的觀念密切相關。觀念需要不斷改革和現代化，但改革不能脫離傳統。追求改革與繼承的完善結

合，才是人類社會健康發展的最佳選擇。在這方面，父親是令人欽敬的典範。第一任全國訓詁學會理事長，父親力薦賢者，堅辭不受。整理十公遺稿，把自己的許多心得融會其間，不顯痕跡，知情者莫不深為歎服。教授級別的評定，為求得中文系五老的和諧，寧可自己受委屈。建國以來的政治運動巾，一夜之間，親友可以成為路人，然而父親從不以一時的人事浮沉親疏戚友。人或以「立場界線」之論相戒，則一笑置之。榮譽性的名流會聚，概不應邀，但對於一位當中學教員的老學生的追悼會，卻以八十高齡，擠乘公共汽車數十里親赴會場。感人之事如此者，不可勝記。

父親一生的收入，家用僅及一半，親友告乏，無不竭力相助。抗戰期間，父親資助過的流亡學生，多達百人。我初到北京時，見過父親當年的小友汪敬虞、尚愛松兩先生，此時都已是學界名人。回憶當年情景，都很動感情。汪先生對夫人說：「當年要不是表叔（汪先生是黃家表親），我早已不存在了。」尚先生則緊握著我的手，痛哭失聲良久。父親於他人，慷慨仗義，有俠士之風，然自奉之儉，尤有驚人之舉。有的衣服穿了幾十年，母親為之一補再補。抗戰時的一雙雨鞋，直到文革時，因勞役之需，才棄舊換新。父親喜食黃鱔甲魚，病重時恰逢兩物暴漲，即拒不再食。出差用費，公私之分明，常令伴從者詫異。如公共汽車票，決不允許報銷。他老人家的原則是：凡公私難分之處，寧可以私補公，不可以公濟私。七十年代初，父親傾全部積蓄油印十公遺著和自己的部分著作，後來也不申請經費以補還。這些事例，作為古之君子，今之古人的注解，或許能表達其深意於萬一。

每想起父親，總有「高山仰止」之歎。為父親立傳，我這一代人，再努力也是不夠格的。但族弟修安多次來信，雲族譜中不可以沒有父親的專文，遠居臺灣的德成佺也飛鴻申達此意。只好不辭淺陋，寫了上面的紀念文字。在安葬父親時，有感於他老人家的學術抱負，特別是散文成就依然鮮為人知，違背遺囑寫了一幅輓聯，焚祭於墓前。現轉抄在下面，作為這篇憶父文的結束。

繼許鄭章黃，洞明千載疑難。任十年風雨飄搖，珞珈屹立，銳意伸張華夏志。

追左司韓柳，探求萬仞神奇。忍三迭陽關冷落，琴臺獨步，壯心恪守漢家風。

不肖子　曾暘　於北京

一九九二年四月五日

　　附注：上聯「許鄭章黃」，指漢代小學、經學大師許慎、鄭玄，和近代國學大師章太炎先生和十公黃侃。下聯的「左司韓柳」，指偉大的歷史學家兼古文大家左丘明、司馬遷，和唐代大文豪韓愈、柳宗元。珞珈山是父親執教四十五年的武漢大學所在地，琴臺在漢陽，相傳為伯牙撫琴之古蹟。此聯丁忱博士在編次《黃焯文集》時選入，但在珞珈之後加之一個「山字」，在琴臺之前加了一個「古字」，用意是便利讀者，但文韻則有所欠缺了。

追憶先生二三事
——紀念國學大師黃焯辭世二十週年

蘇者聰

　　1951 年秋我考入武漢大學中文系，當時高年級的同學告訴我，系裏教師有「五老」、「八中」。「五老」是指劉博平、劉永濟、徐天閔、席魯思、黃耀先（焯）五位老先生。黃先生年齡最輕，只有 49 歲，故排在第五位。先生雖年紀不算老，但因留著鬍鬚，有時又拄著拐杖，頗像七八十歲的老學者，故我們師生都稱他為「耀老」。

　　我們進校一年多，先生為我們這個班開設「歷代韻文選」一課，我因患肺病，需半休，留了一級，故未聽先生講課，至今想來都是一件憾事。但國瑞詳細告訴過我，先生講課很傳神，聲音不高不低，不快不慢，講到詩歌的精彩處，就連連摸著鬍鬚說：「好，好，好得可以咽酒。」說完，嘖嘖有聲，好像在品味詩歌如酒一樣的美味。除了講課，他還布置學生做練習。一次題目是翻譯《詩經‧氓》，他認真批改，一絲不苟，在翻譯得好的句子旁打圈圈。國瑞經先生手批的作業一直保留至今，那上面有著先生辛勞的汗水，他那誨人不倦的精神永遠留在學生的腦海中。先生熱愛與傳播中國傳統文化，並提倡孩童時就應該學習繼承，因為幼年記憶力最強，所以他的孫子元敬幾歲時就能背誦《詩經》三百零五篇，許多家長為之欽羨。

　　1956 年我畢業留校，先住集體宿舍，後搬到東中區，不到一年，學校要我把房子挪出來做李達校長秘書的辦公室，我又遷至老二區 45 號，恰好就在黃先生的樓下，成了他的鄰居，並且一住就是 13 年。我和先生有時在門口相遇，他總是很客氣地彎腰點頭，彬彬有禮，沒有一點師輩的架子。先生潛心做

學問，很少出門，他住的那層樓房，正當西曬，每到盛夏酷暑，高溫達 41 度，悶熱難熬。當時既無空調，又無電扇，先生打著赤膊、汗流浹背地閉門研究，將一生心血傾注在經學、古文上，先後出版了《經典釋文彙校》、《詩疏平議》、《毛詩鄭箋平議》、《鄭注四經例》等學術巨著，為弘揚國學作出了不朽的貢獻。他那刻苦敬業的精神，永遠是我們後人學習的榜樣。

先生記憶力驚人，遐邇聞名。他不但能背誦許多詩文，如一口氣可把《陰騭文》全篇背出，而且還可叫出許多學生的名字，即使是畢業多年不見的學生，猛一相見，他也能立刻叫出姓名來，甚至連有些學生的生日他也記得。先生半個多世紀教學，桃李滿天下，要記住學生的姓名實在不是件容易的事，我十分瓊詫。有次去看望他，言談中特地問及此事，先生笑了笑說：「記姓名與生日有個方法，就是學生入學時，有個花名冊，便將學生姓氏相同的，如姓張的、姓李的歸類，排在一起，背熟姓名，以後教課遇到學生問其姓名，便把背熟的名字與人對上號，這樣就記住不忘了。」他又說：記學生的生日大多亦如此，把同年同月的學生歸類，也比較好記。可見先生無論做什麼事，都是十分用心思的。從這些小事上也可看出先生對學生的關愛與深情。

「文化大革命」一開始，先生被打成「反動學術權威」，我被打成中文系「三家村」黑幫。挨批鬥時，我和耀老常並排站在一起，一斗就是幾個小時。我那時還年輕，頂得住；可先生那時已 64 歲了，體弱多病，哪能經得住這麼

折磨啊！他每日除被批鬥外，還要勞動——打掃學生宿舍的廁所，幹又臭又髒的活。先生一輩子做學問，生活上都是師母伺候，哪裏勞動過？可他總是默默地認真幹好。每到黃昏時回家，一群年幼無知的孩子追著他喊：「打倒黃焯！」「打倒黃焯！」有天我正好也勞動回家（「文革」開始數日我還未被關進學生宿舍），在家門口遇見先生，他說「只有你的兒子左左沒有喊過打側我的口號」，說完，輕聲地笑了。可見那時群童圍攻他，也是一種心理壓力。我想起當時工作組在系裏發動學生終日喊打倒我的口號，我幾乎被整死，可鄰居家的孩子卻沒有一個喊打倒我的口號，可見「頑童欺叟」，自古而然，杜甫詩中即有記載。先生作為一個老知識分子對群眾的批鬥從不介懷，他大度海涵，有謙謙學者風度。但他對某幾個人用不實之詞誣陷師長，用惡毒語言侮辱他，他是不能原諒的，他曾忿忿地稱這幾個人是「小丑」。他說：「人應有人品，學應有學品啊！」

記得 1973 年，「四人幫」搞評法批儒時，系裏要求在古代文學史課程中也要貫徹儒法鬥爭的線索，將唐代詩人劉禹錫定為法家人物，該課分配由我講授。劉的詩比較好講，我已講過多少次，但劉的散文不易講，文章佶屈聱牙，典故又多，且無標點，當時還沒有注釋、翻譯本。我於是便去請教耀老，而事先我並未告知他，貿然而去，是搞「突然襲擊」，可先生毫無罪怪之意。他熱情地輔導我，解答疑難，疏通字句，闡明典故，並告訴我：「閱讀古籍，以明句讀為先，這是基礎。」先生講課，不用備課，也不借助任何工具書，卻把文意講得十分透闢，把枯燥無味的哲理講得深刻多趣。先生學識之淵博，功底之深厚，令我十分欽敬。此次，他還系統地為我講了劉禹錫的《天論》上、中、下三篇。我每日上午去他家問教聽課，連續有一個多星期。先生誨人不倦，熱情培養青年教師，忠誠教育事業的精神，至今使我銘感於心，終生難忘。

1982 年先生 80 歲大壽，那時「文化大革命」結束才幾年，還不興做壽，故生日那天只有他的幾個弟子在他家炒了幾個菜，與先生共飲，向先生祝壽。我因 1981 年搬到南三區，離先生家較遠，故不知此事。後來，有同事告知先生大壽事，我和國瑞說：「我們都是受益過先生的門生，理應去補個壽禮，但送什麼禮物好呢？」國瑞說，他前年在東湖療養院治病時，在湖濱叢林中覓得一根不粗不細且較直的花椒木，已做了一根羊頭拐杖（羊頭代表吉祥之意），只要稍加工即可。他便連夜用砂紙打磨光滑，翌日，我倆送到先生家，他正伏案，見我倆來，十分高興。我們問安祝壽後，怕打擾先生做學問，沒多久就告辭了。先生對這根拐杖十分珍愛，他曾對他的博士生丁忱同志說：「拐杖下端

要訂一塊鐵皮或橡皮，不然，就會拄谷（玉）了。」（見丁忱編次《黃焯文集》）
未料隔數日，先生拄著那根拐杖到南三區我們的寓所來回看。我們很感不安，
我說：「先生已八十多歲的高齡了，走這麼遠的路，又要攀三樓；況拐杖是國
瑞自己做的，又沒花錢，先生不必掛懷。」先生是個多禮的人，他不但對他的
長輩同輩講禮，就是對我們晚輩學生亦復如此。

記不清是哪年哪月我去拜望先生，他談起叔父黃季剛先生，流露出十分崇
敬的神情。他告訴我，他兒子曾暘（在中國科學院物理研究所工作，是著名的
物理學家，事業上頗有成就——蘇注）前不久從北京回漢探親，他提出要兒子
到季剛先生墳上掃墓，他兒子不願意。先生說：「你叔祖五百年出一個。」曾
暘辯解說：「只有毛澤東才是五百年出一個。」先生說這些話時有些不樂，但
他不瞭解我們這代人所受的思想教育不同，看問題的角度也不一樣。先生是從
季剛先生學術影響考慮的，其中也不無宗親敬祖之意。

1983 年 10 月先生因肺癌轉移，住進了武醫二院，我得知後，與國瑞一道
去看望先生。他見我們來，痛苦的臉上頓時顯露出了笑容。對於死，他看得很
豁達，我記得他當時舉起右手伸出兩個指頭說：「為什麼不早死，那就可以解
脫了。」言下之意，既可節省國家許多錢，又可免受病痛的折磨。當時，我們
的心情也很沉重。未料這次離開醫院，竟成永訣。

追憶先生一生的道德文章，值得我們學習的東西實在是太多了，我寫下這
點文字，實不足示先生風範於萬一。

2004 年 6 月於珞珈山
《武大校友通訊》2004（2）

一代宗師　高山景行
——追念業師黃焯教授

向新陽

　　2004 年 6 月 5 日，是業師黃焯教授逝世 20 週年。為此，《武漢大學報》轉載了黃先生弟子丁忱博士所撰《師情憶語》（見《黃焯文集》附錄）一文，以資紀念。5 月 14 日，該報刊登了文章的第一部分，並附黃先生給我的題辭影印件一副，可編者在影印件旁的說明卻是：「書法作品係中文系漢語教研室向新陽題辭。」「中文系」前脫漏一個「為」字，真是差之毫釐，失之千里。於是，我不得不走進該報編輯部，細說原委。

　　看到這副題詞，很自然地就想起了黃先生。他是中文系教師中聲名遠播的「五老」之一，字耀光，大家都尊稱他為「耀老」。他和另一位語言學家、我係一級教授劉博平（博老）先生，是我國傳統語言學章（太炎）黃（侃）學派的殿軍人物，在語言學界享有崇高的威望。「五老」之中，耀老年壽最長，加上同在一個教研室，所以我得以與他密切相處 20 餘年，特別是「文革」結束以後，可以經常得到他的教誨和指導，使我得益良多，受用終身。如他為我所購的《十三經注疏》首冊的題詞，用四言詩的形式，非常準確地概括了「十三經」的核心內容，闡明了它們之間的相互關係，指出了研究「十三經」的基本方法，是打開經學寶庫的一把重要鑰匙。

　　要回溯到 20 多年前，準確地記述耀老當年對我的諄諄教導，是一件十分困難的事。弄得不好，記言述事稍有偏差，就會厚誣先哲，誤導時賢，這是通過回憶以紀念前人的大忌，因此，我久久不敢貿然下筆。但既然那副題辭的影印件已見諸報端，且上面明明白白地寫著「題新陽學弟十三經注疏首冊」，睹物思人，情思難已，說什麼我也應當寫點文字，以表達我對恩師的景仰與懷念之情。

但我仍決定「述而不作」，便採用最便捷、最樸實的辦法，抄錄我當年的三則日記，以供耀老的莘莘學子及後學者管窺先生的治學與為人。

1982 年 11 月 6 日

上午到耀老家，長談 3 個多小時。先是談及當今各種學會多如牛毛。訓詁學會在蘇州召開，他婉拒多方邀請，決然不出席。前天也談及此事，他以為學會固不可無，因於發展學術有利，但也決不可濫，特別是不可藉此遊山玩水、狗苟蠅營，否則於國家、於民族、於黨絕無裨益。我趁此轉告胡耀邦同志有 8 個字的批語：「逐名者多，務實者少。」他聽後大為讚賞，以為抓著要害，切中時弊。

隨後，耀老對我談及古代散文及文字、訓詁、音韻諸事，現條列如下：1. 駢文可以藏假，對偶、平仄、聲韻之中都可藏假，散文不可，散文也講聲調，讀起來要動聽，念起來要順口，無定之中須有定，這是很難的。2. 韓愈在散文上特別富於創造性，「姬漢以來，一人而已」（皇甫湜語），確實是文起八代之衰。3. 歐陽修文多變化，如所作《新唐書・藝文志序》，歐文字字情深，尤令人喜：王安石剛健，但乏情，宋代滅亡，與他有關，因他起用的人，幾乎沒有一個好的，當然他革新，這要肯定；曾鞏句句凝練，不襲前人；蘇子由是八家中成就最低的，但他以後，自鄶無譏；柳文「永州八記」，堪稱奇才；蘇東坡右可仙才。4. 明代歸有光，近代馬通伯、章太炎、陳伯嚴（三立，號散原老人，我系「五老」之一陳登恪和另一學術大師陳寅恪之父）三家都是大家。5. 章太炎說：「惟深入文者惟能論文。」6. 季剛（黃侃字）先生講：「讀古書須精心玩索文義，不可驟言通假。」又云：「韻部分合，根據均不很足，用十七部可，用二十三部亦可。」季剛先生分二十八部。7.「述」與「仇」非假借，而是古今文不同，毛詩用古文本，述、仇皆本字。仇（讎），應也，仇寇是引申義。述，劍聚也。凡形聲字形符無不表義，但有直接間接之分。千金之裘非一狐之腋。述又求求。裘一述，求本身就有聚合義。《考盤》：考，成也：盤，樂也。決不可以意為之，講作「敲盤」。講不通就說是通假，那是三國戲中「出鬼」的辦法。通有通義，假有假義。仇與述通，而不是假義。

1982 年 12 月 16 日

請耀老為我所購《十三經注疏》題詞，他慨然俯允。今得讀其題詞全文：

《易》統天人，五經之原。《書》以道政，《詩》以發言。《周官》

六典，為諸經根。《儀禮》繁縟，《戴記》刪存。素王製作，獨在《春

秋》。左氏富鹽，公穀並道。孝為行本，雅訓旁搜。論孟二傳，實與經儔。經術湛深，渾渾無涯。治之之法，先主一家。繼須旁通，博覽戒誇。持之以恆，通達維嘉。（原文為繁體，無標點）。

下午，耀老對題詞進行了詳盡的解釋，說明其字字有來處，並一再謙遜地說，其中幾處不妥，已不可改，如「論孟二傳」，「傳」作「書」更好，於音更協。由此可見其精益求精。耀老還辨正了一些傳統說法，如小戴刪大戴，此說不合，大小戴各是一道，互不相及。談及《詩》，他興致更濃。他說《伐檀》每章末二句，長久以來都沒講清楚，其實「君子」是賢者，與不勞而獲者相對照。《丘中有麻》所詠非三人，而實一人。子嗟、子國、之子為一人，因叶韻關係而變換言之。如此之類，不勝枚舉……直至吃晚飯，他談鋒仍健，邊吃邊講。飯後，耀老興味不減，直至天已大黑，他家人大聲催促，方才止住。

1984 年 6 月 6 日

耀老病危。昨晚 7 時，邀集教研室諸公前往醫院探視。先生神志尚清，但已口不能言。我們一一到他床前致候，先生顯得非常激動，捏著我的手，久久不願放下。今早獲悉，耀老已於昨晚 9 時 34 分與世長辭（距我等離開醫院僅一個多小時），不意昨晚一別，竟成永訣。從此語言學界失去了一位老前輩，我們失去了一位好老師。還記得前些日子陪同許嘉璐先生去醫院看望他時，他精神甚佳，饒有興致地講到他與同窗老友陸宗達先生（北師大教授，與耀老均係黃侃同門弟子）的趣事，如飲酒之類；又一一列舉陸先生門下諸弟子的名字，點到許嘉璐時，備加贊許，稱他是陸先生「三大弟子」之一。而今，這一切只能貯存在記憶之中，再也不可能成為顯示於眼前的現實了。

先生生前多次對我講過：身後喪事從簡，不向遺體告別，不開追悼會，骨灰送回梓里與夫人合墓。師母已辭世十餘年，先生常對我喟然感歎：「新陽呀，老伴老伴，老來就是要伴呀。」可見先生對夫人一往情深。現在，先生終於得以回歸故里，與老伴相聚於九泉之下，可以長久地安息了。一代宗師，就這樣悄然離去，但他的道德文章在人們心頭引起的震動，是長久不會平息的。

《武大校友通訊》2004（2）

憶黃焯師

龔仁貴

我於 1956 年考進母校中文系。當時的母校中文系有所謂「五老」，他們是：劉永濟先生、劉博平先生、徐天閔先生、席魯思先生和黃焯先生。席魯思先生是荀學專家，學無師承；劉博平先生是文學家，一級教授，我沒有聽過他們的課程；劉永濟先生自然也是一級教授，學問廣博精深，我從他學習《文心雕龍》，但先生言辭清峻，學貌岸然，後生小子，心敬而不可親近；徐天閔先生在我入校時已故，後代以陳登恪先生。陳登恪先生乃陳寅恪先生的令弟，只聽他講過一次話，「恪」不念 ke，陳寅恪先生定音為 que，就是他告知的。「五老」之中，我心敬而又親近的，就只有黃焯先生了。

「五老」之外，當時母校中文系又有「八中」，即八位有相當水平的中年教授和副教授。其中，周大璞先生是系主任，他溫厚恭謹，有長者風，他教我們「語言學概論」，訓雅有致。但那時一切惟蘇聯之馬首是瞻，除斯大林的《馬克思主義與語言學問題》外，就是蘇聯「專家」契科巴娃的「理論」，索緒爾的《普通語言學教程》是諱莫如深的。李健章先生教我們「先秦文學史」，他為人耿直，授課認真，但對大一新生來說，講周誥殷盤、《離騷》、《天問》，我們希望更加深入淺出。胡國瑞先生教我們「魏晉南北朝文學史」，他學風謹嚴，從善如流，但我們那時太幼稚，除了一位陶淵明和一部《文心雕龍》，幾視魏晉南北朝為空白，不然，從胡師那裡本可學到較多的東西。李格非先生龍章鳳質，當時在莫斯科大學任教，不獲挹其清芬。

上述四位之外，「八中」還有哪四位，我已不能確記。袁昌英先生是與廬隱、沅君齊名的女作家，心儀久之，無緣望其風采。程千帆先生才氣橫溢，既有舊學根底，又有新銳眼光，師兄們言他授課，三分鐘把人帶入詩的境界。但

程先生教「明清文學史」，等我升入高年級時，程先生早被封為「右派元帥」，只能在資料室中默無聲息，此生哪能聆聽謦欬？程先生的夫人沈祖棻先生似不在「八中」之列，她是金陵才女，聽說她多病，在我離開母校近30年，沈祖棻先生因車禍辭世後，我才讀到她的遺作《唐人七絕詩淺釋》、《宋詞賞析》，錦心繡筆，溫婉玲瓏，想見其為人。程千帆先生歸「右」不振之後，劉綏松教授獨領風騷。他是治中國新文學史名家，與北大的王瑤先生相頡頏。治中國新文學史頗不易，一者與社會政治有關，二者與活人沒有距離，所以從純學術的觀點看，劉先生治學過於謹慎，而在那時，不能不說是明智之舉。但即便如此臨身履薄，在「文革」中他仍舊不免，其不幸較程千帆先生有甚之。不過，基本上不去聽「中國新文學史」課，在我也就是天性所必然了。如此一來，能使我在學業上有所受益的，就只能是黃焯師了。

　　黃焯師是湖北蘄春人，是章太炎先生之弟子黃侃先生的親侄，得到季剛先生的親炙嫡傳。他是《詩經》專家，是章黃學派的真正傳人。聽說黃焯師為我們新生教「古代漢語」，內心十分雀躍。我年齡小，個子矮，視力差，第一節課我就早早地在教室頭排坐下。黃焯師步入教室，端然定坐，環顧眾生，目光炯炯，每個人都覺得他看見了自己。他一開口就講起「五老」，先對徐天老、席魯老略一介紹後，對劉博老和劉弘老（劉永濟先生字弘度）大加稱美，敬佩之情，溢於言表。然後他言及自己，則說：「我嘛，姓黃，名焯，字耀先，聊附驥尾——」他把「尾」音拖得很長，接著說：「我其實年紀不老，思想落後而已！」說罷，微微一嘆。不知怎麼的，話鋒轉到了葉紹鈞。黃焯師說，那時葉紹鈞編了一本《開明文選》，由開明書店印行，葉先生在上課時，向學生推介此書，在黑板上寫「定價大洋口元口角也。」講到這裡，黃先生把「也」念得又重又長，感喟地說：「怎麼能加『也』呢！怎麼能加『也』呢！」學生當場起訌，說葉先生「不通」，於是葉先生只好捲舖蓋走路。葉紹鈞是五四時代的作家，生榮死哀，與遺體告別時，呂叔湘也去執弟子禮。但在當時的武大文學院，從宿學通儒的眼光看，葉先生的國學根底，恐還不夠深厚。據黃焯師說，舒捨予在武大文學院也未站住腳跟，才到英倫去。但一提到聞一多先生，黃焯師的敬佩之情油然而生，口氣就完全不同了。他說，一多先生學貫中西，淹博古今，長文學院老少咸服，政通人和。他特別告訴大家，武大之所在，原名「羅家山」，一多先生更名為「珞珈山」，文野雅俗之別，有如天上人間。這一節課似未歸正傳，但大家都如沐春風，覺「天低吳楚，眼空無物」，胸襟頓感開闊。

　　黃焯師給我們教了一學年「古代漢語」，他既沒有像王力先生那樣編寫完備的《古代漢語》教材，也沒有給我們講解系統的訓詁、語法知識，他只不過選了一些《詩經》、《論語》、《左傳》中的篇章，陸續發放，隨堂講授而已。但我從黃焯師那裡，不僅知道了大小毛公與鄭康成，知道了《說文》與段注，知道了王引之的《經傳釋詞》與《釋三九》，知道了劉淇的《助字辨略》和楊樹達的《詞詮》，而且隨時光的流逝，在一年之內，也能自讀古代典冊了。黃焯師上課，似無需準備，俱從肺腑流出，行雲流水，舒卷自如，高低抗墜，徐疾頓挫，是人籟也是天籟。我隨他泛柏舟，遊溱洧，聽黃鳥，賞蒹葭，懷吉士，思美人。從他那裡，我體會到了為什麼「詩三百，一言以蔽之，曰：思無邪」，認識到什麼是「春秋筆法」。當他講到夫子「老者安之，少者懷之，朋友信之」的人生信條時，我見他滿懷高山仰止的感情，一贊三歎，低回久之，然後把目光投向窗外遙天，他似乎已忘懷一切，要穿過時間隧道，追隨子路，與夫子游。萊辛說過，有兩種演員：一種記得自己在演戲，與角色保持一定距離；一種忘記自己是演戲，他完全進入了角色，與角色成為一體。黃焯老是後一種演員。他不是在上課，而是優游於一種文化境界中。在這境界之內，有真實與美麗、博大與寬容、善良與和諧。數十年已經過去了。在這數十年中，我經受了種種坎坷與不幸。在這數十年中，我也目睹了人世間的種種不公與不平，辛酸與災難，我看見道德的淪喪，同情的消亡，野心的膨脹，貪婪的恣肆。面對北島的詩句：「卑鄙是卑鄙者的通行證，高尚是高尚者的墓誌銘。」我心充滿惆悵與悲哀。這時，黃焯師所優游的境界，境界中的真實與美麗、博大與寬容、善良與和諧，就如宇宙大爆炸時發出的微波背景輻射，使我增加了生存的勇氣，在蒼茫天地間踽踽獨行，漫漫求索。

　　進校不久，就是鳴放；鳴放之後，就是反「右」。我們年級最年輕的「右派」同學比我還小半歲，名叫楊子儀（大概其父是仰慕唐代中興名臣郭子儀而為他賜以嘉名的），只有 16 歲。黃焯師不會「鳴放」是情理中事，反「右」如何，我就不得而知了。他對學生姓名有驚人的記憶力，聽過一次，終生不忘。只記得有一次，我到黃老師家裏去，他就說到楊子儀，說他那麼小個子，在烈日下挑那麼重的磚，眼圈一紅，泫然下淚。程千帆先生才高銳進，對「五老」未必能以後學自謙，黃焯老也可能不無芥蒂：但那天說及程千帆先生，黃焯老感到人才難得，武大中文系無人可替，尤其是既定程先生為「帥」，他帳下的 8 名鋼鐵助教，也一律派為「右」的分子，黃焯師感歎惋惜久之。

　　進入母校，我過的是寢室、教室、圖書室和游泳池四點一線的生活。不平則鳴，不滿則放，1957 年我沒有「鳴放」。但一個人的性格就是他的命運。反「右」之後，接踵而至的就是作為「大躍進」側翼的所謂「教育大革命」。一位校領導在全校大會上作報告，說中文系的專業就是搞勞動，中文系的培養目標就是當工人、當農民。此說一出，我大不以為然，在討論會上說：大學的培養目標是又紅又專、能上能下的普通勞動者，無論將來從事什麼職業，都是普通勞動者，並不是直接當工人農民。這種不識時務的乳臭小兒言論無疑給自己招來橫禍，於是我非「左」非「右」，不入不鬼，成了伶仃子遺，孤家寡人。這時，黃焯師那裡就是我惟一可偶而一至的地方，那裡有一片寧靜，一抹溫馨。在武大 5 載，可以念書的不過兩年，其他三年，不是運動就是勞動。每年寒暑假，家境貧寒，不能回去，留校還有助學金，又無人要我定期彙報思想，這就是我的好時光，既可以勤工儉學，又可以胡亂讀書，還可以到黃焯師那裡偶一小坐。他自然瞭解我的處境，我的心情，除一杯清茶外，他坐在我對面，慈祥地看著我，幾乎什麼也不問，也不說，有時淡淡一句：「不回家也好——以後總不能枵腹從公。」我無言，心中的寂寞、悲哀褪去了許多。焯老用文言寫書，當時無法出版，有一次，我說：「焯老，您為什麼不帶助手，讓他們幫您譯成白話？」他搖搖頭，說：「派來的人沒有用，而且——」他不說了，但我怦然心動。前幾年，讀《陳寅恪的最後二十年》一書，陳寅恪先生堅決不要配備助手，黃焯師與陳寅恪先生取同樣態度。

　　終於畢業，我分配到胡貉代馬之地。離校前，我到黃焯師那裡辭行。他說：「今天就在這裡吃飯。」我也不推辭。他弄了一滿桌菜，足有 24 樣。這是我有生以來享用的最豐厚的盛宴，是我平生得到的最大禮遇。在 1961 年那樣的時節，一位師長，一位老人，為一個注定不會有什麼大出息的毛頭小子隆重地單獨餞行，他該是懷著怎樣的惜別之情呢？他內心深處該有多少感慨和寂寞呢？席間師生對坐，我是別有一番滋味在心頭，黃焯師也無多言，他只說：「不管今後在哪裏，情況怎麼樣，都要告訴我。」

　　在雁門關外一所專科學校教書兩年，學校下馬，我回故鄉——窮鄉僻壤之故鄉——教中學，途經武漢，我沒有去看望恩師。除了發表在《文史哲》上的一篇與陸侃如先生商榷《文心雕龍‧原道》的僅 2000 字的短文，我用什麼去參見黃焯師呢？不料以後 18 年竟沒有見到焯老。「文革」結束，處境一好轉，我就立即寫信探望他老人家，很快收到回信，說四老都已離世，他已七十有八，

老伴故去，獨自臥病，字裏行間，幾多淒涼；而又盛稱劉博老「於許學造詣極深，有章黃二大師所未言者」，惜其著作未能刊行。1980年，我到武漢參加高考閱卷，這才去拜望焯老。房屋依舊，几案依舊，燈光依舊，只是黃焯師蒼老了許多。他盯著我，略一遲疑，叫出我的名字，說：「你怎麼才來！這麼多年不見你了！」我知他愛喝八卦湯，給他帶去了三十多斤烏龜。他見了，說：「烏龜！烏龜！怎麼帶這麼多？唉！唉！」一坐下來，我還沒來得及問候，黃焯師就迫不及待問我「文革」中的境遇。原來，那時曾有兩個人，一個是瘸子，不遠千里登黃老之門調查我，黃老簡單而又明確地說：「他是我的好學生！」他們找黃焯老，真是有眼無珠！我言及父親不得壽終正寢，仲兄之隨波臣，以及自己的因文速禍，焯老感慨唏噓者久之。

告別焯老，月明如畫，樹影斑駁，夜風拂面，悠悠我心，不知今夕何夕。但萬萬沒有想到，這次見面，即為永訣。黃焯師何時歸道山，我無從得知，我只聽說，進入20世紀80年代，扶桑學人追蹤，焯老作為章黃學派的傳人得到公認，他的著作也得以陸續出版。他最為珍視的著作是《經典釋文彙校》，他非常推重陸德明，多次對我講要附其驥尾。這書印了400冊，大陸所售，僅居其半，我自不會獲珍。除了兩封書信，而今，在檯燈下，我能展開的，只有一本石印的《詩說》，那是1980年相見，黃焯師在家門口拱手揖別時，付與我的，書頁已黃，墨蹟如新。黃焯師算不算得上大師呢，如果以王觀堂、梁任公和陳寅恪先生為標準，他也許算不上。而在當今，黃焯師之不被封為大師，他老人家的在天之靈，也會溫良恭儉，莞爾微笑吧？

我離開母校凡44年，對武大，除東湖碧波和珞珈紅葉令我縈懷，除李達校長臨別贈言「無論何種條件，每天讀書兩小時」讓我銘記，最為我珍惜的，就是對黃焯師的這一份記憶，這一份蒼白的記憶。

《武大校友通訊》2006（1）

光照後人的耀老

楊子儀

一

2006 年 10 月，在武漢工作的老同學再度發起，舉辦了武漢大學中文系1956 級同學入校 50 週年聚會，那主題就是掛在珞珈山莊門牆上的橫幅上所書的：「相約半世紀，重聚珞珈山。」

到珞珈山莊的那天下午，老同學們也都陸續到來，我見到了睽別45 年的龔仕貴同學。我們在同一宿舍住過一段，又都是年級中的「小字輩」。他的樣子沒有大變，只是胖了些，清亮的沙市口音中，流露出的還是當年那才華橫溢的神貌。當我們談及已故去的老師時，他說：「我的一篇回憶耀老的文章刊在《武大校友通訊》今年的第一期上，其間還涉及你哩。」第二天我請黨伯兄去校友總會索要了一份。原來所謂的「通訊」竟然是一本容量為二十幾萬字且欄目多樣的大書。龔兄之《憶黃焯師》的大作赫然其間。所謂「涉及」我，是指下面一段文字：

> 進校不久，就是鳴放；鳴放之後，就是反右。我們年級最年輕的右派同學（在全國，怕也是最年輕的右派了），比我還小半歲，名叫楊子儀，只有 16 歲。黃焯師不會鳴放是情理中事，反右如何，我就不得而知了三他對學生姓名有驚人的記憶力，聽過一次，終生不忘。只記得有一次，我到黃老師家裏去，他就說到楊子儀，說他那麼小個子，在烈日下，挑那麼重的磚，眼圈一紅，潸然淚下。

1957 年，我還是一個尚未成年的熱血青年，投身子「鳴放」，雖無言論，卻參加了大的行動——在「質問長江日報事件」中，我擔任代表團副團長兼中心發言人。所謂「發言」，也是既無激烈言辭，更無「雙反」之意的。反右開

始，校黨委書記倒還是一種「保」的態度，所以我在高潮中沒有受到衝擊。1958年春節前，以康生為組長的高校反右檢查組來到武漢。在武大，黨委書記在彙報中以我為例說明武大劃分左中右的標準。據說，康生一聽，拂然作色道：「這樣的學生（指我）不是右派，誰還是右派！」就這樣一句話，鑄就了我頭頂上的「鐵帽」。這也就是後來我在《自嘲》詩中「生當盛世敢何求，鐵帽早上少年頭」兩句的來歷。

現在讀到仁貴兄上面那段文字，我的眼睛濕潤了。這哪裏是寫什麼耀老對學生姓名的「驚人記憶力」？這裡記述的分明是一位正直而忠厚的長者，在以其博大而仁愛的胸懷，在憐念著一個蒙冤落難學生時的感人形象！我被這短短的記敘所打動。想不到我的「罪孽」竟然使我所崇拜的老師為我而傷心落淚。這真是大大的不該！而這些又是在我時隔數十年之後才知道的，這也使我失去了向老師深深三鞠躬以謝罪的機會。

二

1979 年「右派」問題得以「改正」。那時我已在剛剛成立的寧夏固原師專任教一年了。為了充實自己，我於 1982 年下學期回珞珈山進修一年。這時與耀老有了經常的接觸，得到過無數次的教誨，讓我深深感受到了老師學問的博大精深以及為人的謙和與偉岸。

到武大後的第二天，我帶著二斤枸杞，由沈樣源君陪同，去拜訪耀老。祥源是我交情篤厚的摯友。我被劃成右派時，他是革命群眾（據說屬於「中右」），我們的交誼卻沒有受到任何的影響，所不同的只是由過去的公開交往而變成現在的「地下活動」了。沈君現在武漢大學任教，這次我回武大訪學，一切手續也都是他為我代辦的。他存心忠善、為人誠樸、重情誼、信然諾，大有耀老之風，所以也就深得耀老的鍾愛。後來聽說耀老仙逝以後，葬回原籍，都是由沈君手捧遺像開路的。

來到武大二區 57 號耀老家的門前，祥源將我往後一拉說道：「我走在前面，看耀老還認得你麼？」上得樓來，耀老正坐在藤椅上看書，聽祥源一喊，忙放下手中的放大鏡轉過身來，朝我怔一怔急忙走過來，緊握著我的雙手道：「這不是你們年級最小的楊子儀嘛！離開武漢一直沒有回來過，整整二十一年了呢！」「你祖籍湖南洪江，1940 年生，屬龍的，屬龍的！」祥源插嘴道：「是條孽龍、妖龍呢！」耀老連忙說道：「現在不興這麼說，不興這麼說了。

如今該說是飛龍在天，飛龍在天了！」說罷不禁哈哈大笑起來。從笑聲中，我感受到老師對我命運的轉變是欣喜的。老師為我們沏了茶，得知我抽煙，就從書桌裏拿出武漢出的「白金龍」香煙，為我抽出一支，說道：「我不抽，你抽就是了。」老師詢問了我這二十年來的大致情況，並且讓我詳詳細細地彙報現在的家庭生活以及妻子兒女的情況。老師聽著，不時插話表示贊許：「現在好了；現在好了！」當先生得知我妻子是上海人，其父在上海當過中學校長時，老師竟然像個「頑童」似的，對著祥源滿臉帶笑，戲謔起我來：「還是他有本事，在西北還能找個上海姑娘，還是書香門第。下江女子是聰明能幹又溫柔美麗的呢！不錯不錯！不去西北，哪有這等收穫？」耀老收下了我帶去的枸杞，認真地對祥源說：「這好，中藥就要講究個產地，貝母就要用川貝，盤貝次之；枸杞連貴州都有，而只有來自甘省的叫西枸杞，才是正宗上品。這麼遠帶來，難得拿哩。」說罷，他出去了幾分鐘，像是在廚房裏說話，進房後說：「本想今天請你吃餐便飯的，沒有準備，改在明天吧。」接著，對祥源道：「明天下午五點多，你陪楊子儀來，坐一坐而已。」這份盛情是推脫不得的，何況還有些進修上的事要請教，於是只得聽從師命了。老師將我們送下樓來，在門口微微點頭，繼而深深一躬道別──這是老師一輩子的習慣了，無論對朋友、同事還是學生，最後都是深施一禮作別的。

　　第二天下午五時許，我和祥源如約而至，沒談幾句，就開飯了。飯桌上有魚有肉，有豆腐有蔬菜，作為家常宴請已是豐盛而精緻了。老師一手拿三個酒盅，一手提一瓶黃鶴樓白酒，給我放了一個大盅子，說道：「沈祥源說，你能喝兩杯，就用大盅子吧，我是今天高興，才陪你眠兩口，平時是不喝的。」我們邊吃邊聊，一切輕鬆自在。祥源提起我想跟老師進修的事。耀老說：「何必拘於形式，每週來談半天，談談聊聊，指些書你看就行了。你們的功底還在，現在就是缺什麼補什麼，既不漫無目的又不要好高騖遠。我的國學功底都是站在季剛先生的身旁伺候他喝酒時積累起來的。季剛先生一面喝酒，一面評點要籍，我晚上將這些記下來，既豐富了自己的學問，又為季剛先生保存了許多珍貴的學術資料。」我貿然問了一句：「那為什麼季剛先生不動手著書呢？」耀老說：「季剛先生的信條是不過五十不著書，意思是做學問的事草率不得，沒有真知灼見的積累，匆忙著述是要貽誤後人的。也是天意弄人，他還差幾個月過五十大壽卻去世了。」說罷不禁悄然歎息起來。

　　這學期，訓詁學界的大事就是中國訓詁學會在蘇州舉行第二屆年會。在第

一屆年會上，耀老推辭了學會的一切「頭銜」，這次盡不打算參加。我們幾位在漢進修的訪問學者（黃岡的汪君，都勻的王君）一起去敦請先生與會，由我們陪護前往。汪君操起先生的家鄉話勸道：「您老是季剛先生的嫡傳，中國訓詁學界沒有您老人家參與，怎麼行，怎麼行？」耀老神情肅然地回答我們：「前幾天陸宗達先生的弟子許嘉璐給我打電話，也希望我去，我已經答覆不去了。」接著他談起武漢年會上有位老先生在會上提出要高舉「章黃大旗」的話題，有人贊成，有人非議，耀老當時就表示了否定的看法。這次議論起蘇州會議的事，還說道：「搞學問不是搞政治，舉什麼誰的大旗。這樣搞得會內不團結有什麼好處？從那以後我就不參加這些會議了。鬧成宗派就不好了。」先生淡泊名利，心地仁厚可見一斑。先生並不是不關心訓詁學的現狀與發展。我們從蘇州回來，到先生處說起會議的情況，先生一面聽，一面還詳細詢問開會細節，問到一些友人的情況。最後黃先生不無遺憾地說道：「我不去也是身體不好的緣故。人常說七十不留宿，八十不留餐，我都八十多了，哪裏還敢出門。」

　　寒假來了，我打算回寧夏過春節，遂到耀老家中向他辭行，並提出想約老師出去照張合影。耀老沉思片刻說：「最近身體不舒服，只怕走不動，以後再說吧！」我又接著問老師有近照沒有。耀老呵呵一笑道：「你下學期還要來嘛。」接著在書桌抽屜翻檢一番，拿出一張三寸黑白照片說：「這倒是張近照，就在樓下門外照的，坐在籐椅上，棉衣棉褲一包，縮成了一坨，很不好看。」剛要遞給我，卻又把手縮了回去，說道：「還是寫兩個字吧！」於是老師用顫抖的手拿起毛筆寫下了下面的話：「子儀吾友惠存黃焯一九八二年元月。」當我接過照片後，我有些後悔了，剛才真不該唐突地向老師提出合影的不情之請。後來又聽祥源君說，耀老從來不接受別人合影的邀請。於是第二學期回武大後，我就再也沒有向先生提出合影的要求了。

三

　　1983年春節過後到武大繼續進修，還是帶著枸杞去給老師拜了個「晚年」。學期中由我發起與祥源、文安相約編一本音韻學教材。為此我與祥源去耀老家中聆聽指教，老師給了關鍵的指導，並賜名為《實用漢語音韻學教程》。

　　很快又到放暑假，我也該結束一年的訪學了。一天中午老師在丁忱博士的陪同下，拄著拐杖，顫顫巍巍地來到新操場下我所住宿的進修樓裏。在驚愕與惶悚中，我請老師在床沿上坐下，正要找杯子沏茶，先生連連搖手示意，微笑

著說：「莫忙，莫忙了。木曉得你哪天回寧夏，趁著今天天氣好，就讓丁忱陪著我慢慢走過來了，算是來送個行吧！」我心頭一熱，老師年逾八旬，又還有「肺疾」，從二區走到這裡，上坡下坎，怕也有里把路—我怎麼擔當得起啊！

說了一陣話，丁忱催促老師回去午休，耀耆站起來對我說：「今天我來還有一椿事。上學期你約我照相，我一直還記著呢。往回走，到『松柏』去照吧。」我喜出望外，趕緊從門後拿起先生的拐杖，扶著先生往外走去。

路上，先生說：「我是最不喜歡照相的，不知道怎麼回事，給學生上課，和人說話，臉上還有些笑容，一到照相館就不自然，結果照出來就是一副凜然、肅然的樣子，很不入時呢。」我調侃道：「這才正是一副大學者的神韻嘛。」一句話把老師逗得連說帶笑：「哪裏！哪裏！」在「六一」亭對面的「松柏照相館」，老師、丁忱、我三人合照一張後，我與老師又合影一張。先生坐著，我站在老師的身邊，丁忱笑著說：「黃先生，這不就是『侍坐』嘛！」老師也笑了，但當照相師一喊「注意鏡頭」，先生果然又現出那副莊嚴神肅的模樣。

照完相，我打算伴送先生回府，先生執意不讓。分手時先生沉吟片刻道：「明年暑假前還有機會到武漢來嗎？」我說：「回去以後教學任務很重，明年夏天以前是來不了的。」黃先生接道：「明年夏天以前來不了，你怕是再也見不到我了。我算過，我過不了明年 4 月。」我連忙阻止道：「哪裏，哪裏！老師，你這話要是放在 1958 年，又得挨批判呢。」黃先生道：「這倒也是，這倒也是。小老弟，我排的是文王八卦，你們是不懂的呢！」

我知道老師會排算六壬神課，而且還很有些名聲，但我以為占卜自己的生死怕不會是那麼準的吧，然而這回竟是那樣的「準」！

1983 年秋，我接到先生託祥源君給我寄來的合影照片以及一冊《聲類通轉表》，書的扉頁上寫著：「子儀老弟存閱黃焯一九八二年八月。」字跡端正灑脫，字間印上一枚鮮紅的大印，其上是陰文鑴刻「黃焯耀先」四個大字。過了一兩個月，我給先生寄去了二斤枸杞，春節前先生在病榻上給我回信，信上說「肺疾」已漸嚴重，出現了吐血症狀。枸杞雖屬溫熱，也已不宜服用，而轉送給了祥源。信中又言之確確地寫道：「能否痊癒就要看能不能打過四月這一關。」

先生於 1984 年 6 月 5 日 21 時 34 分逝世，享年 82 歲。訃告信函是先生仙逝後兩天發出的，而我收到卻已是兩月以後的八月下旬。這真是一個陰差陽錯的失誤。老師待我恩重如山，情逾戚屬，而到最後我竟然連一紙唁電都沒有發過去。一種強烈的愧疚使我的心久久作痛，這給我帶來了終生的遺憾。

四

　　20 世紀 50 年代前後的武漢大學中文系，是以「五老」「八中」這些名師而名噪國內的。「五老」中我親聆過教誨的有：黃耀老的《古代漢語》、劉博老的《聲韻學表解》以及劉弘老的《楚詞研究》。我們所學到的，不僅是學問、是知識、是方法，更有人品與人格。我們沒有資格和能力去評說這些大師的成就，但是在與學生的接觸交往、對學生的關愛呵護，那還是得首推耀老的。這也就是後來回憶耀老的文章最多的緣故。

　　這使我想起了漢字中的「嶽」與「原」。《爾雅》釋「嶽」為「山高而尊者」，即指山勢高峻而受人尊崇的名山。這是很適合劉博老與劉弘老的，他們就是學界的泰斗，上「嶽」。「高平曰原」，這是《爾雅》對「原」字的詮釋。這一釋義，現在應寫作「原」。這是西北黃土高原上一種特殊的地貌，可以稱為高原上的臺地：土地肥美，廣袤平坦。它給人們的賜予更直接、更豐厚，因此更能溫暖人心，受人眷念。耀老，以「原」諡之，是再恰當不過了。

　　我們永遠懷念您，耀老！

於 2006 年 12 月寫於懷化學院東區愚魯齋

《武大校友通訊》2007（1）

程千帆、沈祖棻先生

毋忘恩師教誨

吳代芳

一

我於 1996 年退休，退休後撰寫的《世說新探》一書已於 2002 年 12 月由中國文聯出版社出版了。

我之所以退而不休，筆耕不輟，其精神支柱和思想動力之一就是來自導師程千帆教授的言傳身教。

1955 年我成了千帆師首批招收的兩名研究生之一。在千帆師指導下，專攻魏晉南北朝隋唐文學。立雪程門，受益良多，耳提面命，終生難忘。反右時又以非罪獲譴，風雨同舟。平反後，千帆師仍沒有忘記我這個僻處山城、馬齒徒增的學生。1978 年我從一所鄉鎮中學調到郴州師專（現已升格為湘南學院）任教，千帆師勉勵我說：

> 足下方際富年，又遇明時，必可出其所學，以佐大治。世之人皆云五十年代武大學生，乃今之國寶，況研究生乎？古詩云：「努力崇明德，隨時愛景光。」昌（按：千帆師名會昌）雖疲憊，固願觀足下之奔軼絕塵也。

1993 年我出版了《唐人絕句藝術談》，千帆師又來信勉勵我說：

> 承示新撰《唐人絕句藝術談》，殊有意味，讀之患易盡也。昔魏武以老不廢學為難，謂惟己與袁伯業能之，願以此共勉。秋風又起，輒深蒹葭之思，何時方得良覿邪？悵悵。

上述諄諄教誨，情深意切，體現了恩師對晚輩學子的厚愛和殷切期望。特別是恩師以 80 歲的高齡，還提出「老不廢學……願以此共勉」，更引起我心靈上的巨大共鳴和強烈震撼。

師者，人之範。千帆師就是「老不廢學」的典型。他以 65 歲的高齡，從武漢大學調到南京大學以後，以出書 10 餘部、培養博士生 10 名的卓越成就，催促著、激勵著他的及門弟子昂然奮進。恰如魯迅先生「每當夜間疲倦正想偷懶」，而一想起他的業師藤野先生就「忽又良心發現，而且增加勇氣」一樣。千帆師以耄耋之年，在「患耳聾白內障不能看書」的情況下，還沒有忘記我這 10 年桑榆僻處山城的已經退了休的學生，他諄諄教導我說：

> 代芳老弟：得知己休教，今後可從容讀書，此是人生極佳境界，
> 願珍惜之也。舊與弟函中作何語，已盡忘之。仰出後願示覆本……

有些人認為退休後讀書是傻子，最多也是無聊時消遣而已。而千帆師謂退休後宜從容讀書，且謂此乃人生極佳境界，這是一個全新的命題。何謂從容讀書？退休之後，淡泊自守，不急功近利，胸懷坦蕩，潛心著述，頤養天年之謂也。臻夫此，堪稱人生之極佳境界矣！書中所云「仰出後願示覆本」，即指當時我擬撰《世說新探》一書而言。可惜當此書問世的時候，恩師已先此而歸道山矣！重溫手澤，緬懷先師，想到從此再不能奉書求教，不禁為之欷歔感歎！

二

今年 7 月初，我專程赴京，付款取書，把拙著分送給在京的校友，受到了熱情接待。北京大學教授郭錫良學長、徐寒玉學長電話通知在京校友來家聚會。互贈著作，暢談半個世紀來的風雨人生，殊多感慨，亦深感欣慰。郭錫良學長著作等身，兒女留美留加，卓然有成；段永強學長陪同我夫婦暢遊王府井，情真意切；莫衡學長送我一本定價不菲的大詞典，惠我良多；惜丁明浩學長在病中，未能一見，深感遺憾！

偕老伴暢遊故宮、長城後，7 月 8 日啟程探訪母校。在 20 世紀 50 年代讀研究生時的同窗摯友吳志達學長親自到武昌車站迎接。別後 40 餘年，物是人非。相遇竟不相識，以致交臂失之。我冒雨驅車抵達母校成教樓，電告志達學長，他剛從車站返回。昔日風華正茂，而今已白髮蒼蒼，垂垂老矣。志達學長帶我夫婦分別拜訪了陸耀東學長、何國瑞學長和程一中學長等家庭。滄海桑田，頗多感悟。這些學長都成就卓著，殊堪欣慰！劉岱嶽學長患足疾，偕夫人多次親臨賓館，熱情感人。在賓館電告在華中師大任教的鄧黔生學長和在湖北大學任教的張金煌學長，都欣然答應於翌日到程一中學長家中聚會。在珞珈山

住了兩天，老友輪流為我洗塵，既感且愧！天憐幽草，人重晚情。古稀之年，促膝談心。舉杯互祝：福壽康寧。此時此境，暢話人生，誠人間一樂事也！

　　久別重逢，夜不能寐。我不禁吟詠起杜甫的《贈衛八處士》。其情其景，兩相對照。暮年懷舊，則相同也：所處時代，則迥異也。「人生不相見」，與杜詩同；「今夕復何夕？」杜則「共此燈燭光」，今則「共此電燈光」也。「少壯能幾時，鬢髮各已蒼」，與杜詩同：而杜甫作此詩時，年僅48歲，我輩卻年逾古稀，除少數人外，而今尚健在，則人均壽命已大增矣！杜云「焉知二十載，重上君子堂」，今則「焉知四十載」矣！杜云「昔別君未婚，兒女忽成行」，今則「兒孫已成行」矣！杜云「羅酒漿」、「剪春韭」、「問黃粱」，今則市場繁榮，賓館林立，燈紅酒綠，杯盤交錯矣！杜云「明日隔山嶽，世事兩茫茫」，今則「環球已縮短，交通無阻攔。電話鈴一響，宛若在身旁」矣！故與杜詩相比，情景之不同，乃時代的不同也！杜詩寫於安史之亂後，充滿了離亂之苦和感傷之情，而今身處盛世，洋溢著歡樂之情和幸福之感矣！

《武大校友通訊》2004（2）

師澤綿長——紀念程千帆先生

韋其麟

　　1953 年秋剛進武大中文系學習，在同學的言談中，就知道程先生是一位很受大家尊敬的教授了。三年級，程先生給我們講授宋以後的古代文學史。他講課生動，內容豐富，對學生要求也嚴，作業的字跡一定要工整，絕不可馬虎了草，說寫字讓人看不懂是對別人不尊重，也浪費別人的時間。他不允許在教室內衣冠不整，弔兒郎當。記得一次有一位同學穿了件彎尾的襯衣，不扣好扣子也不把衣尾放進褲內，遲到又漫不經心地走人教室，程先生便請那位同學出去整理好衣裝再進教室，說教室是嚴肅的場所，不是臥室。程先生自己也很講究禮節，上課時同學們起立，他必垂手立正於講臺旁，一絲不苟地向同學們深深鞠躬。有一次他在課堂上說，一次，他代表中國作家協會武漢分會到火車站迎接一位來訪的日本作家，那個日本人傲慢無禮，他很驚訝，一個作家竟然如此沒有教養。程先生對同學要求嚴格，但和他接觸後，也覺得他是很隨和的。我第一次和他交談是在 1956 年春我參加全國青年創作會議從北京回校後，在一次做課間操時。他叫我隨他到教師休息室，問我會議的情況。十來分鐘的交談，我感到十分親切。此後，有時到他家求教，在不厭其煩地指點釋疑之餘，也隨便談些其他生活瑣事，他甚至向我們學生遞煙。一次他和我們兩三個老師同學去漢口的作協武漢分會參加一個會議，晚飯後，作協備車送我們回校，他遲到十來分鐘，本來不是什麼大事，他卻連連向大家道歉，說一位朋友請吃飯，告辭晚了點。他這樣認真，作為他的學生，我既深為感動也深受教育。

　　我的畢業論文是程先生指導的，題目是《論聞一多的詩》。開始，程先生問我是否全部讀過聞一多的詩，為什麼選這個題目；我說基本上讀過了，因為喜歡詩人的愛國情懷和比較講究格律的形式。先生說，聞一多的詩也是有一個

發展過程的，要認真讀幾遍，還問我是否讀過其他新月派詩人的詩。大概由於當時新月派被看作一個不健康的流派，除讀過幾首徐志摩的詩外，其他新月派詩人的詩集，在圖書館和系裏資料室都難以找到。先生說，讀聞一多的詩，也必須知道新月派其他詩人的詩，聞一多起初也曾參加過新月社，可以互相作一些比較。程先生寫了一封信，給我帶去找一位早已畢業的當時在中南局宣傳部工作的學長，說：「他家藏有新月派詩人的詩集，可以向他借來讀一讀。」在先生的幫助下，終於找到一些新月派詩人的詩集和其他應該參考閱讀的作品，對畢業論文的思路和寫作很有助益。

　　論文初稿寫好後，程先生審閱得十分仔細，對一些觀點和論述有所偏頗或不足之處，都在原稿上做了眉批，詳細地指出並提出修改意見，用詞不當和錯字也都一一用紅筆改正。論文定稿時，已是 1957 年初夏，一天傍晚，我把論文送去他家，還未坐下，他就對我說：「我闖禍了，我闖禍了。」臉上帶著淡淡的我從未見過的一種苦澀的笑容。我很驚異，問是什麼事。他說：「就是《文藝報》上發的那篇小文章。」還告訴我他寫那篇短文的緣由，說原來也不想寫的，中國作協的陳笑雨和 XXX（記不清楚了——韋注）同志從北京來找他，一定要他寫點意見，幫助黨整風。想來想去，也沒有什麼意見好寫，就說了那麼一點意見——那篇不到千字的短文。只是說，那時（20 世紀 50 年代）把黨內的專家習慣稱為「紅色專家」，把跟隨國民黨反動派的專家稱為「白色專家」，像程先生這些反對國民黨反動派，擁護共產黨又不是共產黨員的專家，無名曰之，大概可以稱為「無色透明專家」吧，僅此而已。於是我說：「這有什麼呢，怎麼會闖禍？不會的。」程先生仍然苦澀地笑著說：「闖禍啦，闖禍啦！」見他心情不好，寬慰他幾句，把論文交給他便告辭了。果然，不久反右的風暴驟起，程先生在老師裏首當其衝地被批判了。我不知道也不能打聽，除了那篇短文外還有什麼其他事情，因為我自己也被批判了——這齣乎我的意料，自己並沒有參加什麼鳴放活動，只是根據我在學校四年間平時講的幾句話，除頭去尾來批判。看到校園許多大字報都有自己的名字，學校黨委書記又在全校大會的講話中點了我的名，我惶惶然、惴惴然寫了比畢業論文還長的檢查，被開除團籍的第三天離開珞珈山了。之後二十多年，雖也常常想起珞珈山的歲月，想起程先生，卻無法聽到有關他的消息。

　　直到 20 世紀 70 年代末，才陸續聽到有關程先生的消息，知道他在反右後的厄運。令人高興的是，他已調到南京大學繼續任教，指導研究生。

　　1980 年我到廣西師範學院教書，1981 年初夏，程先生應邀到我們學校講學，在學校住了一些時日，有幸和他相聚，再聆聽他的教誨。先生很少說到別後二十多年的境遇，更多的是談已經失去不少寶貴的歲月，應珍惜時間如何做學問的事。有時過問我的詩歌創作情況，那時對「文化大革命」還心有餘悸，我流露了自己對文學創作已經冷淡的情緒，說因此才要求到學校來教書的。先生總是鼓勵我不要放棄創作，說創作對研究、教學是很有好處的。他說：「我帶的研究生，專業雖然是古典文學，但我都要求他們讀些小說、散文或詩歌，懂得創作的甘苦，這對研究會有更深切的領悟。」我在新時期寫了一些詩作，有著程先生勸勉的因素。他離開南寧後，對我這個學生仍很關心。回南京大學不久，就給我寄來一大包有關民間文學和一本自己新出的詩集，順便寫信訴說內心的苦惱。他回信還是一番鼓勵，還引用我一首短詩中的話說：「『苦役』也正是『歡愉』。說得多麼好啊。我今年 84 歲，俗語所謂『閻王不請自己到』之年也……但仍愉快地活著，這也是可以共勉的吧。」程先生還寄贈我他的幾種著作，如《閒堂詩文合鈔》、《程千帆沈祖棻學記》、《沈祖棻程千帆新詩集》等，在著作上親筆簽名，並謙虛地寫著「其麟老弟教」或「其麟老弟正」。令我感動，也很慚愧，實不敢當。先生離開人間已多年，但先生的著作和他的教導、關懷、鼓勵，都是我終生的珍藏。

2006 年冬於南寧
《武大校友通訊》2007（1）

緬懷恩師程千帆教授

文自成

　　1955 年我考上武漢大學中文系，在迎新座談會上二年級的女秀才韓玉賢同學介紹她學習收穫時，談到中文系名師眾多，她最崇拜的是程千帆教授。程先生教我們文學史，教風灑脫，誨人不倦，剛正耿直，著作等身，以教學和學術為第一生命。2000 年 6 月 10 日，當我接到南京大學程千帆教授治喪委員會發來的訃告時，我冥思良久，深深地吸了口氣，又緩緩地呼出。我為自己失去一位良師而悲慟，為國家失去一位培養中國第一個文學博士的導師而惋惜。

　　我和程先生的交往不多，除課堂上聆聽他講授文學史外，五十來年，有兩次難以忘懷的記憶。第一次是 1957 年 3 月，那正是我們國家遭災、民族受難、焚書坑儒洗劫珞珈山的日子。程千帆教授非罪獲譴，被無端扣上「右派元帥」的大帽子。大會批小會批，有的人昔日是弟子門生，今日卻六親不認。新朋舊友頃時多絕來往。程先生嘗盡了世態炎涼。我當時也在風雨飄搖之中，為避人耳目，躲開「左派」視線我間或去圖書館或中文系資料室裝模做樣看書。1958年 3 月初旬，我到中文系資料室翻閱雜誌，程先生正好在那裡整理資料。我避人不防，輕聲問：「程先生您忙，您和沈先生身體都好嗎？」他會意地點點頭，泰然自若地微微一笑：「好，我們都還好！」我聽了心裏思付：這就比什麼都好，都珍貴。程先生與沈先生同舟共濟，相濡以沫，四十餘年伉儷情深，程先生的精神支柱不倒，是誰也批不垮他的。

　　沈祖棻，江南女才人，學者評價她：「李清照之後，中國女才人惟沈祖棻是也。」她是《微波辭》、《涉江詞》、《涉江詩》、《宋詞賞析》等傳世之作的作者。她教我們「唐人七絕研究」這門課，1981 年該課講義由上海古籍出版社出版並更名為《唐人七絕詩淺釋》。程先生在該書的編後記中寫道：「這是亡妻

沈祖棻的一部遺稿。唐人七絕詩是她講授過多次的一門專題課程；在金陵大
學、華西大學和武漢大學都開設過。講稿也曾幾次修改。前幾年，在朋友們的
督促之下，她決定將講稿再加補充修訂，寫成一本題為《唐人七絕詩淺釋》的
小書，以供一般讀者參考。」1982 年春，我在盤錦新華書店購得此書，樂不可
言。我在扉頁上寫了這麼幾句話：「此係沈祖棻先生原為我們講授「唐人七絕
研究」的講義，較原稿充實、豐富多了。沈先生治學嚴謹，為江南女才人之冠，
我為能親聆她的傳授而驕傲。」那時，我總是坐在第一排聽她的課。她課講得
細膩淒婉，情長意遠，能把你帶到詞的境界。程先生和沈先生真是絕代鴛鴦，
才人伉儷。誰料棒打鴛鴦！一個被打成「右派」，一個遭車禍身亡，真是天也
不公，地也不平。我離開資料室時，程先生注目以禮，笑容可掬。我走到僻靜
處，暗地拭淚。中文系堂堂名教授，非罪獲譴至此，侮人已極 1 可是不到十
天，禍兮降臨，3 月 19 日我也被揪出來，宣布為漏網「右派」。我和程先生雖
然都是勞動大隊（在冊的「右派」有四百多人）的囚徒，但彼此相識不敢識，
無聲語言勝有聲。不久程先生被刺配到湖北沙洋農場勞改，1959 年我也被發
配到東北邊陲。天南地北，再也不知道程先生的境況。

上海照相

　　韶光易逝，斗轉星移，不覺 30 年已過去。我從許多已改正的「右派」學
長中獲悉程先生退休後被南京大學匡亞明校長聘請到南大中文系當教授，總
想有機會去看看他。1988 年國慶後我到南京大學出版社聯繫工作，打聽到程
先生來南大已有 10 年，是中文系的頂級教授，南京大學學術委員會主任，社

會兼職也不少：國家古籍整理出版規劃小組顧問、江蘇省政協委員、省文史館長、市文聯主席、中國唐代文學學會會長等。他潛心教學與學術，培養了中國第一個文學博士莫礪鋒，繼而又培養了張伯偉等眾多文學博士，使南京大學文史學科在全國高校中聲名大震。第二天我就找到了南秀村程先生的寓所。程先生有驚人的記憶力，打開門，凝視一會，走近前，右手握著我的手，左手拍著我的肩膀，親呢地微笑著說：「你叫文……文自成！」頓時，我感到一股暖流在我心中滾動。我真的又一次見到了我心中的偶像和楷模。程先生神采奕奕，鶴髮童顏，精神矍鑠。他挪動籐椅，面對我坐。我向程先生簡要彙報了我這三十年的歷程，現在籌建出版社還兼點課。程先生頻頻點頭，他欣然地笑著說：「大連好啊，氣候環境都不錯，我們破帽遮顏的日子過去了，春天不是來了嘛，你把出版社建起來就更好了。」我和程先生談了很久，幾乎敞開了心門。1957年那場往事並不如煙，人權被個人崇拜所踐踏，傷痕難以癒合，記憶難以泯滅，章伯鈞、羅隆基、儲安平、費孝通、丁玲、艾青、馮雪峰、姚雪垠……我們如數家珍都一一談到了。我們合影後他從書架上抽出兩本書，簽上字遞給我。我雙手接過書，《古詩今選》上、下冊，這是程先生和沈先生聯袂選注的大著，由上海古籍出版社 1983 年出版，扉頁上手書「自成賢弟正之，千帆」。接著他又從案臺上取出一份由程先生的繼室陶芸先生謄清、程先生校訂落款的《兩宋文學史後記》交給我，讓我酌處。由於一直沒有見到書問世，學報難以先用，此事就拖了下來。《後記》的開頭直述：

> 1956 年，我在武漢大學講授中國文學史，當時還只四十多歲，不自量力，想依據自己的傳習記錄，寫成一部較大的書。從速年秋天開始，到次年春天，寫成了宋元部分，約四十萬字。不久，世所周知的「擴大化」運動來了，我也就按照當時許多知識分子被規定應當擔承的命運，放下了筆桿子，拿起了牛鞭子和糞耙子。過了不到十年，又迎來了「史無前例」的十年浩劫。好不容易盼到了「烏頭白，馬生角」，摘帽之後，又立即奉命「自願退休，安度幸福的晚年」。在那十九年難忘的歲月中，這部未完成的文學史稿雖說僥倖地保存了下來，但自己從來沒有幻想過它有朝一日能見天日……

> 就我個人來說，一部一九五七年春天就寫成了初稿的書，一直要等到一九八八年，還是在一位朋友（南大吳新雷教授）的大力協

同之下，才能完成，歷程長達三十一年之久，這是不幸呢，還是幸
福？親愛的讀者們，請代我回答這個使我不無迷惘的問題吧。正是：
韶華到眼輕消遣，過後思量總可憐。

程千帆
1988 年 9 月於南京大學，時年 75 歲

　　程先生這本《兩宋文學史》書稿到底面世沒有？多年來我也迷惘。我曾到
學校圖書館和中文系資料室查找過，都因經費不足不進書，找不到。前兩天我
寫這篇緬懷文章時，才從中文系王立教授那裡借到。原來這本大著 1991 年上
海古籍出版社就出版問世了。《後記》全文一字未改。我手捧這本歷程達 31 年
之久的大著，15 年前上海古籍出版社就讓它見了天日，選為全國高校文科教
材，印數達 20 萬冊，完滿地回答了程先生「不無迷惘」的問題。我深深地感
激上海古籍出版社的同志們，他們做了一件惠及後世的工作。恩師程先生在世
的日子裏終於見到了他心血凝成印製精良印數巨大的《兩宋文學史》，這對程
先生的學術生命是一個多麼巨大的評價！

　　沒有想到 1988 年程先生交給我的《兩宋文學史後記》竟是我同恩師最後
一次面晤，真乃「後記」難忘！

　　15 年來，我不敢冒昧去打擾先生彌足珍貴的教學時間和潛心學術的寧靜
心境，但還是少有書信往來。1988 年我和摯友范文質兄共同研究分章撰寫研
究杜甫的第一部學術專著，初定書名為《杜甫創作蹤評》，第二部書也已釀成，
並已著手撰寫，與出版社已簽合同，爭取連年出版，寄信報告給程先生並請題
寫書名。不日我即收到程先生的手諭：

　　　　自成老弟：

　　　　　來函及所附目錄和照片均收悉，兩部書一兩年內均可出版，在
　　　目前確實大不易，聞之極為欣慰，本當代為題簽，只是今年七月下
　　　旬以來，連發心臟病多次，一直在家休息，不敢外出。本月中旬國
　　　家社科七五規劃審查會議在京召開，不能不去，因工作太緊張，宿
　　　疾又發，在醫院治療後勉強乘飛機回寧，醫囑需多休息，不能工作，
　　　只好臥床不動，所以老弟所囑亦不能應命，深為抱歉。我對大作《杜
　　　甫創作蹤評》這一題目有一點看法，「蹤」為名詞，「評」為動詞，
　　　似不宜合成一個詞，而且不易使讀者理解，是否可改為《詩聖的遊
　　　蹤與創作》或《杜甫的生活與創作歷程》，請酌。《兩宋文學史》每

章均有四五萬字，不好單發，請轉告學報負責同志。看到你全家照
片，極為高興，孩子們都成長起來了，陳、曾（我上一後的兩位學
長：陳正凱、曾世竹）二位同學我都還記得，通信時請代我致候。
順祝

全家安好！

千帆 9 月 21 日

臥床不便書寫，由老伴代筆，請原諒。

1990 年我將程先生定名的《詩聖的遊蹤與創作》及其姊妹篇《詩聖的寫
作藝術》寄去請恩師曬正，他用毛筆手諭：

自成同志：

承寄新著，且感且慰。今日出版匪易，而能成此姊妹篇，尤令
人喜也。帆年前與兩學生（指莫礪鋒與張宏生）編杜詩論文集《被
開拓的詩世界》，大約秋冬之際可問世，亦足與足下為桴鼓之應，容
當寄上。南天今年酷熱，亦頗影響健康，幸近正轉涼乾。復謝，即
頌安吉

千帆 91 年 8 月 19 日

1991 年，我收到程先生寄給我的兩本書和一紙條幅。兩本書，一本是 1990
年 10 月上海古籍出版社出版的《被開拓的詩世界》，署名程千帆、莫礪鋒、張
宏生著，扉頁書名，程先生親筆題寫，襯頁程先生親書「自成同志正之　千帆
九一年六月」；另一本是程千帆選編《沈祖棻創作選集》，人民文學出版社 1985
年 6 月出版，附錄閒堂（程先生筆名）撰寫的沈祖棻小傳和沈先生著作目錄，
扉頁上手書「自成賢弟存念　千帆　戊辰正月」。1992 年 12 月，我又欣喜地
接到程先生的大劄，隨信贈一條幅，信上說：

自成同志：

大著及函並悉，謝謝。去日苦多，然亡羊補牢，即未為晚。大
著足見勤奮，見其一端也。久不寫字，以前數月所寫一紙奉上。專
復，即頌教安！

程千帆 12 月 5 日

條幅彌足珍貴，上書：

南去炎洲火作山　北來河朔雪盈鞍
炎山雪海尋常事　未覺人間萬事難
　　　自成老弟屬書戊辰春千帆錄清人句

　　程先生借清人詩句鼓勵我，肯定我，鞭策我。程先生是專攻唐宋文學的，他一手瀟灑俊逸的行書有宋代翰墨之遺風，通篇平和自然，含蓄蘊藉，字距分布疏密得當，錯落有致，無所顧忌地揮灑抒發自己的個性、情感。我把這幅墨寶裱好。用玻璃鏡框鑲嵌，高懸在我書案的正面，抬頭見物恩人，催我奮進。

　　程先生是中國當代最著名的古代文史學家、教育家。1913 年 9 月 21 日生於湖南長沙，1936 年畢業於金陵大學中文系。1957 年在武漢大學他被劃為「右派」，被嚴譴 18 年，漫長嚴冬，踽踽而行。他以文王拘而演《周易》，仲尼厄而作《春秋》，屈原放逐乃賦《離騷》，司馬腐刑終成《史記》的憤發精神，敬業教學，潛心著述。在被譴之前，他已經出版過《目錄學叢考》、《文論要詮》、《文學批評的任務》、《古典詩歌論叢》（與沈祖棻先生合作）等著作。1957 年被劃為「右派」以後，他不得不放下了筆桿子，拿起了牛鞭子和糞耙子，以每月 49 元的待遇成為街道居民，住在小漁村的一間漆黑的小破屋裏，門庭冷落，無人間津。就在這前後，老伴沈祖棻教授從上海探親回來遭遇車禍，不幸逝世。這位品學兼優在武漢大學工作了 20 餘年的全國著名教授、當代難得的女才人，僅僅因為她是摘帽「右派」的妻子，學校既不過問喪事，也不開追悼會，令全國學術界、文學界、教育界譁然！就在這時，南京大學匡亞明校長立即作出決定，特聘金陵大學老校友、65 歲的街道居民程千帆到南京大學中文系當教授。就這樣，程先生重新上講臺，對著滿堂渴求知識探索人生的青年們，無拘束地講自己心裏的話：學術的、文藝的、倫理道德的、政治的。教學工作以外，他還整理了大部分舊作；寫了一些新書，共約 20 部，編校的書有十餘部（詳見《程千帆選集》第 1583～1585 頁），還培養出中國第一位文學博士莫礪鋒，繼而又培養出張伯偉、程章燦、張宏生、蔣寅等文學博士，他們都已在學術界嶄露頭角，鼎立門戶。

　　程先生在晚年歲月深有感慨地說：「如果沒有匡老的提攜和領導，這一切都是不可能的。」「在匡老逝世的前兩天，我去探望，曾對匡師母說：是匡老給了我二十年的學術生命，我終生感激他老人家。這是藏在我心裏多年的一句話。」（摘自程先生《匡老！是您給了我二十年的學術生命》）

　　程先生最後借陳後山挽司馬光（當為南豐先生曾鞏——編者注）的詩句以
挽匡老：

　　　　丘原無起日

　　　　江漢有東流

　　恩師程千帆教授永垂不朽！

2000 年 9 月於大連

《武大校友通訊》2006（1）

劉永濟與程千帆的交誼

鞏本棟

　　劉永濟先生與程千帆先生是世交。劉先生早年在長沙的時候，曾經向程先生的叔祖程頌萬問學，而程先生自幼隨程頌萬長子程君碩先生讀書。劉先生是千帆先生的長輩，劉先生發表在《學衡》雜誌和武漢大學《文哲季刊》上的許多文章，程先生原就讀過，十分佩服。1940 年初，程先生因躲避戰亂輾轉入川，剛到樂山中央技藝專科學校任教不久，便去拜訪當時亦隨武漢大學內遷樂山的劉先生，並把自己和沈祖棻先生的一些作品呈請劉先生指教。劉先生很欣賞程、沈二先生的才華和作品，次年，劉先生便推薦程先生到武大中文系任教。

　　程先生對劉先生的為人極為推崇。他認為劉先生一生的為人治學始終貫穿著一根紅線，那就是對祖國學術文化的熱愛、對人民的責任感和對真理的不倦追求。劉先生的著作，沒有一部不是精心草創而又反覆修改的。蠅頭細字，在稿本的天地頭上都批得滿滿的，加以謄清，然後再改，為的就是求真。劉先生曾舉《寓簡》所載歐陽修故事為例。歐陽修晚年改定自己的文章，用思甚苦，不是為了怕先生生氣，而是怕後生嘲笑。劉先生將此告訴程先生，並且說：「嘲笑還不要緊，但誤人子弟，問題就大了。」

　　劉先生治學的勤奮，也使程先生特別感動。程先生後來回憶說，1941 年秋，他與劉先生在樂山嘉樂門外的一個小山丘上結鄰。錢歌川教授與程先生住在山頂，劉先生住在山腰，相距不過百米，有一條石級相通。小路兩旁，栽滿竹子。晨光熹微，竹露滴在石級上，淙淙作響，而劉先生的讀書聲則從霧氣露聲中斷續飄來，每天如是。到了晚年，劉先生更是愛惜光陰，天還沒亮就起床工作，午餐後，休息一下，又工做到深夜。他說：「我是把一天當作兩天過，但還恐怕所為不及其所欲為。」這極大地激勵了當時還很年輕的程先生。

　　劉先生治學的一個突出特點是由博返約。在 40 餘年的教學生涯中，劉先生經常開設的課程是屈賦、《文心雕龍》和詞，學林便很自然地推崇他在這些領域中的成就。但在程先生與之交往的 20 多年中，程先生發現，劉先生治學之廣，讀書之多，是很驚人的。劉先生在群經、諸子、小學方面，在目錄、校勘、版本方面，在地理沿革、名物制度等方面，修養都很深厚。所以，他研治古典文學，就能左右逢源，多所創獲。從有關屈賦的著作中，我們可以看出劉先生對古文字學和古史的造詣；而從其有關《文心雕龍》的著作中，又可以看出劉先生對玄學特別是對《莊子》的造詣。但他除了偶而談論有關的學術問題外，幾乎完全沒有發表過文學以外的文章。程先生曾問劉先生說：「您論《莊子》如此之精，卻不肯著書傳世，難道是『善《易》者不言《易》』嗎？」劉先生只是微笑，沒有回答。劉先生的著述，篇幅都不大，要言不煩，取其足以達意而已，顯然屬於「簡約得其英華」的南派，而不是「深蕪窮其枝葉」的北派。黃庭堅評陳師道讀書，「如禹之治水，知天下之絡脈，有開有塞，而至於九川滌源，四海會同者也」（《答王子飛書》）。劉先生治學由博返約，不廢考據，但主要是著眼於「辨章學術，考鏡源流」，也正是如此。程先生自 20 世紀 40 年代初與劉先生相識，學術交往很多。劉先生的許多著作和詞作的手稿，程先生都讀過。有時候程先生也會對這些手稿提出自己的意見，劉先生無不樂於接受。程先生曾珍藏有近百幅劉先生的詞稿，都是精楷，可惜都毀於「文革」中了。劉先生曾贈給程先生一副齋聯，上聯是：「讀常見書，做本分事。」下聯是：「吃有菜飯，著可補衣。」這副對聯也足可見出劉先生為人治學的態度。

　　程先生曾多次談到，他師從劉先生 20 多年，得其教益最深。確實，劉先生對程先生的影響是多方面的。這首先表現在為人治學的精神上。劉先生一生熱愛祖國優秀的傳統思想文化，並為其傳承開新傾盡心力，程先生亦然。早在 20 世紀 40 年代，吳宓先生就稱程先生「有行道救世、保存國粹之志」（《吳宓日記》1946 年 3 月 8 日記）。而這正是程、劉二先生交往最頻繁的時期。程先生晚年回顧自己一生歷經磨難卻始終不甘沉淪的原因時，也說道：「這個原因，就是對傳統文化，特別是儒家文化，有深厚的感情。我總感覺到中華民族無權沉淪下去。」（《桑榆憶往》第 4 頁）以中國優秀的傳統思想文化的傳承為己任，支撐起了程先生的整個人生和學術。

　　劉先生在學術上屬於學衡派，主張不激不隨，兼取中西文化的精華而加以融會貫通。他早年從事文學理論研究，在《學衡》雜誌上發表的《文鑒篇》，

對文藝鑒賞有極精微的剖析。他的《文學論》，是在明德中學講文學概論的講義，貫通中西，要言不煩，是中國第一部現代形態的文學理論著作，曾由商務印書館多次印行。他的《文心雕龍校釋》一書，能得劉勰原意，堪為繼黃季剛先生《文心雕龍劄記》後的又一力作。劉先生談到自己的這本書，曾說：「季剛的《劄記》，《章句篇》寫得最詳；我的《校釋》，《論說篇》寫得最詳。」（程千帆《劉永濟先生傳略》）以精於小學推黃季剛先生，以長於持論自許，亦是平情之論。其書有兩種附錄，《〈文心雕龍〉徵引文錄》和《〈文心雕龍〉參考文錄》，所錄作品，極為詳備。程先生初到武大，給中文系的學生教大一國文，編為講義，分總論、駢文、散文三部分，總論選了十篇文章，包括章太炎《國故論衡‧文學總略》、章學誠《文史通義‧詩教》、劉師培《南北文學不同論》等，實際也是以現代學術的眼光來處理中國古代文論的材料，是一種總結和建構中國文學理論體系的可貴嘗試，其研究思路和方法，正與劉先生同。程先生這一時期還明確提出了將考據與批評相結合的看法。

　　至於在教學方面，程先生受劉先生的影響就更明顯了。程先生到武大任教時僅 28 歲，劉先生怕千帆先生不能勝任，就在其講課的教室隔壁悄悄地旁聽了一個星期，才算放了心。程先生後來回憶起此事，深情地說道：「幾十年來，每當想起先生對於後輩是如此提攜、愛護，就深深地為自己學業無成，辜負了先生的關懷而感到悔恨；同時，對待自己的學生，也總想以先生為榜樣去做，雖然還差得遠。」（《劉永濟先生傳略》）程先生晚年來南大後，之所以能發憤著書，傳授生徒，取得成就，個中的原因，我們也許能從上述的話語中探知消息。

《光明日報》2018 年 06 月 09 日 11 版

劉綬松先生

師德難忘——憶劉綏松先生

韋其麟

　　我 1953 年秋進武漢大學中文系學習，一年級有「中國文學史」（講授五四以來的文學）的課程，是劉綏松先生講的課。劉先生講課生動又總帶著感情，而講的作家也大多是自己知道的名字，該課是我喜歡的一門功課。記得講到艾青時，劉先生說：「我先給大家朗誦一遍《大堰河》。」於是走下講臺，在教室漫步來回，朗誦起來，聲情並茂，令我感動，至今不忘。我覺得這是我一生聽到的最為感人的朗誦了，如今在電視上聽到那些明星、演員的詩歌朗誦，總感到沒有那樣動人。我想，也許是老師在教室的朗誦完全是詩歌對他的感動樸素而自然的流露，毫無表演的因素吧。

　　「中國文學史」，期終考試是口試（老師出許多份試題，每份兩題，學生按先後次序抽取自己的試題，在教室外準備半小時，然後進教室回答問題）。我抽到的試題有一題問某作家一個名篇的內容和主題，我根本沒有讀過這篇

作品，無法作答，如實說了。劉先生問我：「你複習講義了嗎？講義是講到了的。」「沒有複習。」我只好老實承認自己的偷懶，以為聽過課總可以應付考試的，並準備受老師批評。劉先生沒有批評我，只是說：「你今天的考試是不及格的，這樣吧，你回去複習一下講義，明天最後一個再來考。」第二天抽的試題我回答的還好，也沒有什麼差錯。劉先生說：「按今天的情況，考得不錯，可這是第二次考了，只能給你及格。」他還語重心長地囑咐我要認真對待功課。對這次考試以及劉先生的寬容與勉勵，至今未忘。

一次，家裏碰到難以跨越的困難，寫信要我無論如何速寄回 10 元左右的錢。當時靠助學金生活，我每月只領取一元錢的零用費，向同學告借無門，心裏十分焦急。不知為什麼，也許是那次考試深感劉先生的仁厚吧，我冒昧地來到十八棟劉先生的家裏。他正在伏案寫作，抬頭見我問有什麼事，我如實相告。他未說什麼，起身走進內室，拿著 15 元錢遞給我說：「目前手頭不是很寬裕，就給你這一點點吧。」我接過錢，道了謝，為了不打擾先生的寫作，就告辭了。一路上，我多麼感激，我和劉先生並沒有什麼特別親密的關係，那時我給他的印象，大概也就是那次期終口試不及格而補考，一個不複習功課不用功的學生吧。先生對我困難時的幫助，是無法忘記的。

1955 年春天，中國作協武漢分會（會員包括當時中南區河南、江西、湖北、湖南、廣東、廣西的作家）召開作家會議，討論創作問題。《長江文藝》編輯部也邀請一些通訊員列席，我也是列席的通訊員之一。兩三天的小組討論，我剛好在劉先生的那個組，總坐在劉先生身後的一排。自己作為一個學習寫作的青年，只是傾聽作家們的討論，始終不敢發言。劉先生幾次轉過身來低聲對我說：「你也說說吧。」休息時也鼓勵我：「有什麼意見、感想，大膽講。」使我深深感到他對我這個學生的關愛。那時，我利用寒假寫的一首長詩，《長江文藝》編輯部已提出修改意見，我正在修改中。散會時，編輯部的同志對我說：「稿子修改後，先交給劉先生看看。我們已同劉先生說過了，他很高興，答應了。」回校後，我把修改了的稿子送給劉先生，他很快就看完了。我到他家去拿稿子時，他說：「有些筆誤和錯字我都改正了，寫得不錯，題目也好。」表示沒有什麼意見，讓我寄出。他還對我今後的學習和寫作，說了不少熱情勉勵的話。這首習作就是 1955 年 6 月號《長江文藝》發表的長詩《百鳥衣》。此後，劉先生對我的創作一直很關心，在校園路上相遇，向他問好致敬時，他總會停下說幾句，問最近又寫了些什麼。有時我說忙於功課。很少寫。他說：「時

間少，你可以寫些短詩，要多練習。」當年大學中文系的培養目標是師資和研究人才，並不提倡學生搞文學創作。劉先生對我的創作的關懷和鼓勵，也是難忘的。

1957 年畢業前夕，在「反右」運動中我受到批判，開除團籍，不便向劉先生告別一聲就離開武大了。之後，見過劉先生一次，那是 1960 年夏，全國第三屆文代會，劉先生是湖北的代表，廣西也把我列為代表之一。湖北、廣西等省區代表團同住西苑飯店。我知道劉先生也住在飯店的另一座樓，很想去拜訪他和其他關懷過我的師長。但 1957 年那場風暴給我的負擔太過沉重，總感負疚，愧對師長，未敢前去。會議期間，在一次參觀展覽時，突然聽見有人叫我，一看，原來是站在不遠處的劉先生。我連忙上前問好，不好意思地說出了當時的心態。他慈祥地說：「過去的就過去了，不要這樣。」還邀我到他那兒去坐坐。由於自己當時的那種心態，揮之不去，終未去成，沒想到這是和劉先生的最後一次見面。「文革」後，聽到有關劉先生的遭遇，萬分感慨。我不知道，為什麼那些歲月對善良的知識分子，對這位受到我們同學尊敬的教授如此殘酷無情。那次未能前去拜訪他，也成了我自己一生難以原諒的缺憾。

《武大校友通訊》2007（1）

遙祭師魂——追憶導師劉綬松先生

杜一白

　　在「文革」陰雲密布的 1969 年 3 月 16 日之夜，一位年近花甲的資深教授因不堪承受無休止的摧殘與凌辱，忍心撇下一群親生骨肉，憤而與夫人同時自縊身亡。這一慘劇使許多有良知和正義感的人深為震驚和惋惜。直到許多年之後，人們每提及此事時仍嗟歎不已。

　　這兩位死者，就是我早年讀研究生時的導師、著名文學史家劉綬松先生和師母。屈指數來，他們離開我們已經整整 35 年了。其實我早就應該也確曾想過要為導師寫點紀念文字，只因一想起淒慘的結局就要引發心靈上劇烈的創痛，所以每次提起筆來都思緒紛亂而未能終篇，近年來陸續寫了一些有關親情、友情、師生情等方面的散文隨筆，朋友看了都問：「怎麼惟獨不見寫你自己師的文章呢？」看來這件工作已不容再拖延了。吾師固然多矣，而要寫的話自當首推尊敬的劉先生。

　　我於 1955 年畢業於武漢大學，旋即師從劉先生攻讀中國現代文學史專業碩士。那一年是新中國成立後武大首次招收研究生。面對來自北京、上海和本地的幾名「高層次」弟子，先生格外興並倍加關愛。為了從多方面瞭解自己的教學對象，先生索要了每個人以前所寫的已刊或未刊的各類文稿。在我上交的習作中，有一本是幾年來信筆塗鴉的詩稿。因為那時我正沉迷於新詩創作，評論寫得倒不多。先生認真地看過之後鼓勵我說：「是詩。我看你頗有些詩人氣質……」我說：「我寡言語，少交遊，性格內向，有時有些抑鬱。」先生立即懇切指出：「沉默寡言無礙，抑鬱卻要不得，於學習、工作和健康都有害無益的。」關愛之情溢於言表，使我深受感動。1956 年，先生的力作——洋洋 60 萬言共上、下兩冊的《中國新文學史初稿》由作家出版社正式出版，立即引起

熱烈反響並被許多高校採用作教材。先生除簽贈我們幾名研究生每一部，還特別由師母親自掌勺，設家宴招待我們以示慶賀。其融融之情和拳拳之愛，使人心潮激蕩，至今難忘。學界不久即將《中國新文學史初稿》與王瑤先生的《中國新文學史稿》譽為現代文學史著中的「雙璧」。我們以之告先生，他卻謙虛地表示：「不敢當，不敢當。王著是開山之作，我只是後來者。」其實兩位先生乃是 1938 年同時畢業於西南聯大的同班老同學，卻絕無文人相輕、同行相忌的舊習，而是相親相敬若是，實足令人仰重和深受教益。

1956 年教育部首次抓全國高校文科教材的統編工作，為此從久各地抽調了一批有造詣的著名專家學者雲集北京。劉綬松先生也在被抽調之列。為使工作、教學兩不誤，同年秋，他率領我們 4 名研究生、1 名助教和 1 名進修生同赴首都，寄寓於當時的中國科學院文學研究所。秋高氣爽的 9 月是北京最好的季節，文學所，給我們安排了很好的學習、工作、生活條件，因此大家的心情都格外興奮。先生的工作熱情也空前高漲，短期內寫了多篇學術論文，除現代文學專業方面的以外，還有有關古代文論方面的論，特別是寫了《文心雕龍》的研究文章在《文學評論》等刊物發表，反映出他學術視野的開闊陽學識的廣博，同時也是在昭示我們：搞學問不宜單打一，知識面不能過；只有博採眾長融會貫通，才能促進自己所學的專業向精深發展。——身教重於言教，先生的身體力行使我們深受啟悟。他當時還詩興大發，給《詩刊》投稿，吟唱首都那「藍天上翻飛的鴿群」，表現出他興致的廣泛和心情的歡暢。工作之餘他有時也隨我們一道到東安市場和隆福寺的舊書攤去淘書，並做東請我們吃北京名吃涮羊肉、山東名吃三不黏和屬地未詳的名吃乾煸鱔魚絲等，說這也是為了彌補一下常年吃食堂的不足，表現出他對我們的慷慨和親人般的關愛。前文提到的那名進修生原是一個來自瀋陽某高校的姑娘，熱情、姣好、勤奮、要強。先生多次意味深長地叮囑我「可不要與她失之交臂啊」。在他的積極撮合下，我們在「同窗共讀整三載」中由相知、相戀，而終結連理，至今已相守、相伴走過了 45 年的風雨人生路並相愛如初。先生這種古道熱腸，對我個人來說也是永遠值得感念的。

在專業學習上，劉先生強調廣搜博覽，充分佔有第一手資料，打好紮實、牢固的基礎。對於一些重要作家的作品，一定要全部閱讀，記好卡片和筆記，並定期寫出讀書報告或評論文章，然後將這些都交由他審讀並寫出書面意見和進行口頭講評。他不僅具體指出讀書筆記或論文本身的優缺點，還進一步上

升到理論層次從宏觀上指點我們如何掌握科學的治學方法。這種靈動的教學方式有助於提高我們運用知識獨立操作的能力，而不是止於單純儲藏和背誦一大堆典故、教條，成為魯迅所不屑的「書櫥」。先生還重視引導我們密切關注當前學術動向並增強參與意識，而避免成為只知閉門讀書的書蟲。當時有一位知名度頗高的學者，在其有關魯迅思想研究的論著中存在嚴重的抄襲、剽竊現象，觀點不當之處也頗多，已引起有識之士的訾議。先生鼓勵我們也解除顧慮大膽向權威挑戰，撰文進行揭露和駁詰。論文由我們幾個人集體醞釀、討論後輪流執筆，寫了一稿又一稿，大家都深感在實戰中切實提高了思辨能力和寫作水平，同時也在無形中很自然地樹立了一種與某學者相悖的嚴謹、踏實的優良學風。這些都是在單純的課堂教學中不易得到的。

1958 年我們幾個研究生畢業以後便各奔東西，也從此與導師天各一方，失去了經常性的聯繫，但仍然能不時拜讀到他的新作，也偶有魚雁往返。先生熱誠、正直的人品，孜孜不倦的治學精神和誨人不倦的良師風範，一直潛移默化地深深影響著我們。

但是，在往後「左」風日盛的歲月裏，聽說他的日子並不好過。待到「文革」飆風驟起，自然更是在劫難逃了。但是我做夢也未曾料到的是，其最後結局竟然是那麼慘烈。先生本是個從不知憂愁為何物的樂天派，畢生追求光明和進步，在 1956 年即已光榮入黨。可以想見，若不是遭到了實在難以忍受的非人待遇，他是決不會出此下策的 4 自然，今天看來，這並不只是先生個人的不幸，而是一個時代的悲劇。記得 5 年前某家很有名氣的刊物上，曾刊載過該刊主編編錄的一份《「文革」期間名人自殺檔案》，包括劉綬松先生在內，名單上竟近 80 人之多，而且還只是一個不完備的統計。這個材料曾被多家報刊摘要轉錄，讀後實在令人觸目驚心，悲痛難抑。這些祖國各界名副其實的精英們理應受到格外的尊重和珍惜，卻反倒在一場人為的浩劫中一個個被迫含冤自裁，死於非命，這實在是我們民族的悲哀和羞辱。

所幸這場噩夢早已結束。可以告慰先師的是：否極泰來，今天我們正躬逢盛世，迎來了一個歷史上最穩定、寬鬆的社會環境和廣大知識分子真正可以大顯身手大有作為的時代，您的沉冤早已昭雪從而還了清白之身；您的心血之作《中國新文學史初稿》已由幾名及門弟子重新修訂再版，幾種文論已彙編成《劉綬松文藝論集》面世；您的哲嗣家庭幸福事業有成；您的眾弟子也平安順遂各有造就。這裡，愚生我謹掬一瓣心香，遙祭您的在天之靈 6 這是一份雖然遲來

卻是虔誠的祭奠。衷心祝禱您善良、剛直的英靈永遠安息，世代垂香。當您從天國俯瞰當今煥然一新的華夏大地，先生，我相信您一定會含笑而無憾的。

《武大校友通訊》2005（1）

周大璞先生

冷門雜憶(節選)

蕭萐父

　　大一的文科生，還必修「國文」課，由周大璞先生主講一些範文，間兩三週一次課堂習作交周先生評改。有一次，周先生命題作文，題為《春遊》，一大張試卷我只寫了三行約五十字（臨時就題意填了一首《浣溪沙》詞），竟得了高分和讚揚。此事多年難忘，故 1993 年悲悼周先生時，我又作了首《浣溪沙》：

　　　　沫水蒼茫畫夢癡，月塘課業譜新詞，先生眉笑許心如。

　　　　彤管殷殷傳樸學，幽蘭默默塑人師，淒其暮雨不勝悲。

　　「月塘課業」，即憶及 50 年前舊事。

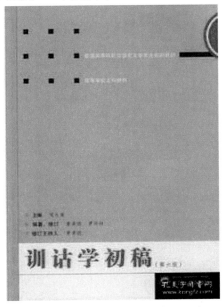

周大璞先生主編全國高校文科教材《訓詁學初稿》書影

懷念周大璞先生

蘇者聰

　　周先生是全國著名的語言學家、訓詁學家。他的著作頗豐，有《語言學概論》、《現代漢語》、《漢語語法史要略》、《訓詁學要略》等，還主編了《訓詁學初稿》、《古代漢語教學辭典》。我校中文系有「五老」、「八中」之稱謂，先生是「八中」中名師之一。20世紀50年代初期，他為我們年級開設過「諉吉學概論」、「毛澤東詩詞研究」等課程。先生做人做學問都非常嚴謹，備課很認真，一絲不苟。記得他講毛澤東詞《沁園春·雪》，當講到「望長內外，惟餘莽莽；大河上下，頓失滔滔……」時，突然停下來說：「大家要注意這個『望』字，它統領著『長城內外』數句，直『欲與天公試比高』，這個字也可說是貫穿在開篇。」先生分析得很細膩、獨到，雖50餘年過去了，卻還給我留下深刻、鮮活的印象。

　　先生為人非常正直，敢於堅持原則，敢於批評。他從20世紀50年代中期擔任中文系系主任工作，直到20世紀80年代初期，斷斷續續，做了幾十年，他是做中文系領導工作最長的一個，對系裏的貢獻最大、付出的心血也最多。先生工作勤勤懇懇，兢兢業業，他每天上班很早，一到辦公室，就把桌子擦得乾乾淨淨，工作有條不紊。1957年黨號召「大鳴大放」，幫助黨整風，他正持中文系的會議，當時意見來得很猛，其中有許多過激言論與不實之詞，似乎共產黨與黨員都一無是處。黨員因為處境不好，多默不作聲；而周先生常挺身而出，澄清事實，說明真相，替黨員解圍。有人慷慨激昂提出要立即撤銷我校某領導的職務，說他破壞民主，破壞運動，發動大家在大字報上簽名。先生立即說：「這是不是事實？需要調查瞭解。」先生是民主黨派人士，出來說話比共產黨員說話公正而有說服力，常常為緩解黨群矛盾，起著良好的作用。他是

共產黨的真正朋友，確實做到了「肝膽相照，榮辱與共」。

後來，系裏有一次討論提職稱的事，有位青年教師前一年剛升了副教授，翌年又提出申報教授，當時會場寂靜無聲，大家心裏都不同意，但怕得罪人，無人發言。此時，周先生出來說話了，他說，沒有新的科研成果，既無專著，又無論文，是不夠條件的，升了，易助長青年人的驕傲情緒。周先生的發言說出了大家的心裏話，他敢於堅持原則，受到與會者的讚賞。

這裡，我還要提起一件私事。1956 年 7 月在我畢業分配前夕，也正是「大鳴大放」前夕，暴風雨似要來臨，黨員被攻擊為「黨棍子」、「靠政治吃飯」，因此學生黨員在分配問題上受阻，我班許多非黨員同學已知自己工作去向，而我卻毫無消息，問及幾位黨總支幹部，都說不知道，說黨政工作有明確分工，黨不干涉行政事務，此事只有系主任才知道。於是我到周先生家找他，周先生熱情接待了我，他說，明天就要公布分配方案，現在告訴你也沒有關係，我們幾個系主任全面考察了你，認為你思想進步，學習成績好，考試科目 95% 是優秀的，身體也康復了，決定把你留校。先生給了我這個黨員一個公正的評價，一個公平的待遇，一個良好的學習環境，武大有那麼多學識淵博的好老師，有那麼多豐富的圖書資料，我能留校自是十分高興。我暗下決心，要珍惜光陰，努力工作、學習，報答先生，報答母校，報效祖國。50 年過去了，我也退休了，每憶及此事，對先生欽敬之情油然而生，我欽敬他在風起雲湧時代的膽量與正直。

先生把一生奉獻給了教育事業，嘔心瀝血培養了一批又一批：碩士生，本科生，有的已成為知名教授、博士生導師，有的已成為部長。他還指導學生發表了許多文章。記得 1973 年開門辦學，我和先生編在一個小組，帶領 1972 級部分學生到碼頭實習，他分在漢陽門，我分在白沙洲。當時條件比較艱苦，他常和學生一道深入碼頭，深入基層搞調查研究，指導學生寫碼頭工人的故事。他首先推出秦志希同學（秦現為我校新聞傳播學院教授）寫的優秀作品《腳印》，經他指導、修改，發表在《碼頭風雲》一書裏。

先生對學生的生活也非常關心，當時我們小組有個同學家在農村，父親生病，又要蓋房子，經濟比較困難，想向老師借錢，周先生毫不猶豫，慷慨解囊，借給她 200 元。這在當時是一筆不的數目，因為我們青年教師每月工資只有五六十元，200 元相當於我們一人三個半月的工資。先生關愛學生，樂於助人，使我們很感動。事隔多年，那位學生提及此事，對先生仍充滿感激之情。

先生孜孜不倦地做學問，一直到老。武漢盛夏酷熱，高溫 40 多度，那時沒有空調，他住在北三區一棟三層樓房的頂層，悶熱耐。記得 1988 年他過 80 歲生日，我們幾個學生去看望他，他正打著赤膊，伏案寫作。先生生活很儉樸，房間沒有什麼豪華的家具，只有四壁圖書，一張書桌，一把籐椅，一張窄小的單人床。先生也沒有什麼嗜好，不喝酒，不抽煙，惟一愛好是星期六到小操場看露天電影。師母是一位老實厚道的河南農村婦女，沒有文化，小腳，先生和師母一道看電影，總是替師母拿板凳。先生是著名的語言學家，在學術界頗有影響，可他對老伴卻如此敬重，這在我們師生中傳為佳話。

先生無論是道德還是文章都堪稱是我們的楷模，可是他在「文化大革命」中也未能幸免浩劫。「文革」一開始，他就被打成「反動學術權威」，關牛棚、挨批鬥、勞動改造，在烈日暴曬下赤腳勞動（強迫脫去鞋襪），栽秧割穀；在寒風凜冽中種地澆水。後來，工作組又把我們遣送到鄉下勞動，我與先生分在一個村子裏。燒窯挑磚的活是很艱苦的，窯越來越高，跳板也越來越高，看著先生佝僂的背影，挑著沉甸甸的磚頭，走在那窄而軟的跳板上的趑趄情景，我真為先生捏一把汗。

運動進行半年後，開始批判資產階級反動路線。小將認為我們這批被關押勞改的教師並不是「黑幫」、「反動學術權威」，有意要把我們「解放」出來。於是，某天夜晚他們召集我們在學校工農樓學生宿舍開了一個會，按照座位的順序一個個問話，第一個的就是周先生，「你是反動學術權威嗎？」回答：「是。」「是，你就留下來吧！」第二個問中文系總書記宋長德，「你是黑幫嗎？」回答：「不是。」「不是，你就走。」按序將十五六個人問完，都回答「不是」，先後全部走完，只剩下周先生一個人孤零零地坐在那裡。小將又接著對他說：「你承認是反動學術權威，明天就去遊街。你到底是不是呀？」這時先生傷心流淚了。本來小將是要「解放」他，認為他是進步知識分子，解放後一直靠攏黨，要求進步，在歷次運動中挺身維護黨的利益，「反動」帽子無論如何扣不到他頭上呵！而先生竟是那樣老實巴交，儒忠憨厚。至今想來，我忍禁住為先生灑一掬辛酸之淚。

1970 年學校招收工農兵大學生，工宣隊召我回襄陽分校任教。當時先生尚未從牛棚解放出來，在襄陽蔬菜班種菜，每日用大木桶挑水澆菜，烈日下赤膊勞動，汗流浹背，脖子上搭著一條毛巾，不時擦汗。那時他已過花甲之年，承受不了這繁重的體力勞動，氣喘吁吁，但他默默無語，像老黃牛似地幹到日

落西山。他除了種菜外，還兼做我們教師班的收發工作，每日領報取信。到晚上 8 點多鐘，他已是疲憊不堪，便在男教師宿舍一張單人架子床上呼呼熟睡。在襄陽三年多就這樣消磨了一個老專家的寶貴時光與特長，但他對黨無怨悔之言。

先生逝世已經十餘年了，但他的學識文章、人格道德卻是寶的精神財富，永遠留在我們弟子心中。

2005 年教師節於珞珈山憨敢齋

《武大校友通訊》2005（2）

李格非先生

痛憶良師
——寫在李格非夫子百日忌辰之際

鄧生才

今天，是李格非夫子百日忌辰，我「腸一日而九回」，悲情難已。在南海之濱，我面向楚天，遙望黃鶴，神往珞珈，遠祈夫子永安天國。

李老夫子與我，既有師生之誼，又有忘年交緣，感情可謂敦篤。我與他最後一次見面，是1997年10月上旬，地點在今武大中南醫院他女兒李清家。當時我們久別重逢，言談甚歡。飯後，他從書櫃中取出兩方端硯及一支金筆，遞到我手中，親切地說：「生才兄，這小東西，送給您作紀念。」我一看，豈是「小東西」！一方乃趙宋觀賞名硯，另一方為清季抄手硯，均為貴重古物，深感受之有愧，但老人家託物寄情，高標遠致，婉拒不能，我還是領受了。臨別，他舉步送我出書房，叮嚀珍重，預約重逢。2002年10月初，我返回母校，參加中文系同級聚會，原預定登門還願，後查詢他已先我而往深圳暫住，計劃落空，頗失所望。但夫子賢女李清善解人意，乃代老父致謝，並表示盡快將消息傳給父親。過兩天，李清及夫君、兒子也周等奉父命借珞珈山梅園，設佳餚款我，出席作陪的有李師的扛鼎傳人宗福邦教授夫婦、陳世饒教授夫婦及《武大校友通訊》常務副主編劉以剛教授等。席間氣氛十分親熱，不見夫子，似見夫子。李清還說待父親身體好些，見面定會有期。豈料天不盡如人意，一切都成過去，只堪記憶。李老夫子逝世追悼會，我因故沒法參加，沒能與老人家遺體作最後一次訣別，遺憾終生。嗚呼哀哉！

哲人雖逝而精神永生。李老夫子遺下的鴻篇巨製和高尚德修，是不會泯滅的，其光輝必將照耀百世千秋。

　　老實說，我只能算是李夫子的一名堂外生。因為我當學生的時候，他已應聘於莫斯科大學東方語言系，作為國家委派的專家，前往授業。合約期滿，他載譽回校，而我已到校部供職，始終沒有機會在課堂上親聆李老師面授。但這並不妨礙我向夫子求知問道。我覺得他在課堂以外給予我的知識，遠比課堂為多。

　　記得，10世紀60年代初，武大校部開辦職工文史知識講座。詩詞由李老師主講，這時我有幸成為這個講座中的學員，直接聽他釋闡「詩言志，歌永言，聲依永，律和聲」這一中國最早的詩歌理論。他並據此對詩歌的內容和形態，創作方法等問題，作出深入淺出的講解和啟發，使人有撥雲見日、登高覽遠的感覺，增益良多。如今我心傾古近體詩，創作累積過一二千首，並選之以集，傳播於當世。自感取得這些成果，與當年受益於夫子的點撥，是分不開的。古人云：「一日為師，終身為父。」我受夫子的教誨，絕非一日，教澤之恩可謂如岱。他在世時，無以父道侍奉，每思其事，常戚戚不安。

　　我與夫子之間的忘年交，始於「文化大革命」武大被軍宣隊接管之初，逐漸形成於以後患難與共、同舟共濟的境遇之中。「鬥批改」進入梳理階段，當局仍視夫子為「資產階級反動學術權威」、「特嫌」，而我被暗中定為「資產階級知識分子在黨內的代理人」，雙雙被整肅，發配到「教育革命小分隊」，開赴湖北棗陽縣新市農村，進行「脫胎換骨」的改造。起先在一個大水利工地勞動，和成千上萬民工一起戰天鬥地，口喃語錄，周而復始地鋤地鏟土，並肩拉車，住的是草棚地鋪，吃的是紅薯秕糠飯，天天「勞其筋骨」、「空乏其身」。後來搬入農村，我們又同住在一個生產隊，繼續「接受貧下中農再教育」，白天幫農民幹活，夜裏「學習最高指示」，還教農民唱「革命樣板戲」。好在當地農民對我們比較友好，讓我們過了一段寬鬆的日子。但好景不長，當局認為我們「放鬆改造」，便又加大「整」我們的力度。強令我們和王文生老師三人到異地幹力所不能及的泥水木匠重活。責成我們在短期內，將三間破舊土坯房改造成教室和居室，以供行將舉辦的農民通訊員學習班使用。在冰天雪地攪泥漿，糊磚砌牆，填補壁漏，每個人的手腳都凍壞了，皮膚皸裂，直滲鮮血，苦不堪言。在那只有強權沒有真理的日子裏，知識分子是一塊任人宰割的肉。剛放下泥水活，新一輪「改造」任務又降臨在我們頭上。上面打著「發揚抗大精神」的旗號，要在「學習班」開班前，為學員「備足糧草」，要求「小分隊」全體教員到深山老林中砍柴割草。夫子年紀最大，且身體患有多種慢性疾病，也不能例

外。那些管制者，手段極其毒辣，白天不讓上山，偏偏要在冰天寒夜，「自討苦吃」，摸黑行進。山路險惡，連爬帶滾，人人傷痕累累。夫子不勝重負，摔了幾跤，雖未骨折，其痛楚卻可想而知，但他從不向別人訴苦，不屈精神，實在可貴、可敬、可佩。次日「休息」，李師和我趁機潛入附近茶館，小酌寬懷。稍酣，我向夫子袒露自己醞釀已久的欲「擇嘉樹而棲」的心跡。他「心有靈犀一點通」，立即用茶水在桌面上寫下「遠走高飛」四字。知我者惟夫子也。稍後，我運用非常規的方法進行聯繫，在有關部門和朋友的熱心幫助下，很快就辦完調去廣西玉林地區革委會工作的所有手續，於 1970 年 7 月中旬離開發配地，取道棗陽回漢，然後南歸故里。李夫子行程百里，冒著極大風險為我送別的情景，至今仍深深地鑴刻在我的心中。

　　臨別前夜，李夫子沒有表示要到縣城為我送行的意思，但次日當我在車站附近的旅店住下，他卻從天而降，突然出現在我眼前。我還未從驚愕中回過神來，他便主動向我解釋：「生才兄，我是專程來為您送行的……」我激動不已地說：「您會受懲罰啊！我連累了您……」夫子道：「捨命陪君子。我什麼都不怕……」這時彼此都十分動情，淚珠幾乎要滾出來。「悲莫悲兮生別離」。當晚夫子還陪我在旅店下榻，我們兩人在昏昏的燈光下，盡情享受肝膽古劍的樂趣。或以茶代酒，雲煙萬里；或評章弄韻，互相敲琢，體會「詩成有共賦，酒熟無孤斟」的味道，竟不知天之將白。第二天早晨，直至列車汽笛催人，我們才依依不捨地踏上各自的歸途。在舉國動亂、人人自危、世風日下的年代，像夫子這種真情送別，不能說沒有，但可以肯定少之又少。這不僅表明老夫子十分重情，而且十分重義，十分重仁。沒有高深道德素養和勇氣的人，是不可能做到的。

　　我回廣西之後，和老夫子雖天各一方，但彼此仍保持著未了之情，時以書信交流信息，時以韻律傳達心音。他嘗以「愚弟」、「愚兄」甚至「待罪之身」自稱，而對我則尊之為「仁兄」、「賢弟」、「畏友」等，我曾為此間疑於夫子，夫子曰：「不宜以常倫理解。」夫子對於我，可謂關愛備至。經常給我寄贈難覓之圖書資料，他主編之《漢語大字典》精本剛面世，便郵我饗用。他知我鍾愛收藏古物，先後數次無償地贈余古端四方（連前述二方），其中一方隨形硯，是伴隨他「五十春秋映窗梅」的心愛之物。我和夫子，老而彌親。前些年北上的機會多，我常取道停留造訪，近年北上機會少了，亦常委託武大摯友楊榮浩、劉基萬教授代我登門請安。

　　李老夫子為人清廉，一身正氣，教育子女十分嚴格。去年，我從李清給我的信件中，看到夫子一批詩聯，在示後詩中有「居勿求安食求飽，富不潤居德潤身」上佳之句，可見一斑。老夫子後人，特別珍重這批精神遺產，屬余書為條幅，陳於堂室，以為永遠警訓。

　　李老夫子，您的子女們正在按照您的遺願立身處世，安息吧！

2003 年 7 月 8 日

《武大校友通訊》2004（2）

緬懷恩師李格非

蔣方准

　　李格非先生是我國著名語言學家、教育家，武漢大學中文系教授。1956 年我考進武大中文系學習，即受業於李先生門下。他高尚的品德，淵博的知識，嚴謹的學風，謙和的態度，給我留下了永世難忘的印象，成為激勵我不斷前進的強大動力。今年 3 月 27 日，是李先生逝世兩週年忌辰，謹以此文表達學生對先生的深切緬懷。

一

　　李先生祖籍武漢市東西湖柏泉大李灣，1916 年 4 月出生於漢。祖父李俊安曾留學日本，歸國後在漢口行醫。父親李昌林亦讀書至大學畢業，但去世較早，李先生係靠祖父哺育成人。先生每向我們談及祖父教養之恩，無不感慨歔欷表現出深深的懷念之情。先生才智過人，勤奮好學，1938 年考入武漢大學中國文學系就讀，1942 年畢業，旋即進入武漢大學文科研究所攻讀研究生，1946 年春留校任教。在武大工作期間，他曾任中文系教授、副係任、代主任、武大校務委員會委員，1956 年入黨後，曾擔任校黨委委員。先生淡泊明志、誨人不倦，從教近半個世紀，成果卓著，蜚聲國內外，先後擔任過多種社會職務，如湖北省文字改革：員會副主任、湖北省語言文字工作委員會副主任、湖北省語言學會副會長、湖北省作家協會高級評審委員、中國語言學會和音學會理事、中國文字改革委員會顧問、中國訓詁學會學術委員等，曾被選為湖北省第五屆人大代表。1957～1961 年，應蘇聯莫斯科大學邀請，先生赴莫斯科大學東方語言學院講學 4 年，被聘為語言學教授。1964 年，他參加中國學術代表團訪問日本，向日本學術界講授《訓話條例舉要》等專題，受到熱烈歡迎。

1975 年起他擔任國家重點科研項目《漢語大字典》的常務副主編和《漢語大字典（簡編本）》主編，主持編纂工作十餘年，圓滿完成任務。先生 1986 年離休，經湖北省老幹部工作局和省高校工委批准，享受副校級幹部待遇。

二

李格非先生一生熱愛黨、熱愛社會主義、熱愛新中國。早在 1949 年春，武漢尚未解放，他就參加了武漢大學地下黨的外圍組織「新民主主義教育協會」，在地下黨的領導下，積極投入爭民主、反飢餓的鬥爭，執筆起草了《告全校教師宣言》，發動許多教師簽名，參與針對國民黨當局的「擴薪鬥爭」。武漢解放前夕，他不顧個人安危，參加了護校運動，使武大校產得以完整地交回到人民政府手裏。解放初，他作為青年教師代表，參加了學校的接管工作，是第一屆武漢大學校務委員，配合軍代表做了許多團結知識分子的工作，不少老教師把他當做值得依賴的貼心人。此後，他又擔任過中文系的行政領導，為中文系的建設和發展付出極大的心血。1975 年，他出任國家重點科研項目《漢語大字典》的常務副主編，協調並領導四川、湖北兩省數百名編寫人員，同心協力，繼承創新，經過十五年如一日的艱苦勞動，終於編成了我國歷史上收字最多、形音義完備的大型字書，被輿論界譽為「中國語言文字史上的里程碑」，為改變我國「大國家、小字典」的落後面貌作出了巨大貢獻。此外，他還主編了《漢語大字典（簡編本）》，參與主編了《元明清文言小說》、《先秦至明清文言小說選注》等幾部著作。李格非先生是中華人民共和國成立後湧現出的一批新型教授中的佼佼者，他為新中國語言文字學建設所作出的卓越貢獻是功不可沒的。

三

李先生學識淵博，專業精深。他長於傳統的語言學，對文字、音韻、訓詁都有精深的研究，又能詩詞，擅戲曲。在任教的 40 多年中，他為武大中文系開設過語言和文學的多門課程，培養了數以千計的學生。我進入武大後，曾聆聽過李先生親自給我們講授兩門課，一為古代漢語，一為戲曲語言。先生講課深入淺出，聲音洪亮而有節奏，舉止儒雅而又瀟灑，眉宇間常掛著絲絲的笑意，把一個個青年學子緊緊地吸引在自己的視角裏，本來是一堂枯燥無味的古代漢語課，卻被他講得生動活潑，妙趣橫生，給人一種藝術享受。後來，應前蘇

聯之邀，他被國家教育部派到莫斯科大學東方語言學院任教，被聘為正教授，為該校教師和研究生講授《文心雕龍》、《詩論》、《漢語史》、《音韻學》、《詩詞曲音律問題》、《戲曲語言》、《先秦文法提綱》、《漢語方言》等十多門課程，內容涵蓋了語言和文學的多個領域，受到師生們的熱烈歡迎和高度評價，教學成果也極為顯著。他教授的學生後來有兩人成為前蘇聯科學院院士，有幾位成為大學的領導幹部和科研領頭人。本來按中蘇文化交流合同，他預計只在莫斯科大學講學一年，由於他講課精彩，被莫斯科大學校長一再挽留，後延期 3 年，共授課 4 年，於 1961 年才回到武大。這時，我已是大學五年級的學生（當時北大、武大等重點大學，本科學制均為五年），必修課程業已學完，就再沒有機會聽他的課了，這是我深感遺憾的。不過，在他任教莫斯科大學期間，中間曾回國探親一次，那是在 1957 年的寒假，他又曾給我們講過一次課，主要是講戲劇語言方面的知識。其中他穿插著一段生動的講述，即介紹毛澤東主席訪蘇時，在莫斯科大學接見中國留學生的幸福情景。他當時作為中國赴蘇的客座教授，也受到毛澤東同志的親切接見，直接聆聽了毛主席在莫斯科大學的那段著名講話：「世界是你們的，也是我們的，但歸根結底是你們的。你們青年人，朝氣蓬勃，好像是早晨八九點鐘的太陽，希望寄託在你們身上。」他在講述過程中，充分發揮他語言學家的天才，用標準的湖南湘潭方言，模擬毛澤東同志講話的語調和神情，一面繪聲繪色地講述，一面惟妙惟肖地表演，博得聽課者們的陣陣掌聲，使我們也好像身臨其境，同他一樣分享著被領袖接見的幸福。

先生還多才多藝，喜愛戲曲，尤其擅長漢劇，是漢劇界的著名票友，曾多次同著名漢劇表演藝術家陳伯華同臺獻藝。1958 年，陳伯華到武大演出《宇宙鋒》，我有幸在體育館觀看了她的表演。演出結束後，李達校長登臺獻花致謝，並隨她一起去了後臺卸妝室。我作為一個戲劇愛好者，也像現在的追星族一樣追到了後臺，想一睹陳伯華的風采。卸妝室裏，陳伯華一邊卸妝，一邊用標準的漢腔同李達校長交談，她著重提到了李格非先生，說李先生為人很好，也很會演漢戲。接著她問李校長：「李先生今天怎麼有來？」李校長說：「他到蘇聯講學去了。」陳伯華遺憾地說：「您家可曉得我跟他的關係不一般哪，他可是我們漢劇界的老朋友啊！他對漢劇很有研究，也能唱，他回國後，您家一定要他來找我，我還要和他一起上臺唱戲呢！」說完後，又補上一句：「您家莫忘記了，一定要說到啊！」李達校長連連點頭稱好。由此可見，李先生在漢劇界也是很有影響的。然而這樣一位德高望重、學術精深的大師，在學生面前，

在後輩面前，卻是和藹可親，平等待人，從不擺架子，有時高興起來，還給我們哼幾句漢戲。有一次我到他家裏求教，臨走時，他堅持要把我送到大門口，並親切地說了聲：「方准老弟，以後再來啊！」我頓感局促不安，誠惶誠恐，在大師面前我以何德何能稱弟？豈不是折煞我也！但從這裏，使我感受到李先生謙和坦蕩、虛懷若谷的高尚美德，領略到李先生教書育人、扶持後進的崇高精神。

四

李先生多年在外工作，雖很少造訪鄉里，但對東西湖柏泉老家卻懷有深厚的桑梓之情。1961 年，我從武大畢業後，恰巧被分配到柏泉中學工作，正好來到了先生的家鄉，先生聞之十分高興，我也感到分外親切。也許正是這種緣故，更加深了我同先生之間的感情，因而我到李先生家的次數也就更多了，不僅是為盡師生之誼，更有一點「同是故鄉人」的感情了。每當我向他介紹柏泉的巨大變化時，他都是興奮不已，激情不止，表示一定要回家鄉看看。1997年趁北京大學教授張世英回鄉之機，我邀約李先生一起回鄉一玩，他欣然應諾。當時他雖已 80 高齡，仍然興致勃勃地回鄉參觀了柏泉井、天主教堂及柏泉中小學。1999 年我又專程陪他和他的家人一起回大李灣一次，參觀了他的祖籍所在地。他對家鄉的巨大變化感到無比的欣慰，但又覺得未能為桑梓父老辦點事而惴惴不安，常對我說要為家鄉的教育事業盡點綿薄之力。後來，他知道有一個柏泉的高中畢業生成績很好，想報考武漢大學計算機系，他就極力支持和幫助，終於圓了這個學生的大學夢。當他知道我在東西湖區主管教育工作時，就要我介紹一下東西湖區的教育發展狀況。我送了一些圖片給他看，他十分高興，欣然命筆寫了一首讚美湖鄉教育的四言古詩《東西湖樹人贊》：

> 東西湖濱，春風鳳人。雲蒸霞蔚，學子樂群。深研百科，茹苦
> 含辛。翱翔書苑，淬礪奮進。先生施教，無厭無倦。園丁之心，如
> 火一團。熱火自甘，火盡薪傳。劬劬教委，經營維艱。養川榮身，
> 教之綦嚴。德智體育，全面發展。用建四化，以濟時艱。綠水青山，
> 亦多情韻。潤物無聲，輔育新人。莘莘學子，國之根本。山河整頓，
> 端賴斯人。遍地繁採，涼熱同春。

他曾表示要來東西湖講學，並為柏泉古井寫點什麼，但終因身體欠佳而未能如願。2003 年 3 月 27 日，李格非先生因病醫治無效而仙逝，享年 88 歲。

武漢大學黨委在悼詞中說,「他的逝世,不僅是武漢大學的一大損失,也是我國語言學界、教育界的一大損失」,給予李先生以高度的評價。

李先生走了,但他崇高的品德,驕人的業績,以及對桑梓父老鄉親的拳拳之情,將激勵我們奮然前行。

《武大校友通訊》2005(2)

夏淥先生

追憶夏淥先生

楊逢彬

　　如果一個人一生中沒有遇到過高尚的人，他看到的高尚者只是在影視中，小說裏；生活中只遇到說教者、庸庸碌碌者、蠅營狗苟者，那麼這人不相信真有什麼高尚，覺得一切都是騙人，「有錢不撈是傻瓜」，「人不為己天誅地滅」，他做錯事、壞事不臉紅，甚至沾沾自喜，也就不足為奇了；我們對他只能寄予同情，而未便深責！筆者何幸，一輩子遇到那麼多好人、高尚的人、高雅的人、足堪為人師表的人！近朱者赤近墨者黑，筆者也應當比較高尚比較好人才說的過去；但很遺憾，檢視平生，似乎離一個好人，高尚的人還相距甚遠。但至少，當做了錯事虧心事的時候，會感到內疚和不安，而不是感到又混過去了，甚至於暗自高興：「又贏了一把！」

　　夏淥先生就是筆者一生中遇到的高尚者中的一位。

　　夏先生是東莞容希白（庚）先生的大弟子。他跟隨容先生攻讀「副博士」長達五年。

　　容先生抗戰時未能逃離淪陷區而留在北平教書，勝利後被他一位掌權的朋友目為漢奸，容先生深以為恥。這使我想起了張自忠將軍，他為了大局出任天津市長與日本人周旋，而被當作漢奸，此後張將軍奮勇殺敵，時刻尋找機會犧牲在抗日戰場上，以洗雪奇恥大辱。容先生洗雪恥辱的機會來得較遲——直到文革中的批林批孔運動，人家叫他批判孔子，於是老人在晚年發出了易水悲歌天驚石破的怒吼：「我寧可去跳珠江，也不批判孔子！」

　　有師如此，親炙長達五年的夏先生為人如何呢？我們沒聽說夏先生有什麼驚天動地的大事。他原名王先智，老家杭州，1923 年 9 月出生於上海。1937年到了四川。後參加學生運動，並從事地下工作。寫詩並主編《詩激流》雜誌。以後的事即為大家所熟知。

　　夏先生五十年代成了「類似胡風分子」之後，承蒙寬大，得以同時考取任繼愈先生的中國哲學專業和容希白先生的古文字學專業「副博士研究生」，因「看花愁近最高樓」而選擇南下廣州。夏先生是拿著講師的薪金攻讀副博士研究生的，月薪相當於兩三個工人的月收入。文革前的廣州，物質豐富而便宜；師母也在廣州教外語，一家五口其樂融融。中山大學古文字研究室藏書豐富。容先生勸夏先生趁著目前優越的環境，沉潛研究，不要急著畢業。夏先生為拿著國家的錢不工作而深感不安（其實做研究何嘗不是為國家民族做貢獻），於是來到了武漢大學，並迎來了「史無前例」。先生很快失去了教學研究的權利，開始打掃廁所。有感於許多人無便後沖廁的習慣，詩人手癢難熬，做了一首四句十六字的俚句，由曾到莫斯科大學講學數年，後任《漢語大字典》副主編的大學者李格非教授書寫：「手把正拿，慢慢下拉，花花流水，然後放它。」這是詩人文革期間唯一流傳於武大校園的一首「詩」。寫詩只是業餘愛好，學問還是要做的。可是那時辰做學問可是大罪過，遑論鑽研烏龜殼？於是每當深夜，在牛棚的被窩深處，先生打著手電筒摹寫甲骨文。這種地下工作持續幾年之後，竟然裝訂成了幾寸厚的好幾大本。從讀者手中這部書中，可以看出夏先生對字形的精熟，與那幾年的摹寫應該不無關係。雅格牌手電筒若拿夏先生此事拍個廣告，不失為一個好創意，至少不比大兵照星星月亮差。詩人兼甲骨文專家，陳夢家先生是一位，夏先生是一位。陳先生慘死於文革，夏先生卻比較健康地活了下來。個中原因，除了夏先生有個溫暖的家外，與他幽默的性格不

無關係。他與師母伉儷情深，有次到廣州探親，回勞改農場晚了一點，工宣隊頭頭便在訓話時訓斥道：「有的人就是賤，見到老婆就邁不動步。」夏先生做檢討時便原封不動地說：「我就是賤，見到老婆就邁不動步。」全場大笑。他就這樣「狡黠」地反抗著。

記得我剛留校時，一醫生得知我是中文系教師時，問我是誰的學生。我答以夏先生。醫生脫口而出：「夏渌，怪人！」夏先生確實是個怪人，怪得有點「不近情理」。比如下面這件事。

夏先生有三個兒子：王五一、王五四、王五星。五一是香港的成功企業家；五四在廣州一家五星級賓館任經理；五星在美國，有四五百平米帶游泳池的花園洋房。兒子們都請他去頤養天年，師母是英語教授，可做夏先生的翻譯，可是我們沒有聽說夏先生有過出國或港澳游的經歷。他常說，我不去，是抓緊每一天做學問，把文革等運動耽誤的時間爭取回來。多認一個古文字，就是對中國文化多做一份貢獻。夏先生不去，師母要照顧老師，也就不方便去，即使去了，也是去也匆匆回也匆匆。夏先生不去，兒子們只好齊集武漢，五一邀請大家夜遊長江，船票數百元一張，夏先生堅決不去，五一隻好瞞著父親帶大家去玩。

是的，夏先生自奉甚薄。早些年，他和師母暑期自費外出旅遊，就睡在由當地中小學課桌拼成的臨時招待所。四年前，當我與他一道參加在荊門召開的古文字研討會時，他病倒了。主辦方要我陪同他提前回武漢，長途車到達傅家坡後，我打出租車送先生回家。後來，夏先生對我兒子說：「你爸爸真是揮金如土！」在老知識分子中，節儉不是捨不得，而是一種美德，一種高雅，所謂「溫良恭儉讓」，必須遵循。但先生於做學問卻毫不吝惜。大家知道，古文字的書是很貴的。好多年前，先生就自費購買了一套《甲骨文合集》。當時整個武大只有兩套：圖書館一套，先生家裏一套。老師和師母都是高級知識分子，兒子們都事業有成，老兩口不缺錢花；但他們過慣了清貧的生活，他們從不亂花錢，也從不隨便收禮，收禮給他們心理造成負擔。逢年過節，有時我買點水果點心去看老師，老師必定回贈，有一次竟然給了我一大函線裝書，真正是「拋磚引玉」了。

這就是所謂「君子之交淡如水」吧！但在夏先生面前，我如何配稱為並且敢以「君子」自居呢！

夏先生去世前一年，許多他的老熟人擔心地對我說，夏先生不認得人了。於是我去夏先生家，他卻一眼就認出了我，還非讓我朗讀文革他遭受磨難期間

寫給師母的一首情詩！這時的老詩人就像一個返老還童的小孩，眼睛和嘴角流露出他一生固有的天真爛漫。師母不好意思藉故出去了。我讀著讀著，感到一種巨大的力量在撞擊著我的心靈，體味到詩中那種超凡脫俗的美，所謂「沁人心脾」、「攝人魂魄」都不足以形容那猛擊心靈之鼓的巨大力量和那令人陡然騰雲駕霧般的美感。

夏先生就是這樣的大雅之人！近年許多小資、白領對「高雅」（或名之曰「優雅」）二字趨之若鶩，這當然再好不過了。畢竟，追求高雅勝過若干年前的以「我是大老粗」為榮要強許多。不過又有幾人明白什麼叫做「高雅」？是在播放著西洋古典音樂的落地窗前慢條斯理地品嘗西餐？抑或一擲千金辦個會員證然後動作嫻熟地擊打高爾夫球？最近看到薛湧一篇文章說幹這些還不如捲起袖子到廁所掏掏大糞呢，我深以為然。不過我對自己有幸做過的兩件「雅事」深以為榮。一是和前輩學長羅少卿先生以及師母師兄一道，為剛剛步入天國體溫尚餘的夏先生換上出席天堂晚宴的禮服；二是奉命為夏先生撰寫訃告。

寫了這麼多，似乎還未切入正題。承蒙師叔向光忠先生，篤於情義，聯繫出版經費以及出版社；同門蕭毅，深醇雅致，有感於師恩，將夏先生晚年遺稿加以整理編輯；先生遺著才得以問世。夏先生詩人本色，因而他的學術文字極富文學性和可讀性，筆者反用「狗尾續貂」，姑引先生發表於《農業考古》雜誌的一篇論文開頭的文字來結束筆者這篇拙劣的東西：

> ……她剛從野地裏採集回一捧捧野生穀物，邊唱邊跳，踏著舞步。這時初晴的太陽照耀著原野，剛被春雨滋潤的大地上，留著一行一個健壯男子步行踩過的巨大腳印。天真爛漫的姜嫄，伸長她的細腿，用她的小腳踏著腳印跳躍前進。她撿的穀粒不斷從她手裏撒到地上，她全然不顧，沉醉在震撼她心靈的歡樂中。回到家裏，採集的穀物已所剩無幾，但她覺得身心起了變化，發現肚子一天天大起來，她已經孕育著一個小生命……

> 附載於夏淥先生《文字學概要》書末，線裝書局 2009 年 5 月版；
> 轉載 2010 年 10 月 27 日書法報月末副刊《蘭亭》，又載於
> 《楊樹達先生之後的楊家》，浙江大學出版社 2016 年

神秘古文字王國的探尋者
——記古文字學家夏淥先生

劉欣耕　　陳行健

　　夏淥，這個在古文字學界不算陌生的名字，《書法報》的讀者，較為熟悉。他在《書法報》的《文字形義》專欄中，十餘年來連續寫出很多既有文采又有學術價值的文章。這些文章和通常學術研究文章顯然不同的是，夏先生將古奧艱深的古文字講得通俗風趣、論證簡明，而且圖文並茂，使眾多讀者、篆書篆刻研究者獲得深深的印象和教益。近日，我們懷著崇敬的心情，對這位 83 歲的武漢大學中文系退休老教授作了一次訪談，想把夏淥先生對古文字研究的成就較全面地介紹給大家。談話中，夏先生富有傳奇，色彩的經歷深深地打動著我們，使我們不得不改變原來擬定的採寫計劃，而順著老人的經歷和思緒如此道來……

他本應是一個文學藝術家

　　夏淥先生原名王先智，筆名有王水、岑秀、忻之等，1923 年 9 月生於上海市，原籍浙江杭州。他在杭州讀小學和初中，1937 年抗日戰爭爆發後，避難四川。1942 年夏淥先生考入四川省立教育學院中文系。受進步思想的影響，為革命大勢所激奮，當時的夏淥和許多進步學生一樣，都是滿懷愛國激情和革命理想的血性青年。在共產黨地下組織的引導下，夏淥積極參加愛國學生運動和進步文藝活動，他崇敬毛澤東，崇拜魯迅、郭沫若，曾以單線聯絡的方式參與黨的地下工作。據夏先生回憶說：「在那白色恐怖的歲月，當時上進的大學生們十分忠誠熱情，黨叫幹啥就幹啥，不講任何條件，不顧個人安危，幹好上面交待的每個任務。」在四川期間，夏先生加入了由郭沫若指導的春草社。該

社的領導有臧克家、柳倩、張子英等人。他們冒著隨時被抓、被害的危險，配合共產黨工作的需要，寫了很多詩歌、散文、小說，揭露白區國民黨當局的獨裁、黑暗統治，宣揚民主、自由，宣揚共產黨的政治主張。他們的文藝創作內容深刻，形式活潑，有極大的鼓動作用。夏先生當時創作的詩歌《白廟子》、小說《劉三的故事》等眾文藝作品在白區、在文壇深有影響。為了革命，為了建設光明、美好的社會，他們緊跟共產黨組織，鬥爭著，堅持著……後來夏先生還公開出版個人詩集《鐘聲》，解放初期還出版了《古代筆記小說選》、《鬥虎的故事》等。夏先生的文學成就一直受到文藝界的肯定，有些文學選集收錄了他的作品，他的事蹟和成果在《中國新文學大系》和《中國文學家辭典》中都有介紹。

拒戴「胡風分子」的帽子

星移斗轉是不可抗拒的，歷史當然按自身規律發展，公理自在歲月中得到印證。回想一些人為的歷史事件，有時十分冷酷。新中國成立初期所謂「胡風反革命集團」事件，雖然現在已經作了客觀公正的論定，但在當時的情況下，誰要是被扣上一頂「胡風分子」的帽子，那就會帶來政治上的「滅頂」之災，一個正常人頓時就會變成受千萬人唾罵的「惡魔」。搞「運動」整人會有「名額攤派」、「按比例」扣帽子的荒唐現象。夏淥先生因解放前在重慶發表不少文學作品，主編過《民主文藝》、《詩激流》等刊物，「運動」一來，不分青紅皂白，不容分說地把他與「胡風」硬扯上關係。談到這件事，夏先生扼腕長歎：「我和胡風沒有關聯，胡風的許多觀點與我根本不同。1951 年我在成都工學院（後改為四川化工學院）任政治課老師，當時學院有關領導欲將我列為『胡風分子』。」話說到此，夏先生嘴唇略顯抖激動地說：「我想當革命烈士未當成，倒要當反革命分子。」稍平靜，夏先生繼續說：「他們找不到根據，也查不到我的劣跡，後來給我搞了一個『類似胡風分子』的罪名。這種『寬大』的結論，我堅決不同意，拒絕在有關文件上簽字。院領導也覺不好辦，一直到 1956 年都沒有作結論。」此事看來不了了之，但到後來這件事似乎並未不了了之。

「文學家」變成「古文字學家」

1957 年夏淥先生報考副博士研究生，被北京中國科學院哲學史研究所、廣州中山大學同時錄取。當時中科院招研究生的導師為任繼愈教授，研讀「中

國哲學史專業」。中山大學招研究生的導師為容庚、商承祚教授，研讀「古文字專業」。夏先生在選擇專業時，權衡種種情況，認為自己的「經歷複雜」，決定不上北京，而就讀廣州。一個才華橫溢的文學作者，一個黨叫幹啥就幹啥的政治理論課教師，就這樣走上了古文字研究的道路。當談到人生經歷的重大轉變時，我們問夏先生後悔不後悔？夏先生坦然地說：「我本來愛好文學，創作上又取得成果，歲月的留痕，人生的波折，後來經過反覆掂量，還是割捨、放棄文學事業。至於後悔不後悔，現在可以這樣說，不後悔！古文字學研究工作需要我，我現今在這個領域搞出了成績。」

1962 年研究生畢業後，夏淥先生原本想到湖北大學工作，因湖大中文系副主任曾昭岷曾是《詩激流》雜誌社社長，有老關係也許方便工作。但武漢大學領導更有卓識遠見，在徵得夏淥先生的同意後，將他直接調到自己的學校。當時武大校長李達思想不保守，在教研古文字的問題上，允許多流派並存，「章黃學派」和「羅王學派」在這裡都有自己發展的空間。夏先生不負領導希望，「甘坐板凳十年冷」，孜孜砣砣於浩繁的甲骨文金文資料及古籍研究。工作中，他遵循容庚老師的教導，把重點放在甲骨文金文的研究上，並結合體察社會生活中民俗民情的某些現象，不斷有研究成果問世。原中國科學院院長郭沫若十分關心年輕古文字學家的成長，與夏淥先生有書信往來，探討古文字問題，並對夏先生的研究成果給予了肯定。

由於夏淥先生為人善良謙和，工作上兢兢業業，思想上緊跟著黨，1957 年幸免「右派」帽子，但在 1966 年史無前例的「文革」風暴中卻難逃一劫，又把已不存在的「胡風問題」扯了出來，無情批鬥，終於被趕進了「牛棚」。在「牛棚」裏，在逆境中，夏先生仍相信真理相信黨，仍思考和做有限的文字研究工作，表現出了老一代知識分子對黨對人民的樸素真實的感情和對事業無限忠誠的堅忍精神。

「文革」後，中國教育事業走向正常，夏先生回到武漢大學，在中文系教授古代漢語。1989 年，為培養古文字事業接班人，夏先生開始帶研究生。

邊教學邊研究，辛勤的汗水換來豐碩的成果。在第二、第三、第四屆國際古文字研究大會上，夏先生均有重要論文發表，還出版了《學習古文字散記》、《隨記》、《瑣記》等論文集，參與編輯了中國最大的字典──《漢語大字典》。他 1991 年出版的《評康殷文字學》在古文字學界、書法界都產生了重大的影響。常年連載於《書法報》上的《文字形義》雖單篇不是很長，但其中不少閃

耀著新發現、新成果的光芒。夏先生的研究成果影響到海內外，國外的一些文字研究愛好者、國內一些大學的研究者，都樂意向這位老教授請教、與他切磋，夏先生則毫無保留、認真熱心與之交往，充分表現出了大家風範。

　　一位古文字王國裏不倦的探尋者，他的坎坷經歷，他的堅定信念，他的敬業精神，讓我們感歎、稱讚，同時也給我們以思想的啟迪、人生的激勵。我們衷心地祝願夏淥先生在無盡的探索中取得更新的成就！

《武大校友通訊》2005（2）

日落草木間——悼導師夏淥先生

劉秉忠

　　春花秋實，月起日落。在人們的眼中，這都是自然界的美景，引起無窮無盡的遐思。就像我的導師，原武漢大學中文系教授夏淥先生給我講解古文字「莫（暮）」時所描繪的景色：一輪滾圓的太陽落入草木之中，古人將這幅美景以白描的線條繪製出來，就成了「莫（暮）」字。我沒有想到，時隔17年之後，我的導師夏淥先生，也如日落草木之間，而且我沒能看到這一刻，待我得知消息時，已是日無蹤影，夜色沉沉。

　　我不知道古人面對草木蓊蘢的曠野，看到夕陽西下時是怎樣的心情。「長河落日圓，大漠孤煙直」，我體會到了王維的曠達與寧靜；「夕陽無限好，只是近黃昏」，我品味到了李商隱的悵惘與悲涼。當夏淥先生給我講解「莫」字的本義時，我只是從一個方塊字中看到了一幅圖景。記得我在武大中文系讀研時因病住院，日語教授樸富寧先生與我同病房住了很長的時間，他因肺心病每日與氧氣瓶為伴，4年中未出校醫院一步，但依然對健康充滿了期望。他經常用錄音機播放一首歌：「夕陽西下，明朝還會東升。擦乾眼淚抬起頭，邁開大步向前走……」他扶著氧氣瓶，半仰著頭，臉上浮現出微笑，眼裏閃動著淚花，上氣不接下氣地跟著哼唱。我病癒出院後幾個月，便從武大郵局對面的牆上，看到了樸富寧先生的訃告。雨水打在訃告上，墨痕淋漓。夕陽已然西下，明朝並沒有東升，我曾為此感傷不已。如今，我的導師，我亦師亦友的夏淥先生，也已夕陽西下，明朝也同樣不會東升。人縱有意，草木無情。極目西眺，長空昏暗低垂，高樓與天相接，連草木也很難看到，滿懷的是痛徹心扉的感慨與悲傷。

　　夏淥先生一路走來，一路坎坷，也一路散發著光和熱。他1923年出生於

上海，抗戰時避難四川，並在這段艱苦的歲月中完成大學學業，創作了大量的詩歌、小說等文學作品，成為有一定名氣的作家。解放初期他在成都一所大學教政治課，不久便受到胡風事件的牽連，政治上受到衝擊。夏淥先生敏銳地覺察到文學創作和摻和「政治」的潛在風險，並視之為畏途。1957 年他同時考取中國科學院哲學史研究所、中山大學古文字學的副博士研究生，夏淥先生權衡再三，認為政治上已被打入另冊的自己不宜進京，便南下廣州，師從容庚先生、商承祚先生研讀古文字學。其時遇上三年自然災害，已成家生子的夏淥先生艱難度日，顧不得副博士的顏面，常到郊外野塘打魚撈蝦，延續嗷嗷待哺的家人的生命。

夏淥先生 1962 年分配到武漢大學中文系任教，「文革」期間，所謂胡風問題又被翻了出來，夏淥先生笑稱自己這時成了「老運動員」，受到了無情的批鬥，被趕進了「牛棚」，在校農場勞動改造。但夏淥先生是達觀的，批鬥會結束後，他可以若無其事地到小餐館吃麵條，並利用有限的時間研究古文字，還與郭沫若先生通過書信來往探討學問。「文革」結束後，夏淥先生的古文字研究工作進入了正常時期，並帶了研究生，出了一批研究成果，在古文字學界產生了比較大的影響，這應該說是夏淥先生一生中最順心的時期。只可惜歲月捉弄人，夏淥先生很快就因年齡問題被迫退休，他培養學術團隊的理想破滅，並由此留下了一輩子難以言說的遺憾和傷痛。但夏淥先生對學問的追求並沒有停止，而且隨著時間的流逝，夏淥先生深切地感受到來日無多，多認一個古文字、多弄清一個問題、多寫一篇學術論文，成了夏淥先生生活的全部意義，連在美國拿高薪的兒子要他去看一看，他也謝絕了，說是怕耽誤了學術研究的時間。最後這幾年，每當我面對已 80 高齡的導師興奮地給我講他學術上的新發現、新見解時，我的心裏都充滿了感動。我現在不過才人到中年，偶而也會產生「來生無望今生休」的感歎。對照導師，我有時反思自己，也許我們缺少的不是智慧，而是執著。

與夏淥先生相識，是我此生的幸運，也是我命運的一個轉折點。20 世紀80 年代初期，我大學畢業，先後在農場和縣城謀生。當時的環境接近原生態，朝暉夕陽，草枯木榮，我以為今生將終老於此。後來聽說有同學考上了研究生，於是經過數年的發奮努力，我終於考上了夏淥先生的研究生。得到夏淥先生的指導，我在學術研究上取得了不少心得，有一些觀點與夏先生的不一樣，個別觀點甚至是相反的，但我得到的卻是夏淥先生的肯定與鼓勵。因許多客觀原

因，我畢業後到了省直機關工作。每當到夏先生家拜訪時，他總是對我放棄專業深感遺憾，並要我利用業餘時間研究學問。但因為工作繁忙；又難以掌握最新學術信息，我最終與學術漸行漸遠。

我翻揀夏淥先生的一組照片，深深地感受到時間是最無情的清洗劑和腐蝕劑。1946 年夏淥先生大學畢業時，戴著學士帽，英俊瀟灑，風華正茂；20 世紀、60 年代初期，夏淥先生和師母與容庚先生在一起，師母紮著兩根大辮子，一副中學生的模樣，夏淥先生雖已年近四十，但根本不顯年齡，看上去三十歲左右，充滿了青春的活力；20 世紀 80 年代，夏淥先生與于省吾、胡厚宣先生分別照的合影上，已略顯老態，但白髮不多；2005 年夏天，《書法報》社的記者編輯來採訪，夏淥先生已年逾古稀，但依然精神矍爍。這一組照片刊登在 8 月 8 日出版的《書法報》上。8 月 8 日，是一個好日子。夏淥先生專門送給我這一份報紙，顯得非常開心。我看到這一組照片時，李白，「夫天地者，萬物之逆旅；光陰者，百代之過客（《春夜宴桃李園序》）」的慨歎，似乎從悠遠的歷史煙塵中飄來。我們每個人都不過是這個世界上的匆匆過客，光陰，不斷地創造美好，又在不斷地毀壞美好。

2005 年 10 月中下旬，天氣驟冷。我去看望夏淥先生，他的老毛病哮喘病又發作了。他當時正在住院治療，但因校醫院條件不太好，打完針後就回家。我對夏淥先生說，這樣跑來跑去，對身體不好，最好到條件好點的醫院住院治療。師母說夏淥先生不願意住院，怕進去了就出不來，並說好幾個老同事就是這樣走的。我勸了好半天，夏淥先生才拉著我的手說：「我聽你的，我聽你的。」我們講好了過幾天到醫院看他，但接著我到海南開會，回到武漢後，已物是人非。夏淥先生一輩子怕麻煩別人，生病住院和辦理後事都沒有通知親友。回想起來，我在天涯海角看到時晴時雨、水天一色的景色，而感受到人生有限、宇宙無窮時，夏淥先生正病情危重，生命沉浮於陰陽之間：我在飛機上看到白雲如海、蒼天可觸的景色，而感受到駕雲騰霧、羽化登仙時，夏淥先生正鳳凰涅槃，精神聚散於天地之外。

我沒能見到夏淥先生最後一面，是我終生的遺憾，同時又是我的幸運。在我的記憶中，夏淥先生永遠是活生生的。我可以想像，夏淥先生只是暫時出外遠行，說不定哪一天就回來了。就如同夕陽只是暫時落入了莽莽蒼蒼的草叢和森林之中，明天依然會冉冉升起，就像歌詞裏唱的那樣。

我離開故鄉已達 27 年，當年正值中壯年的父老鄉親，大多陸陸續續變成

了散落在荒山野嶺上的冰冷墓碑，其中包括我的父親。李白認為天地是萬物的旅店，其實，天地又何嘗不是萬物的墳墓。夏淥先生曾告訴我，「莫（暮）」下加一個土，便是「墓」。也許在古人的原始思維中，日的死亡——日落草木間，與人的死亡是互滲的。入土為安，「墓」是人生的終點站。夏淥先生很達觀，師母也很達觀，夏淥先生沒有「墓」，他的骨灰回歸了泥土，並沒有「入土」。在我的心中，始終覺得夏淥先生的人生終點站不是「墓」而是「莫（暮）」——日落草木之間———一輪火紅的夕陽緩緩落入莽莽蒼蒼的草叢和森林之中。我們也可以想像，夕陽並沒有死亡，只是暫時被草叢和森林遮擋住了。

　　附：剛撰完此文，收到《武大校友通訊》2005 年第 2 輯，上面刊有劉欣耕、陳行健《神秘古文字王國的探尋者——記古文字學家夏淥先生》一文，夏淥先生的音容笑貌又浮現在眼前。時間不過數月，已陰陽兩隔，思之不禁愴然。

《武大校友通訊》2006（1）

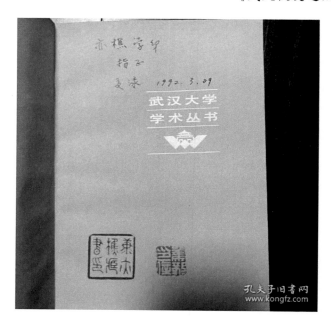

音容猶在心中——懷念夏淥教授

王向規

　　當我收到 2006 年《武大校友通訊》第一輯時，幾經輾轉之後，已經是近中秋時節了。像以往一樣，我隨手即翻目錄閱讀。然而，令我不願意見到的事實，竟赫然驚現在眼前：校友劉秉忠《日落草木間——悼導師夏淥先生》的文章，深深地吸引著我的雙眸。這時，我才恍然知道，自己心目中一直欽佩著的夏淥老師，居然已經離我們遠去了。

　　頓時，三十多年前的椿椿往事，一齊湧上心頭，猶如電影一樣，清晰地在眼前回放。

　　我是 20 世紀 60 年代中期，考入武漢大學中文系的，時人戲稱為「舊教育制度的末代皇帝」。第二年，就遇上了那場誰也無法迴避的「史無前例的無產階級文化大革命」。下半年，便開始了「停課鬧革命」。師道尊嚴被所謂的「革命行動」擊得粉碎，學生們忙著成立「戰鬥隊」，進行「大串聯」，書寫大字報，甚至參與「奪權」，批判教育過自己的老師。很多老師，我們學生不是在課堂上，而是在「大批判」的「革命運動」中才見面認識的。

　　夏淥老師，我就是這樣認識他的。

　　記得一次在體育館大門左側休息問裏的批判會上，夏老師剛剛來到自己的學生和同事們的面前時，有人便帶頭喊起了口號：「打倒反動學術權威夏淥！」「踏上一隻腳，叫他永世不得翻身！」這時，夏老師平靜地垂下了頭，彎下了腰，萬般無奈、卻又耐著性子，細聲細氣地說：「我願意五體投地，接受革命師生的批判。」隨即，他全身趴在了地板上，直挺挺地躺著，下巴枕在兩隻交叉疊起的手背上，一動也不動，似乎一切都在深思熟慮之後、精心設計之中。他靜靜地聽著批判者激昂地念著事先準備好的發言稿，表情始終保持著

平靜，直至批判會結束。待師生走出會場後，夏老師才慢悠悠地站立起來，輕輕地拍打著身上的灰塵，面部好像凝固、麻木了，平靜得毫無一絲表情，猶如泥塑木雕。他似乎是在作無言的抗爭，又似乎一切都出於無奈，既看不出他生氣，也看不出他怨恨，更看不出他憤怒，又似乎一切都有，只是無以言狀，深深地埋藏在他那平靜的表情之內，讓我難以猜透罷了。

　　這是我第一次見到夏淥老師。他中等身材，著一套已經褪了色的藍色中山裝。清瘦、白淨又略顯幾分蠟黃的臉龐，顯露出些許倦意。烏黑的頭髮，沒有經過著意的梳理，經一番折騰之後，顯出幾分隨意和散亂。深邃的眼睛很有神，完全是我們常見的大學教師的模樣，給人以文質彬彬的感覺。同時，我又覺得他還有些和常人不一樣的「怪」。堂堂一個大學老師，怎麼當著自己學生和同事的面，一聽說打倒他，就趴在地上呢，這樣不是有損尊嚴嗎？況且，水泥地板既髒（工人也去「鬧革命」了而未及時打掃）又冷，對身體也不好呀。我當時很不明白夏老師為什麼要這樣做，很長一段時間這個疑問都縈繞在我的腦際，揮之不去。

　　在這之前，我是僅僅從高年級校友的言談中以及貼在中文系牆上的大字報裏，粗略地知道夏老師是教古漢語、古文字學的，尤其對甲骨文有很深的研究和造詣。他是當時全國小有名氣的古文字學專家，甚至和郭沫若院長還有較為密切的聯繫，相互書信往來，切磋甲骨文字的正確辨認與理解。大字報專欄裏，還披露出了夏淥老師與郭沫若院長往來的書信。夏淥老師還曾被錯誤地打成過「胡風分子」。因此，將他當做「白專典型」、「反動學術權威」、「老反革命」拉出來批鬥，在那個年代，就完全成為了一件順理成章的事情。

　　後來，學校進駐了「軍宣隊」和「工宣隊」，要求那些被批鬥的對象和學生搞「三同」（即同吃、同住、同勞動），夏老師被安排住到我們宿舍一層狹窄的樓梯間裏，隔壁就是盥洗間和廁所。這原是一間清潔工人存放掃把、撮箕之類的工具室，不僅陰暗，而且潮濕。據「軍宣隊」的指導員說，「這樣做，有利於他接受革命師生的監督改造」。夏老師每天的主要職責任務，就是打掃廁所和樓道的衛生。

　　有一天，「軍宣隊」的指導員，煞有介事地向我們宣布說：「夏淥頑固堅持反動學術權威立場，竟然背著我們革命師生，還在偷偷摸摸地搞他那一套『封、資、修』的東西。」隨即，拿出了所謂繳獲的物證──一本線裝古籍，在我們面前晃了幾下，說是在夏老師的住房裏發現的。然後，他怒氣衝衝地對夏老師

吼道：「你看怎麼辦吧。」夏老師仍然是毫無表情的平靜，慢條斯理、細聲細氣地只說了一句話：「以後一定改正。」

時間大約過了兩個禮拜，又是那位指導員，召集我們開會，拿夏老師開刀。看上去，他比上次更加惱怒。因為夏老師「沒有接受工宣隊和軍宣隊的教育」，又被發現「在搞『封、資、修』的東西」，「而且是不思悔改」。於是，他嚴厲地責令夏老師「當眾作深刻檢查」。

令人意想不到的是，夏老師這次雖然依舊平靜，但不像以往那樣，只是簡單地說一二句認錯的話，而是不緊不慢、振振有辭地說了一席為自己辯解、甚至可以認為是表功的話：「最近以來，我在工宣隊和軍宣隊的耐心教育下，在革命師生的細心幫助下，牢記並深刻領會毛主席的英明教導，每天堅持三大革命。接受革命師生的批判，是在堅持階級鬥爭，進行『無產階級文化大革命』；打掃廁所和宿舍的衛生，是在堅持接受工人、貧下中農的再教育，進行思想革命；晚上利用休息時間，研究甲骨文，是在堅持『抓革命，促生產』，進行教育革命。」很明顯，夏老師的內心深處，不僅沒有認為自己有什麼錯誤，而且認為自己是在從事一種神聖的事業。於是，他就以一種當時十分流行的語言模式，誰也不敢隨意反駁的正當理由，進行看似溫和的爭辯。常言道，有理不在言高嘛。正當我這樣猜度夏老師的心思的時候，卻又聽到夏老師話鋒一轉，繼續說：「既然指導員說我錯了，我就堅決改正。為了表示我的誠心，現在將所有的『封、資、修』都交給軍宣隊和工宣隊。」隨即，只見夏老師畢恭畢敬、表情嚴肅地給指導員遞上一疊古籍，既有線裝的，也有平裝的。然後，他靜靜地站在那裡，像等待發落似的。

老師的這一舉動，讓我一頭霧水：剛剛還在為自己辯解，怎麼接著又主動把書上交了呢？這不是自相矛盾和主動就範嗎？我覺得十分納悶，苦苦地思索著。良久，我似乎又明白了什麼似的。

這時，我在內心深處，暗暗地對夏老師產生了一種無以名狀的敬意。

後來，武大在襄陽隆中附近的廣德寺內，設立了一所分校，說是建立「教育革命基地」，文科的師生輪流到那裡去搞「鬥、批、改」。說白了，就是將我們進行軍事化編制，集中在那裡搞勞動，襄樊漢水鐵路大橋就是我們參加修建的。除此之外，就是集中學習和「鬥私、批修」。夏老師自然也去了，而且和我編在一個班。但他沒有參加修橋，因為那是強體力勞動，而且，吃住都在工地上，所以，全是我們這些年輕的男學生去幹。

　　由於在一起「三同」的時間長了，相互之間增進了瞭解和理解，漸漸地，私下裏，我們竟然相互說起了悄悄話。有一天，我們師生倆一起在菜地裏除草，見旁邊沒有其他人，我便趁機問夏老師：「批鬥您的時候說打倒您，您為什麼撲通一聲趴在地上呢？水泥地板可是既髒又涼呀。」夏老師詭譎地看我一眼，悄悄地對我說：「王向規呀，你不知道長時間低頭、彎腰站著有多難受。一場批鬥會下來，頭昏、眼花、腰酸、腿痛，全身的骨頭像散了架似的，到了晚上還疼，連休息也不成。趴在地上，就舒服多了，在當時可算得上是一種奢侈的享受啊。那個時候，哪裏還顧得上髒和涼呢。」夏老師說得認真、誠懇、動情，更顯出幾分難以抗爭的無奈，我心裏很難受。

　　「軍宣隊和工宣隊沒收您的那些古籍書，後來還給您了嗎？」我接著又問夏老師。

　　「那些書都是學校圖書館裏的。我借來以後，將要研究的內容全都摘錄下來了，然後才把它擺在桌面上。我知道他們在悄悄地監視我，不讓搞。但他們也是執行者，如一點收穫也沒有的話，就交不了差，監督我就會更加嚴厲，我的生存條件就會更差。到那時，我也就無法再繼續於下去了，甲骨文的研究，有可能就會斷檔。」夏老師稍微停了停，舒舒氣，又繼續說，「我故意讓他們發覺、沒收，甚至還主動上交，並告訴是借圖書館的。這樣做，他們就可以交差、邀功，就會放鬆對我的監督，我做學問的時間有可能更多一些，至少不會比現在少。同時，還省去了我自己還書的時間。這是一舉兩得的事情。」

　　夏老師說得輕鬆、幽默、豁達。我聽了以後，心裏卻像打翻五味瓶似的，難言的酸、甜、苦、辣，一齊湧上了心頭。我在心裏想，老師做學問，原本是天經地義的事情，可現在怎麼就這麼難呢？我百思不得其解。同時，這更增加了我對夏老師的敬意。他表現出來的軟弱和屈從，甚至還有點像唐吉訶德式的小丑，讓人覺得滑稽可笑，既感覺到夏老師在逆境中求生存的酸楚，又敬佩夏老師在逆境中不屈不撓、堅持不懈、百折不回的治學精神，外柔內剛、不卑不亢的人品，以及幽默辛辣的風格。

　　夏老師的形象，在我的心目中，驟然變得高大起來。

　　當時，夏老師雖然已經是 40 多歲的中年教師了，而且，學術上也卓有成就，但夫婦「兩地分居」的問題卻一直沒有解決，師母在華南工學院任教，兒子響應號召到海南島「插隊」去了。一天，工宣隊的師傅叫夏老師去接電話。我當時正在工宣隊的辦公室裏。電話是師母打來的。夏老師接過話筒，當著工

人師傅的面，用責怪的語氣大聲說：「您怎麼這樣不懂事呢？現在教育革命如此地緊張、繁忙，您要來，我哪裏有時間陪您呀。而且，您若真的來了，這裡也沒有房子讓您住呀。我現在和革命師生同吃、同住、同勞動，大家都住集體宿舍，和睦相處，生活得很好，您不用擔心。」通知夏老師接電話的，是一位有兒有女的中年女工人師傅。可能是女人的緣故吧，她起了惻隱之心，在旁插話說：「就答應讓她來吧，你們也是很長時間沒有見面了。」這時，我發現夏老師有些激動，臉上微微泛著紅暈。他接著又繼續說：「您看看，這事又讓工人師傅為我們操心了。她們讓我答應您來，您可得也要準備住集體宿舍噢。」女師傅接過話頭，體貼而又不失權威地說道：「你愛人來了以後騰房子給你們，還可批准你們回武大住幾天。」

就這樣，夏老師與他分居多年的妻子，終於在廣德寺內相聚了。看上去，師母比夏老師小許多，顯得很年輕，而且文靜、漂亮。夏老師也不迴避，當著我們學生的面，讓師母為他理髮、修面、洗衣。兩人還手挽手地在校園內散步，有說有笑，親親熱熱，惹得大家都很羨慕，甚至有點嫉妒。這在「革命化」的當年，可是一個不同凡響的大膽舉動。沒過幾天，工宣隊就讓他們倆回武漢去了。

可當夏老師從武漢回到襄陽分校時，工宣隊和軍宣隊卻叫夏老師在班裏作檢查，說他「目無組織紀律，只准假幾天，竟耽誤了十多天」。大家屏聲靜氣，等待著夏老師的檢查。夏老師還是和以往那樣，慢慢地從座位上站起來，慢條斯理、不慌不忙地從衣兜裏摸出了一張折疊好的信箋紙，慢慢地將它展開，緩慢而又鄭重其事、語氣平和地「檢討」起來：「敬愛的工宣隊、軍宣隊，我這次探親，由於兒女情長，延誤了假期，嚴重地違反了組織紀律。在此，我願意深刻地檢討，並誠懇地接受革命師生的批判。為了避免以後再犯類似錯誤，特申請將我的妻子從廣州調來武漢，以解決我們夫妻倆長期兩地分居的問題。」然後，他雙手捧著那張「檢討書」，禮貌地遞給了工人師傅。

「檢討會」演變成了「請調報告會」，大家始料未及，啼笑皆非。可誰也沒有出聲說話，更沒有嬉笑，會場變得異常的肅靜。很顯然，夏老師贏得了大家充分的理解與深深的同情。

時間很快到了 20 世紀末，我回到了久別的母校。當我敲開夏老師家的門的時候，一位頭髮花白的長者站在我的面前，他雖顯得有些蒼老，但精神矍鑠，臉上雖增加了些皺紋，但泛著光澤，尤其是那雙眼睛，仍炯炯有神。這一切都

無聲地告訴我，夏老師現在生活得舒心，我為他感到由衷的高興。他審視我一會兒以後，竟還能呼出我的名字。我簡直有些驚訝，驚訝夏老師的超常記憶力。坐下後，我簡要地介紹了自己畢業分配以後近 30 年的情況。夏老師聽了既感歎又高興。我問夏老師：「師母現在何處？身體好嗎？」夏老師用手指了指臥室，「感冒，正在休息。」說完，他朝我一笑，我也會心地笑了。師生二人，似乎同時回憶起了 30 多年前，那個雙簧式的電話及「檢討會」。但師母究竟是調來了，還是退休後才來這裡定居團聚的？夏老師沒有說明，我也不便多問，怕揭開那塊已經癒合的陳年傷疤，反正現在已經團聚了。但在我的心中，這件事至今還是一個未解的結。

接著，我還問了一個一直縈繞在我心頭的疑問：夏淥老師是不是真的姓夏？他告訴我，他不姓夏，而姓王。究竟為何改姓夏，我沒有深問，夏老師也沒有直說。他只是告訴我他不是湖北人，老家在江西還是浙江，我現在有些模糊，好像是江西淥水之畔的人氏。夏老師還風趣地說：「我倆還是家門呢。」

那次回母校，我還有一件公事。關嶺縣曬甲山（又名紅岩山）的峭壁懸崖上，不知何時，也不知何人，書寫有一些古怪的似圖似字的文字，被認為是世界上八大古文字之謎中的一種，世稱「紅岩碑」。從明、清以來，就有不少學者對此表示出很大的興趣，並進行過長期的研究，試圖破譯，但至今仍未有一個比較公認的說法。這件事，我便很自然地想到了夏淥老師，想請他老人家到貴州走一趟，除了可到「紅岩碑」前實地考察，辨認那些千百年來古怪的文字以外，還可以觀賞黃果樹大瀑布，遊覽貴州的山水。這樣，既可以讓老師探索新的學問，還可以讓老師得到有效的休閒，以盡學生的一點孝敬之心。

當我將這一想法告訴他時，夏老師平靜的表情中再一次流露出興奮，並說，我知道有這麼一回事，很想去實地看看。他愉快地接受了我的邀請。

但過了一段時間，卻不見夏老師如期赴約。我覺得有些蹊蹺，這既不符合夏老師嚴謹、求索的治學精神，也不符合夏老師一諾千金的處世態度。我便讓留校執教的同學——陶梅生教授再次代我邀請。梅生教授回電告訴我，夏老師年事已高，且有腿疾，近來狀況很不好，行動極不方便，怕是來不了了。真是歲月不饒人，更何況「文革」期間挨批鬥時，夏老師曾長時間地躺在水泥地板上「奢侈」地「享受」呢，沒準是那時落下的病根。

真沒想到，那次在珞珈山林陰下、夏老師家中的探望、聚會，竟成了我們師生二人的訣別。

　　如今，夏老師已經日落草木間，再也不能來貴州了。他既未有機會破解「紅岩碑」這道千古文字之謎，也未能親眼觀賞到黃果樹大瀑布雄渾、飛揚的風采。我心中留下了深深的遺憾。

　　同時，我更衷心地祝願夏老師一路走好。

　　您的音容，永遠縈繞在我的心中，永遠不會忘懷。

2006 年 9 月中旬於窮廬

《武大校友通訊》2006（2）

唐長孺先生

唐長孺先生的家學師承與治學次第

牟發松

1955 年初，唐先生在《魏晉南北朝史論叢》「跋語」中，引用了郭沫若先生的一段話：

我們的大腦皮質就像一個世界旅行家的手提篋一樣，全面都巴滿了各個碼頭上的旅館商標。……很少有接受新鮮事物的餘地了。所以儘管學習馬克思列寧主義已經有五年的歷史，但總是學不到家。

唐長孺先生

青年時代的唐長孺先生

唐先生說自己「由於過去所受資產階級唯心思想的毒害並不輕，因而『學不到家』是一樣的。為了『學到家』，首先就得清洗各種各樣的『旅館商標』。……這一本書中不待說是遺留著未洗淨的痕跡的」。這些「各種各樣的旅館商標」，其實不盡是「資產階級唯心主義」，如田餘慶先生所說，它還包括唐先生所接受的「中國傳統學術的訓練」，有「家學」也有「師承」；還包括接

受「西方史學的學理和方法」，當然也包括新中國成立後「認真學習馬克思主義理論」。縱觀唐先生的學術旅程，亦如田先生所說，「他不是一般的旅遊者沿途看看風光，揀拾現成的樣品而已」，而是對「所經歷的各個學術階段的方方面面」，經過獨立的思考和取捨，「得其精到和深廣」，兼收並蓄而「融會貫通」，最終形成了自己的學術風格，在中國 3～9 世紀史特別是魏晉南北朝史領域，幾乎「攻佔」了所有的「制高點」，作出了獨特的貢獻。

　　人文社科領域作出卓越貢獻的學術大師從來不是有計劃地培養造就、批量生產出來的，更不是無緣無故憑空產生的，他們是特定社會文化環境的產物，包括特定區域的文化積累，特定的家學和師承，當然，更重要的是學者自身的稟賦、人品和抉擇。對唐長孺先生早年豐富曲折的人生經歷，建樹卓著的學術生涯進行總結，決非筆者之淺薄、小文之篇幅所能勝任，這裡僅擬就先生早年在滬行蹤、家學師承及治學次第等方面，在包括筆者舊文在內的先行研究基礎上略作縷述。限於資料的掌握，或局於師緣，本文所述或不盡準確、客觀，疏誤不當之處，敬希讀者不吝賜正。

南社成員、書畫鑒賞大家的耕餘老人的影響

　　1911 年六月初九（公曆 7 月 4 日），唐長孺先生出生於江蘇吳江縣平望鎮。這一年正當武昌起義爆發，翌年為民國初元。平望鎮西瀕太湖，北依蘇州，南接浙江，東望上海，自古為鎮江、杭州間江南運河所流經，湖州、嘉興間陸路所必由。自明嘉靖年間有唐理臺者從吳江東門外唐家坊遷至平望鎮三官橋北邙圩，至唐先生祖父唐芝明，唐氏居平望已歷十二世，時值清末。當時唐氏經營繭絲綢生意並出租耕地，在平望鎮開有絲繭行，號稱「唐半鎮」「唐百萬」，為平望四大望族之一。芝明與其諸弟在平望鎮西塘街所建前鋪後宅的四進樓房，名曰「耕畬草堂」。芝明長子，亦即唐先生父親唐家慶，又名唐九，字耕餘（一作耕畬），以字行，其字顯然得自於「耕畬草堂」，唐先生亦誕生於此堂。

　　耕餘老人曾就讀於蘇州存養書院（東吳大學前身），工詩文，其鄉黨柳亞子發起創建「南社」，老人亦為其成員（入社號為 147 號。南社社員總數 1180 餘人，社號代表入社先後）。老人一生致力於中國書法理論的研究與書畫鑒定。晚年撰成《書譜贅言》，凡上、中、下三卷，「傳記」「著錄」「名言」「棄擇」「通會」「體勢」「理法」「氣骨」「察似」「性情」「摹習」「觀省」十二篇，約三十萬言，惜書稿毀於「文革」。所幸劫灰之餘，老人於上世紀四十年代末所

撰之《〈筆陣圖〉蛻化階段及其內容》，遺稿僅存，2000 年甫經公刊，即得到業內專家高度贊許，認為雖已過去半個世紀，「現在讀起來仍感到很新鮮，很精審」，所論《筆陣圖》蛻化三階段「富於創意」而合理，「確為真知卓見」，被推為 20 世紀先唐書學辨偽方面的代表作。後人由此得窺老人書學修養之一斑。

老人次女唐露葵稱，「先父生平嗜好字畫」，「收購了不少元、明、清各代名人字畫」，加之「親友中有不少收藏家」，故經目書畫甚夥，具有極高的鑒賞能力，常為慕名而來者鑒別真偽。他總是「把字畫掛在牆上」，「全神貫注面對字畫，反覆品評二三日」，才作出最後鑒定。「如果他確認屬真蹟，就在字畫邊上或底下蓋上『唐九』印章，作為鑒證」。據前注所揭金松岑《題張看雲鵲華秋色圖為唐耕餘》，耕餘老人藏有同邑（吳江）張看雲繪於清乾隆七年（1742）的齊魯勝蹟十幀，並裝成手卷，1922 年持請金氏題詠。金詩中對耕餘老人的鑒畫水準頗為稱許：「繞鬢茶煙坐評畫，鴛湖唐九汝最賢。」上海工美 2015 年春季拍賣會上以 2208 萬元成交的明末清初著名畫家項聖謨的《臨韓滉五牛圖》，先後鈐有鑒藏印 7 方，最前面的兩方「畊餘考藏」「鴛湖唐九」，即為耕餘老人鑒印；接著的三印則屬一度擁有此畫的文物收藏家、字畫鑒賞大家葉恭綽；另有「朽者」一方，乃英年早逝的著名畫家陳師曾所鈐。可見耕餘老人在字畫鑒藏方面的深厚功力，堪與一流名家比肩。老人晚年因書稿被毀，移情於圍棋，雖聊以自娛，但棋藝亦達到與高手對弈的境界。

平望唐氏既為吳江名族，老人所娶（即唐先生母親劉蘊玉）又出自吳興南潯巨族劉氏，即劉氏家族總管安仁（頌騼）之女，嘉業堂主承乾之堂妹，故其同鄉親友不乏飽學之士、文化名流，如金松岑、柳亞子、劉承乾、劉旭滄（承乾九弟，著名攝影家）、蔣孟蘋（傳書堂、密韻樓主人，劉氏姻戚）、張蔥玉、呂思勉等，老人與他們常相過從，切磋學藝。既生活在如此濃鬱的文化氛圍裏，加之「新學、舊學皆有鑽研」的耕餘老人在子女教育上非常開明，故其三子三女從小就接受了良好的教育。長女素心適王春浦，上海恒豐洋行老闆王足齋之子。次子仲孺，東吳大學肄業，精通英語，愛好美術、攝影，娶林美美，星島華僑巨商陳嘉庚之外孫女。仲孺常在同樣愛好攝影的耕餘老人帶領下拜訪攝影家劉旭滄（承乾九弟，仲孺從舅），共同研討攝影藝術。次女露葵與小女季雍，曾一同就讀於南潯中學，校長即為畢業於南洋大學、放棄上海優越職位毅然回鄉任教的舅舅劉承棫，授業老師中還有後來成為著名世界史專家的吳於廑。露葵適柳義南，柳亞子族侄，詩人，晚明史專家。季雍適金克木，北京大

學東語系教授，學貫中西，尤精梵學。金1946年任教武漢大學，與同事唐先生、周熙良、程千帆志趣相投，訂為至交，號稱「珞珈四友」。1948年金克木應胡適之邀移席北京大學，據程千帆回憶，臨行前，唐先生特地向金介紹當時就讀於北大哲學系的小妹季雍，說她「還沒有結婚，如果你們見了面，覺得很好，也可以談。後來金克木到了北大，一談就覺得很好，就要胡適給他們證婚」，遂成終身伴侶。1959年，季雍曾將印度學者拉賈戈帕拉查理用英文改寫的印度史詩《摩訶婆羅多》譯成漢語出版，因其譯文精審，典雅可讀，加之有金克木親任校事並撰長序加持，乃成漢譯名著，其後多家出版社多次再版，最新一版可能是三聯書店2016年版。

耕餘老人子女中，學術成就最為卓著的自然是長子唐長孺先生，老人對其培養教育也最為用心，上揭先生妹妹露葵女士《憶先父唐耕餘》即稱：「如大哥唐長孺，對詩詞、歷史頗愛好，父親常與他談章太炎、朱古微、顧頡剛等人的學問。」自同門王素先生箋注的《唐長孺詩詞集》問世，唐先生在詩詞創作上的功力、才情及成就，始廣為人知。

實際上先生早在1933年，已在章太炎、金松岑所創立的「中國國學會」會刊《國學商兌》創刊號上，首次發表詞作《解連環》，當時年僅23歲（按今日計齡方法，當時尚不足22周歲），其詩詞創作自然更早就開始了。次年8月先生又在中國國學會另一會刊《文藝捃華》第1卷第4冊上，首次發表詩作，凡7首，選登其詩的邑先輩、同時負責為國學會兩份會刊「統稿」的金松岑（時為《文藝捃華》文學部幹事），曾予以鄭重推薦和高度評價：

長孺詩幽澀似郊、島，及永嘉四靈，亦受散原之暗示。長吉鬼才，非少年所宜，已切戒之。而仍登數首，不泯其長。

如所周知，同為「韓門弟子」的孟郊、賈島，以「寒苦」「清奇」「郊寒島瘦」的相似風格齊名並稱，在中晚唐詩壇自成一派，影響深遠。四靈作為江西詩派的反動，前承晚唐賈島、姚合的「苦吟」「清瘦」風格而超越之，即以此為手段而追求平和沖淡的藝術效果，在南宋詩壇獨樹一幟，開一時風氣。散原先生則為一代古典文學大師，近代同光體詩派領袖，其「求諸『古奧』、流於『艱澀』」的詩風亦與郊、島、四靈「相去匪遙」。金松岑氏以先生少作與唐宋名家、當代老宿相提並論，誠如王素師兄所說，其「獎掖之意不言自明矣」。

金氏又將先生與唐代英年早逝的天才詩人李賀比類，稱「長吉鬼才，非少年所宜，已切戒之」，亦如王先生所言，其「愛惜之意亦昭昭然也」。按長吉雖

天賦異稟，詩名早著，卻「懷才兀處」，命運多舛。當時先生大學畢業後「失業在家」，復嬰疾恙，其時詩作如《園居即事》《病懷》《病起步後園》《秋晴間步》等，無不筆調幽澀，意象蕭索，確有郊寒島瘦、長吉「穿幽入仄」之概，反映了「病餘皮骨」的作者「愁懸肝腸」的沉鬱心境。可見金氏之「切戒」，絕非無故。「切戒」一辭，實亦委婉表達了金氏對先生及其所祖郊、島、四靈、長吉乃至散原詩風的保留態度，何況這種詩風又非年少工詩的先生「所宜」。金氏仍在自己主編的刊物上選登先生詩數首，乃是不願「泯其長」，即出於對先生詩才的欣賞和鼓勵。唯其如此，同年（1934）12 月出刊的《文藝捃華》第 1 卷第 6 冊，次年 12 月出刊的同刊第 2 卷第 4 冊，又先後刊載先生詩詞凡 11 首（其中詞 1 首）。上面談到《國學商兌》（章太炎、金松岑主編）創刊號即刊載了先生的詞作《解連環》，而在同年 12 月，該刊（已由《國學商兌》易名為《國學論衡》）第 2 卷第 2 期又刊載了先生的兩首詞。

先生早年詩詞作品，全賴金氏慧眼識珠，得有吉光片羽之遺。金氏以國學大師、文學名家著稱於世，雖於先生情兼鄉黨、戚屬（金氏稱先生為「內表侄」），且與耕餘老人素有交誼，但在自己主編的刊物上刊載先生多首少作，首先仍在於作品本身的水準。而先生少年工詩，則歸功於幼承庭訓——作為南社成員的耕餘老人的悉心指授。先生曾與筆者幾次談及，其治史之初，無緣得老師系統指導，唯於詩詞，自幼即得到父親的嚴格訓練，從課讀古典詩文、學習音韻格律入手。

不僅詩詞，先生於「書畫及收藏亦皆有素養」，包括先生之愛好圍棋，同樣可以追溯到幼承庭訓即家學淵源。上述 1933～1935 年間先生發表的詩詞中，有四首為題畫之作，即《燭影搖紅題沈宗吳桂林山水圖》《卜算子再題沈宗吳桂林山水圖》《七古題吳蕘圃山水幛子》《五古題石穀子枯木寒鴉幛子》。此類作品，要將原圖以繪畫造型語言呈現的視覺形象特別是內在氣韻和意境，通過受格律限制並兼具視聽效果的詩詞文學語言加以表現，這對作者的詩詞功力顯然有極高的要求；其次，但絕非次要的，還需要作者對繪畫藝術本身有著深厚的修養和高超的鑒賞力，才能將原圖中的審美情趣和內在意蘊，以及詩人自身的體驗及心境，化之為歌詩，創造性地轉化和展示出來。弱冠之年的先生在這兩方面都表現出了雄厚的實力，顯然與他有一位南社詩人兼書畫收藏、鑒賞家的父親直接相關。耕餘老人既收藏了不少古代名人字畫，又「常與朋友交流字畫欣賞」，為他人鑒別字畫真偽，總是「把字畫掛在牆上反覆品評」。自幼生

活在這樣一個書畫世界裏的先生，耳聞目染，日薰月陶，自然具有很高的書畫鑒賞水準和審美能力。

　　上世紀六十年代先生在京點校「北朝四史」時，暇中常往西單商場舊書店購藏古代字畫，自稱「敝篋書畫並無珍貴大件」，其中亦有「佳品」「精者」，「自信賞鑒能力還有一定的水準」，故「贗品極少」。先生書法亦有深厚造詣，其名著《魏晉南北朝史論叢》及其《續編》《拾遺》，以及《三至六世紀江南大土地所有的發展》《山居存稿》，乃至最後一部著作《魏晉南北朝隋唐史三論》，均由自己題簽。原中華書局資深編輯、知名學者、書法家魏連科先生，稱讚「唐先生的書法很有特點，剛勁古拙，超脫俗媚，顯然脫胎於魏碑」。據上揭唐露葵女士的回憶文章，耕餘老人「愛好書法，每日上午必臨帖數頁，數十年不輟，以魏碑為基礎，又酷愛顏體，欲從魏碑化到顏體方面去。由於他魏碑基礎太深，所以沒有化成。但他教子女寫字，都是臨顏魯公體」。而從上引魏連科先生的評價，可知唐先生的書法仍然深受耕餘老人所專長的魏碑體書法的影響。

藏書大家、從舅劉承乾的教導和獎掖

　　唐先生總卝之年，耕餘老人即為之延師課讀於家，故七歲（按今日計齡法實為六周歲）時附讀於其家東牆外的平望女子小學（一則因離家近，一則因先生令姊素心先已就讀於此學），便直接入讀二年級。先生自十四歲（1924）到上海讀中學，至 1942 年赴湘任教藍田國立師範學院，其間除了省親、失業回故鄉平望，以及一度任教於南潯中學外，一直就讀、任教於上海的中學、大學，滬上的環境和歷練，將先生成就為一個知識淵博、學通中西、業有專長的歷史學家，此間有三位尊長——劉承乾、金松岑、呂思勉，在治學上對先生有引導之功，其中得自從舅、著名藏書家劉承乾的教誨和影響，亦當屬家學範疇。

　　唐先生的外祖父劉安仁（頌驥）為晚清秀才，與劉承乾（翰怡）的生父劉安江（錦藻）本為再從兄弟（同曾祖父），故先生稱「我母與翰怡為再從兄妹」，稱劉承乾為「從舅」。但承干與唐先生父子之間過從密切，這首先是因為劉承干與從叔頌驥的關係極其親密，甚至有過於兩位親叔（即「梯叔」劉安泩梯青、「和叔」劉安溥湖涵，字和庵）。頌驥為南潯劉氏族長，內主祭祀，對外則為家族代表，且兼受從叔即承乾祖父、南潯劉氏創業者劉鏞之託為劉湖涵一房總管，故在族人中享有極高威望；更重要的是頌驥、承乾叔侄性情相投，處事觀點相合，二人見面必「長談」「談甚久」「談良久」，分離時則頻有書函往還，

具見劉承乾《求恕齋日記》，例多不勝舉。頌驂既於承乾「頗極關愛」，而承乾「有事必就商於（頌驂）叔，從無推諉」，以至頌驂過世後承乾「益感廖落」。承乾既對頌驂叔親重如此，對其唯一愛女即從妹蘊玉的夫婿和外甥之過從親密，自不難理解。還有一個重要原因則是唐先生尚在少年時，劉承乾就親自見識了這位外甥的博覽強記，稟賦過人。

那是先生「十餘歲」時，至嘉業藏書樓讀書，正遇承乾老人「與客談冒辟疆、董小宛事」，談者據闢疆後裔冒廣生稱小宛墓猶在其故鄉如皋，「力斥世傳小宛入宮即董鄂氏之妄」。唐先生稱自己「於梅村詩夙能成誦，又曾讀孟心史考證，因以所知參論」。我們知道，「順治帝出家」及與之密切關聯的「董小宛入清宮」，為清初一大疑案，這一傳說乾隆年間即已存在，更在清末（光緒宣統間）士大夫中廣為流行。及至民初，清室既屋，文網弛禁，加之紅學索隱派乘勢而起，推波助瀾，「順治帝董小宛愛情故事說」遂成為坊間學界一大熱點。然此說之初起，即緣於對吳梅村《清涼山贊佛詩》《題董姬婉君小像八絕句》等詩的不同解讀，而依據史實通過嚴密考證給此說以致命一擊的，則是近代清史研究的奠基者孟心史（森）1915 年發表的《董小宛考》。「十餘歲」的唐先生，由於對梅村詩爛熟於心（「夙能成誦」），又瞭解孟森論著的相關論證，因而能參與其舅父與客人的討論，並提出了自己的獨立意見。

不僅於此，先生還談到「《過墟志》所說劉三秀事，以為世傳三秀為豫王多鐸所掠，亦不可信，並雜論明末復社及康熙鴻博諸人事」。按《過墟志》為康熙年間署名「墅西逸叟」者所作傳奇小說，記虞山劉氏有美女名劉三秀者，出嫁同里豪富黃亮功，後夫死，清軍下江南時被擄北去，輾轉至清王府並被封為王妃。世傳孀婦劉氏為豫王多鐸掠至王宮，事同董小宛入清宮，孟森《董小宛考》已考證指出其事不可信，乃屬「鄉曲流言」，而王夢阮等《紅樓夢索隱》則謂劉老老事即影射劉氏之入宮。唐先生因熟悉《過墟志》，故能論證指出劉三秀入宮之事不可信，一如董小宛入宮之不可信，並兼及明末清初復社活動及康熙博學鴻詞之征諸人事，以明董、劉傳說之時代背景。對於「十餘歲」的先生如此博覽強志且辯才無礙，承乾老人驚喜莫名，次日即遣人給先生送贈嘉業堂所刻「《漢書》《舊五代史》《章氏遺書》、杭大宗（世駿）《訂訛叢編》《三垣筆記》等書十餘種計數百冊」，事後還高興地告訴其從叔即先生外公劉頌驂：「長孺少年博覽，我鄉無是也。」其欣賞喜悅之情溢於言表。

1924 年唐先生到上海讀中學以後，常拜訪承乾老人，親聆教誨。據劉承

乾《求恕齋日記》（以下多簡稱「劉氏日記」），1926 年八月二十九日，承乾長子世熾婚禮「望朝」日，「所邀陪客」中有唐先生。先生時年十六，正在光華大學附中讀書。先生與承乾老人及其客人「談冒辟疆、董小宛」事，大約應發生在此間。1930 年八月二十二日，已入讀上海大同大學文科的先生，曾到劉府為大同大學修建健身房募捐，承乾老人捐款 50 元。1931 年十一月初三日承乾日記稱：

> 唐長孺甥來，與談學院（大同大學）情形。長孺頗聰明，惟喜研詞曲，予以為小道，勸其從事經史之學，伊（唐先生）又喜與女學生交際，恐入歧途，殊可惜也。

青少年時期的唐先生興趣廣泛，俊朗多才，中學時還曾休學半年，入蘇州崑曲傳習所從名角華傳浩學崑曲，並兼習彈詞。先生之愛好詩詞並在創作上造詣之高前文已述。但承乾老人認為「經史」才是學問正道，因而勸告先生在治學上應專攻經史（這一點與金松岑先生觀點相同，見下文），同時在個人生活上多加檢點，惟恐先生在學問、人生上「誤入歧途」，足見承乾老人對先生關愛之深厚，寄望之殷切。

1932 年六月二十九日，剛從大同大學畢業的唐先生欲託承乾老人致函張元濟，希望在商務印書館謀一編輯職位，「或在各圖書館內謀一位置」。但因當年上海甫經第一次淞滬抗戰（一二八事變），百業蕭條，故唐先生的求職並不順利。同年九月初十日，承乾老人曾致函唐先生，當與先生求職有關，這似為承乾老人與先生互通信函之始。這一年先生終於在上海愛群女子中學謀得一代課教師職位，講授國文、歷史，或與承乾老人推薦有關。同年十月十八日下午，承乾老人「至頌驪叔家」，正好遇見前來看望外祖父的唐先生，與之晤「談至晚間」，這是劉氏日記中所載承乾老人與唐先生作長時間交談之始，其後則數見不鮮。劉氏在 1933 年三月初六日記中稱：

> 夜，唐耕餘偕其子長孺來訪，延入長談，至十時餘去。長孺素嗜史學，近在研究元史，在上海南市愛群女中學當教習。……長孺甥青年好學，值此國萃淪亡之際，寢饋經史，世不多覯，康公我所自出，對之不勝欣喜耳。

兩年前承乾老人曾規勸唐先生專治經史，而「素嗜史學」的先生現在正全力「研究元史」，值此國家危殆、「國萃淪亡之際」，能像先生那樣肯坐冷板凳「寢饋經史」的，實為少見，故承乾老人為這位外甥（「康公我之自出」出《左

傳·成公》十三年，即「外甥」之意）感到無比「欣喜」和自豪。

1935 年，先生任教於舅家劉氏為主要資助方的南潯中學。抗戰軍興，潯中解散，先生舉家輾轉遷至滬上，一度兼職於上海啟明書店，翻譯外國文學著作，以補苴生計。1939 年始在上海聖瑪利亞女子中學謀得教職。但無論條件多麼艱苦，先生始終牢記承乾老人的教誨，一直潛心治史，而以遼金元史為主攻方向。1935 年開始，唐先生相繼發表了多篇研究遼金元史的專論和譯文，及至 1939～1940 年間，遂得以遼金元史專家身份，於而立之年任教於光華大學（詳下）。而承乾老人則一如既往地對先生治學予以支持和獎掖。1938 年十一月二十二日，劉氏日記載：

> （午後）唐長孺來談。以其年少而喜研究史學，故贈以《清史稿》一部。

我們知道，《清史稿》1927 年始成稿，凡 536 卷，初印本為線裝 131 長冊，總數才 1100 部（所謂關外一次本 400 部，關內本 700 部），其後又有所謂關外二次本，印數亦有限，當時實為珍稀難得之書，甚至大藏書家承乾老人本人1932 年時尚無此書。是年十月十七日，劉氏日記稱黃季剛（侃）「向余索《嘉業堂叢書》，以《清史稿》互易，惟余《嘉業叢書》未全，益以他書亦可。而伊書之來否，則亦不敢勉強也」。按《嘉業堂叢書》收「世間不經見之書」「一百餘部」，黃侃欲以一部《清史稿》易之，劉承乾尚稱未必能成交，足見當時《清史稿》之珍希，其價格自然不菲，普通學者自無力購藏，大師碩學如呂思勉先生，直到 1939 年時尚自稱未見、未讀此書。承乾老人後來之擁有此書，當因他獻巨金資助清史館纂修《清史稿》，以及受聘出任清史館名譽纂修，故史館以此書相贈。上文談及承乾老人有感於十餘歲的唐先生博覽強記，贈予嘉業堂所刻書十餘種數百冊，唐先生回憶稱自此以後，老人「每以書貽余」。此次老人即以先生「年少而喜研究史學」，慨然以珍貴的《清史稿》相贈，對於先生之治遼金元史，不僅在資料上極有裨助，對於先生治學的巨大激勵作用更不待言。一年多以後的 1940 年四月六日，劉氏日記又載：

> 夜飯後，唐長孺來，長談。贈以《戊寅叢編》一部。少年好學，對於明代及本朝掌故極為研究，可佩也。

《戊寅叢編》為近代著名文獻學家趙詒琛、王欣夫所編系列叢書之一，共收書 10 種，均為罕有流傳而有裨實學的明清人未刊遺著。該叢書系列採用集股印行、按股分派書籍之法，故此書當為承乾老人投股所得。老人因唐先生對

「明代及本朝掌故」有精深研究，讚佩有加，故特地以坊間難覯、梓行未久的此書相贈。

太平洋戰爭爆發後，唐先生赴湘任教於藍田國立師範學院，行前曾專誠到承乾老人府上辭行，其後每次回滬省親，必拜訪老人，下據劉氏日記略述一二。1946 年六月十八日，時任遷川的武漢大學歷史系教授的唐先生，「由蜀經漢口來滬，數年不見，談良久」，四日後，老人又專門設晚宴招待先生。1948 年七月十日，唐先生利用暑假回滬省親，專誠到承乾老人府上拜謁，交談良久。同月二十二日，承乾老人又專門到北京西路柳迎村華業別墅的唐家回訪，日記稱，「適其母玉妹在樓梯旁，遂邀至房中，長孺亦出見，談至晚。耕餘亦歸，遂又復談片刻，乃歸」。1949 年暑假唐先生回滬省親，亦照例到承乾老人府中拜訪。上引露葵女士回憶文章稱二戰前，耕餘老人「每年都到南潯劉承乾所創嘉業堂藏書樓去看書」。實際上抗戰時藏書樓精品被劉承乾轉移至滬寓後，甚至解放以後，耕餘老人都常到劉府看書。1954 年二月十一日劉氏日記稱：

> 唐耕餘來。……耕餘今日為查書而來。其子長孺好讀史書，曾請於其父購局刻廿四史一部。彼家無藏書，而其子好學如此，亦難能而可貴矣。

承乾老人記憶偶誤，耕餘老人為唐先生所購廿四史實為百衲本，一直放在唐宅進門右側客廳中。正是因為唐家藏書不多，所以承乾老人多次給唐先生贈書。又劉氏日記 1954 年八月一日載：

> 夜，唐長孺來，解放後第一次相見也。長孺在武漢大學任歷史教授，由鄂至北京開會，因京漢路阻於水，改道由滬附江輪上駛，尚有數日留，寔順道歸省之意。余聞其言，甚有感觸。世有親在咫尺而久違定省者，長孺可謂孝矣。

八月七日日記又載：

> 下午，至柳迎村訪唐長孺。渠數年始一歸，此次見面可謂難得，依日者言，吾將不久於世，再見之期，恐難必矣，並與耕餘妹丈夫婦共談良久。

解放後，社會環境和生活條件發生了巨變，暮年衰病的承乾老人自難適應，不免心境淒涼，故對舅甥間這次難得的見面非常珍視，對唐先生尋覓機會回滬省親讚揚備至，同時，年過古稀的老人又不免有再見難期之慨，親情之深切由之可見。實際上舅甥間後來至少又有兩次見面。一次是 1957 年八月七日，日記載：

堂妹夫唐耕餘率其子長孺來，談良久。長孺四年不到上海，此
次由京來省親。……專教南北朝歷史，九個月在校，三個月在北京
研究院參考，吾親族中之佳子弟也。

最後一次見面則是 1960 年暑假，日記所載十分簡略，閏六月二十五日「唐
耕餘、長孺來」，同月二十八日「復耕餘、長孺各一函」，七月二日「本日約耕
餘，並以長孺來至武漢，同至國際飯店晚膳」。不過據唐先生回憶，最後一次
在上海拜「謁舅氏」，是在 1962 年。

唐先生而立之年即成為遼金元史專家，最終成為史學大家，家學淵源是不
可或缺的，而來自藏書大家、從舅承乾老人的教導、支持與激勵，亦為其中的
重要組成部分。實際上承乾老人對唐先生治學道路的影響，還不僅於此。如承
乾老人交遊廣泛，不乏學界名流，可謂「談笑有鴻儒，往來無白丁」。金克木
先生曾談到一九四八年四、五月間，他攜新婚妻子、唐先生小妹季雍女士拜訪
陳寅恪先生，「隨口介紹了一句」說唐家和嘉業堂是親戚，「陳先生立刻問季雍
對劉翰怡（承乾）怎麼稱呼」，陪座一旁的陳夫人「頓時面有笑容，本來是對
面坐著，這時站起身，走過來和季雍並坐，拉著她的手問這問那」，以致金先
生不無自嘲地說，自己也還「夠不上有和他（陳夫婦）談古話的程度」。

實際上這並不奇怪，承乾老人及其生父錦藻，與散原老人一樣，都有著濃
重的前清遺民情結。辛亥鼎革，兩榜進士、身任戶部主事、內閣侍讀學士諸職
銜的劉錦藻自然是真正的遺老，未曾正式仕清的劉承乾只能算是「遺少」，但
他跟隨其父，與民初南北諸遺老交往密切，對遜帝溥儀更是竭盡忠悃，小朝廷
各項活動幾乎無役不與、無役不獻巨金，是南方遺臣的代表人物之一。他們和
陳寅恪尊人散原老人，既有一致的政治、文化立場，同時在活動上也有一定的
交集。清末興起的全國規模的愛國反帝的拒外款保路權運動，應該說以浙江發
動最早，成效最著，而浙江保路運動的發起者和組織者，正是以身任浙路公司
副總理的劉錦藻為首的湖州紳商。與此同時，陳三立則在其家鄉參與發起、組
織南潯鐵路的興建，為之奔走操勞。1905 年十月末，散原作為贛路代表赴滬
參議閩浙皖贛四省鐵路公會事宜，並籌款發行債券，當時劉錦藻為浙路代表，
十一月三日晚，錦藻曾在洋務局設宴招待散原一行。武昌事起後散原舉家避亂
上海，1913 年，他和劉承乾分別參與了滬上遺民詩社的發起和組織，前者為
「超社」（後易名「逸社」），以同光體詩人為骨幹，後者為「淞社」，以湖州紳
商為核心，均是所謂「海濱流人遺老」（陳三立語）。1916 年，散原曾從所寓杭

州專程赴滬參加淞社雅集，劉錦藻亦曾參加逸社的花近樓雅集，與散原同席。劉錦藻逝世後，承乾正是禮請散原撰寫其父墓誌銘。1923 年，以「研究東方三千年來之文化」為宗旨的《東方學會》成立，前清遺民為主體的 20 位發起人中，陳三立、劉承幹名在其中；1924 年，「海上諸遺老」200 餘人集議，分別致電段祺瑞、張作霖，籲請恢復清皇室優待條件，兩封電稿均由 10 人領銜，陳、劉亦並列其中。上述可見散原老人與劉錦藻、承乾父子政見之合，交誼之深，由此亦可知陳寅恪先生夫婦何以對季雍女士及唐先生有一種不自覺的親切感。加之唐先生已先後在遼金元史、六朝隋唐史領域取得諸多成果，所撰《唐書兵志箋正》書稿，就是在 1946 年經陳寅恪先生審評並予以高度評價，從而得以晉升武漢大學教授，故 1948 年陳先生見到金克木、唐季雍夫婦時，特請他們轉達對唐先生的「欽服之意」。

　　承乾老人對唐先生治學的影響，還體現在老人所建「嘉業藏書樓」，為避重複，留待下文一併討論。

走上學術道路的推手與引路人──國學大師、鄉前輩金松岑

　　「珞珈四友」之一的程千帆先生，晚年回憶唐先生有云：

> 唐長孺先生不僅是史學很好，文學也很好。他的文章、詩詞都做得很好。要是拿中國的傳統來說，在文學方面，他是金松岑的學生；在歷史方面，他是呂思勉的學生。

　　程氏稱文學方面唐先生是金先生的學生，當主要指詩詞。如果嚴格按照傳統，例如王欣夫年輕時跟隨金松岑學習國學，或如唐先生妹丈柳義南「跪地為禮」拜夏承燾為師學詞，方得稱入室弟子，唐先生與金先生之間則並無此種正式的師弟關係。然而唐先生學習詩詞雖是幼承庭訓，啟蒙老師是身為南社成員的尊人耕餘先生，但金先生的獎掖指導之功實不可沒。如前所述，其一，是金先生最早發現了青年唐先生的詩詞才能，並推薦發表，對先生的詩詞創作自不無激勵；其二，金先生又「切戒」先生，其少作因受郊島、四靈及散原影響，不無艱澀、寒瘦之弊，先生晚年亦自承年輕時「學夢窗詞，為無病呻吟之語」，因而如王素先生所言：「先生之詩風，後來漸有變化，終效松岑兼採各家之長，堂堂正正，一如其人」，應「肇源」於金先生的教戒。其三，唐先生晚年曾憑記憶向筆者引述上舉金先生對其詩的評語（即「切戒」先生改棄「非少年所宜」的詩風），同時又談到金先生曾當面指示他「若改治歷史，盡其才用，成就必

不可限量」。

我們知道金松岑先生是學識淵博的國學大師，即上揭金克木《珞珈山下四人行》所謂「是認識他（金松岑）的人都知道的雜貨攤」，不過金先生主要還是以詩人的身份名世。但另一方面，金先生又認為要保存、發揚國粹使傳統文化獲得新生，民族得以振興，在學術上有兩條路可走，「一是研究歷史，一是復興理學」，並堅信歷史研究是今後的學術趨勢之一。金氏自幼鍾情歷史，早年即取得諸多歷史研究成果，近代經學大家曹元弼甚至認為「松岑所長，在史不在經」。金先生和承乾老人兩位尊長都不約而同地勸勉唐先生由文學藝術而改治歷史，當是注意到了先生在史學上的過人天賦，同時也希望先生預流於學術發展的大趨勢，為振興傳統文化作出貢獻。

1937 年中日戰爭全面爆發，是年冬蘇州淪陷，金松岑「避寇菱湖」（今湖州市東南），唐先生則舉家避難於莫干山。當此「霜角吹寒急」「烽火連江驛」之際，金松岑仍「韻事半、偷閒日」，與唐先生同遊南潯龐氏宜園。年輕的唐先生當時「方懷陸沉憂，況與離愁拼。中筵撫頭顱，有涕如縻綆」，而金氏則堅信「蠶叢半壁天，想見南風競」「收京還有期，幸睹國威聘」，相信南遷的國民政府能夠領導抗日取得勝利。此次見面，金氏的處變不驚和堅定信念對唐先生不無鼓舞，增強了抗戰必勝的信心：「謁公窮海隅，端如清夢迴」，「賤子百無成，猶憑公言信」。先生不僅堅信金先生對於時局的判斷，對於金先生勸其改治史學的教導，亦終身銘記於心。其後遂專攻史學，雖常以詩詞寄情抒懷，酬唱於摯友，卻絕少公開發表。先生晚年亦有回憶：「長孺少年時頗耽倚聲，中年以後專意治史，遂少寫作，偶一為之，亦多不存稿。」故在《唐長孺詩詞集》問世前，先生的詩才為史名所掩，鮮有人知。

1939 年金松岑出任光華大學文學院國文系教授，次年春夏間，因病推薦唐先生代其授課。金先生在光華三年，「徵文考獻說經世」，「講論」的是旨在「恢弘民族大義」的「內聖外王之學」，即所謂國學，蓋以歷史為主。唐先生代授此課，乃其擔任大學講席之始。1940 年秋，金松岑又向文學院歷史系主任呂思勉推介唐先生，經呂先生薦舉（詳下），時任聖瑪利亞女子中學教員的唐先生，受聘為光華大學歷史系講師，從此正式開啟了先生爾後半個多世紀的歷史研究及教學生涯。

上揭夏承燾《天風閣學詞日記》1940 年五月一日載：「接松岑先生片，約本月十二日下午四時同往張詠霓處看《宋史記》。詠霓近新自常熟王慧言處購

得此書也。」同月十二日又載：

四時過愛文義路（松按：今北京西路）覺林張詠霓先生家觀《宋史紀（記）》，松岑翁及吳江唐長孺已先在。……前有王阮亭跋，謂此本出王維儉、或湯若士，尚不可知。長孺謂《鮚埼亭集》中亦有一尺牘論此。檢目錄但有本紀、列傳而無志（原注：似志本有而佚去），但有《儒林傳》而無《道學》。長孺謂若士本濮王另為傳，不入諸王傳（原注：似亦謝山語）。今本諸王傳中無濮王，凡此皆須詳考。

按元修《宋史》號稱繁蕪，明代改編《宋史》者不乏其人。據錢牧齋（謙益）《跋東都事略》稱，嘉靖以來百餘年「有志刪修者三家」：歸有光（熙甫）、湯顯祖（若士）、王惟儉（損仲，按「惟」一作「維」）。歸氏僅有《宋史論贊》一卷存世，湯氏則在《宋史》原書目錄上「朱墨塗乙」「州次部居」，雖「鱉然可觀」，仍未成書。唯王氏《宋史記》「信筆成書」。其後吳興潘昭度（曾紘）轉抄得一《宋史記》草稿本，並獲得湯氏「塗乙」過的《宋史》舊稿本，而王惟儉《宋史記》原稿則「沉於汴京之水」。牧齋曾與王氏就《宋史記》的編纂體例、史料取捨乃至資料收集，反覆「商榷」，故所述此書始末應當屬實，至於吳興鈔本以後的命運如何，則如牧齋所說非其所知了。後來潘昭度曾組織學者重新編定王氏《宋史記》，但「未成而罷」。潘氏死後，其書稿和所收集的多達「十餘簏」「宋代野史」，幾經轉手。崇禎三年（1630），該書稿當時的主人呂無黨，攜稿「遊太學至京師」，準備「據其草稿」付印。後漁洋山人王士禛在無黨「行笈」中見到此書，便查看了凡例、目錄，但見「塗乙宛然」，他推斷應即吳興潘鈔本王惟儉《宋史記》。當時他抄錄了目錄和凡例一卷。後來他又覺得「余昔在京師所見即臨川（湯顯祖，貫臨川）手筆所謂朱墨塗乙者是也」，也就是說他看到的本是目錄、結構經湯顯祖改刪重組過的《宋史》原稿本，而非「祥符（王惟儉，貫祥符，今河南開封）草稿」即王本《宋史記》原稿。當他在感歎「祥符草稿則不可得而見矣」時，另一位著名學者朱彝尊卻有機會通過「借鈔」得到了吳興鈔本「損仲《宋史記》」的一個副本，以致王士禛感歎有如「神物所持」，保佑此稿「不與劫灰俱燼」。王氏後來顯然還是有幸目睹這本珍貴的傳為「損仲《宋史記》」的稿本，不過這也使他陷入了更深的困惑，此稿「目錄列傳刪並塗乙甚多，云是湯義仍（顯祖）手筆，義仍亦刪《宋史》，則此書或王本或湯本，皆不可知」，他把自己的困惑留在了給吳興鈔本《宋史記》——即張壽鏞用以饗客的這本新收藏的《宋史記》——所寫的跋語中。那

麼，當年潘昭度「重定」《宋史記》時，其「凡例」是依王本抑依湯本？是以王本抑湯本為底本？或者兩本兼收並取？至少體例、結構似乎是取自湯本。這是一個迄今仍懸而未決的問題，而比朱彝尊、王士禛晚出生 70 餘年的全祖望，曾對之作出了獨立有據的回答，這就是唐先生提到的《鮚埼亭集》中的一條尺牘，即全祖望《答臨川先生問湯氏宋史帖子》。該帖認為，潘昭度手裏的王本、湯本，「皆多排纂之功，而臨川（湯本）為佳」，其「紀、志、表皆有更定」，「最善」的是列傳體例的分合增省。然後一一縷述了湯本「累易其主」的過程，以及此本「所存僅本紀、列傳」等等特徵。又說「吳下多誤以為」祥符（王惟儉）之本」，實際上「確然係臨川（湯顯祖）底稿」。唐先生指出張壽鏞新得《宋史記》，「但有本紀、列傳而無志」，以及有儒林傳而無道學，濮王另有傳不入諸王等，無不與全氏所述臨川本即唐先生所稱「若士本」合。全氏意見正確與否姑置勿論，唐先生在品書現場，能從篇帙繁重的《鮚埼亭集》中，拈出與《宋史記》最相關的這條資料，分析論證，頭頭是道，可見他對宋元明清歷史及文獻的熟悉程度。聯想當年十餘歲的唐先生在承乾老人眾客面前引據梅村詩、孟森文乃至說部的《過墟志》，放談董小宛入宮公案，縱論明末時事政治，可知先生在張詠霓（壽鏞）家觀《宋史記》時的表現絕非偶然。

《宋史記》的新主人張壽鏞是光華大學創校籌備會的會長暨首任校長，著名的愛國教育家、藏書家、文獻學家，也是金松岑的老友，金氏之赴任光華大學國文系教授，即是應張氏禮聘而來。年長唐先生十餘歲的夏承燾，當時已是知名的詞學專家、之江大學教授、國文系代主任，兼任太炎文學院、無錫國專講席。金先生赴張家觀《宋史記》時特地將年甫而立的唐先生帶來，顯然有推介之意，先生的出色表現想必給在場諸人留下深刻印象。正是這一年，先生得以中學教師正式入職光華大學任教。也是在這一年，「先生始與夏承燾相識，並常有聯繫」。同年六月九日夏氏日記載，夏與先生等同「赴大三星酒館宴，賀松岑先生六十八壽」。翌年四月十九日，「午後柳義南（時拜夏氏學詞）偕其婦兄吳江唐長孺來久談。唐君能詞，治遼金元史甚博洽。教授光華大學。謂柯氏元史，觝牾甚多。國人治此學，尚無適當人才。法國伯希和勝柯氏甚遠。聞於《元史》誤處，皆能背舉。唐君又能崑曲，謂唱上聲，由低而高，去聲由高而低，與疚翁（松按：如皋冒廣生，冒辟疆為其祖輩，專長詩詞歌曲）說同。」夏氏寥寥數筆，給我們描繪了一個多才多藝的青年遼金元史專家的生動形象，特別是其出色的背功，不徒夏氏，大凡與唐先生密切接觸過的學者都對其驚人

的記憶力印象良深。詞、曲相倚相通，先生「能詞」善崑曲，也大大增加了他與夏氏的共同語言，其後二人交往益見頻密，唐先生多次拜訪夏氏，夏氏曾專誠到唐府拜訪，與先生尊人耕餘老人晤談。唐先生決意離滬赴內地前，曾與夏氏商討前往路線及有關事宜，唐先生臨行前，王欣夫、王巨川為先生及準備離滬的夏氏、任銘善設宴送行，以上俱見夏氏日記。夏唐二人亦有詩詞酬唱，王素先生還推測，唐先生中年「詞風稍變，恐與夏氏相交有關也」。順便談及，唐先生與夏氏的友誼還延續到了先生與夏氏弟子蔣禮鴻之間。而唐先生與光華大學諸位先生以及夏承燾氏的交誼，實與金松岑先生的著意引薦有關。先生赴湘以後，與金先生仍有書翰往還。1942 年金氏有詩《寄答唐長孺益陽藍田師範學院（原題注：光華解散，始入內地）》，羨慕先生脫離孤島，遠遊江湘，得以「捫胸料檢金元史，倚席深思晁賈籌」。唐先生家藏金氏此詩手稿，末署「長孺內表侄湘中書來，卻寄一首」，並鈐有「金天羽鶴舫」之印。1943 年金氏詞《月下笛》有序云：「秋窗寫恨，因寄唐長孺湘中、袁希文貴築。山谷所謂『思兩國士不可〔復〕見』，渺渺兮予懷也。」表達了對兩位遠方「國士」的深切思念：「蠻荒一去，誰共天涯歌哭」？可以說，唐先生之走上學術道路，於唐先生情兼鄉黨、戚屬的金松岑先生，是不可或缺的推手和引路人。

「呂誠之先生是我治學道路上最早遇到的明師」

1947 年，唐先生在給呂思勉先生的信中說：

又我師稱謂太謙。生致力史學，實由《白話本國史》之啟迪；濫竽大庠，亦由我師之提攜。抗戰之前，私淑者累年；抗戰以後，承教者復多。心悅誠服，但冀勿加鄙棄，稱謂之間，齒之弟子之列，實為厚幸。

唐先生對呂先生的書札，「原來全都保存無缺」，後因那場著名的「浩劫」，竟至片紙無存，故今日已不知呂先生原信如何稱呼，當時唐先生已升任武漢大學教授，呂先生或以職銜相稱。唐先生治中古史，在史觀、方法乃至問題意識上，主要承自陳寅恪先生，但仍以「講堂著籍恨無緣」的「教外別傳」自稱。而於呂先生，則終身尊以為師，自稱「受業」弟子。上引唐先生致呂先生信中數語，既表達了對呂先生「心悅誠服」的無比尊敬之情，同時也是對呂、唐二位先生此前乃至以後數十年師弟交誼的概括。以下據以分敘之。

1.「生致力史學，實由《白話本國史》之啟迪」

1986 年，唐先生在給呂先生女公子呂翼仁的信中，談到自己初治史學，

「實受誠師《白話本國史》的啟發」，又稱「不但治學方面，在立身行己和政治立場也深受先師啟迪。以後如寫自述，必將記入」。這篇計劃中的「自述」雖未成稿，但先生晚年實際上已開始著手撰述回憶呂先生的文章，並留下數紙散頁手稿。《散頁手稿》開首即稱：「呂誠之先生是我治學道路上最早遇到的明師。」又稱：

我得識呂先生的時間很早，從一九二六～二八年，我在光華大學附中念書，那時先生是大學教授，我曾經聽過他講演，也偷聽過他上的課，記得是講《史通》或《文史通義》，大致是史學通論這類課。我那時只有十六、七歲，實在頑鈍無知，不但沒有決定將來要學什麼，甚至沒有考慮這個問題。雖然對歷史我從小就有興趣，雜學旁搜地看了一些書，乘興寫過些什麼論之類的東西，卻沒有認真地閱讀，因此聽了先生的課，並未領會多少。

猶記先師當年指示筆者讀《晉書》須參考《晉書斠注》時，順便談及斠注者之一的承乾老人及其嘉業堂藏書樓，不禁感慨繫之，遂回憶道：

我少年時常入此樓讀書，雖入寶山，實空手而歸。藏書樓中說部，特別是林（紓）譯小說，幾乎遍讀不遺，其次則為章回小說，至於它部則全不過目。九歲時閱讀《三國演義》，終卷後亟欲知三國歸晉後如何演變，家父因勢利導，稱《晉書》所記密接三國，讀之自可詳知。遂立即展讀，始讀但覺無味，後竟漸入佳境，不忍釋手，由傳、紀而絡繹至載記、諸志，並翻覽了《資治通鑑》《南史》《北史》等，讀後還乘興寫過一些諸如《曹操論》《王導論》之類的習作。余之讀魏晉南北朝史，實自《晉書》始，推其原乃為《三國演義》。

按先生少年時所撰諸論，今天自然無緣見到，但先生 1925 年曾在就讀的上海聖約翰青年中學季刊《青年鏡》秋季號上，發表「論說」一篇，題為《內亂與外交》，時年 14 周歲。這可能是今日所知唐先生公開發表文章中最早者，彌足珍貴。為存史料，茲轉錄如下：

孟子曰：人必自侮也，而後人侮之；國必自伐也，而後人伐之。旨哉言乎。夫桀寵妹喜，而夏鼎以遷；紂聚鹿臺，而殷祚歸周；唐有藩鎮之禍，而李祚不祿；漢有州牧之強，而神器禪魏。跡其所以興，察其所以亡，蓋非偶然。余因之而重有感矣。今之從政者，維知強其勢而闢其地，括民之脂賞（膏），以充己囊，萬民之窮困，不顧也，外交之失敗，不知也。日孳孳焉，謀所以利己者，若恐不及。而彼強鄰眈眈於側者，非一日矣。見執政者之若是也，乃亦從而侮之。執政者熟視無睹，甚或助之以賊民，而側媚於強鄰以自容。彼固以為外人

之侮，侮我國也，民也，非我也，我極其智以爭之者，何耶？而我民者，猶不知執政者之有以致強鄰之侮也。且曰仰首於執政者之門，而求其一援手也。然而彼固能從我民之請耶？則惟叱之去，而從事於內戰。戰愈亟，民愈困，而眈眈於側者乃日益多。嗚呼！欲我國之不亡，其可得乎？然而竊有疑焉。夫我國之兵，不可謂不多矣。奉直江浙兩戰，雖外人亦歎為近十年所僅見者。使以之禦外侮，捍強敵，則五卅血案庶幾可免。而乃計不出此，惟內爭之是尚，權利之是爭，而我民亦徒知外交之失敗，而不知失敗之原因，日囂囂然曰弱國無外交。嗚呼，弱國豈真無外交耶？亦內亂之足以致之耳！是故，我民不欲外交之勝利則已，否則當知執政者之不可恃，而恃己之堅忍，則必有一日，見我燦爛光華之五色國旗，飄揚於大地上也。

　　1919 年 5 月 7 日，上海各界兩萬餘人集會並遊行示威，繼而 60 餘所公辦、私立學校總罷課，學生集會、遊行，聲援發動五四運動的北京愛國學生。1924 年上海成立廢除不平等條約運動大同盟、反帝大同盟。另一方面，背後受日、英、美等外國勢力支持的各系軍閥，先後發動內戰。兩次奉直戰爭及江浙戰爭，參戰軍隊均數以十萬計，並有坦克、重炮等新式武器，海陸空立體式作戰。1925 年 5 月 30 日，因大中學生到南京路演說，抗議日人槍殺中國工人，英國捕頭下令開槍，造成了震驚中外的五卅慘案。而當時浙奉戰爭亦爆發在即，滬上戰雲密布。唐先生的《內亂與外交》正是在上述背景下寫成的。他並不認同「弱國無外交」，認為外交之失敗，根源在於內政，在於今之執政者孳孳謀取一己私利，為鬮地擴軍而收括民脂民膏，「側媚於強鄰（按：指日、英、美諸國）」，軍隊「不可謂不多」，但「惟內爭之是尚，權利之是爭」，而無心「禦外侮捍強敵」，所謂「國必自伐也，而後人伐之」，五卅血案即因之而發生。文章引徵三代秦漢史例，痛陳當時內憂外患之嚴重局面及其根源，字裏行間洋溢著飽滿的愛國熱情和深重的亡國之憂，其思維之縝密，論述之嚴謹，文筆之老到，很難想像出自一位初中生之手。聯想上文所述先生十餘歲時（正是先生撰寫此文的年紀）與承乾老人及其客人放談冒辟疆、董小宛事所表現出來的博覽強記及辯論之才，卻也不難理解。

　　正如上引《散頁手稿》所說，先生讀光華附中時就旁聽過呂先生的史學通論課，但「並未領會多少」，也沒有想到將來會以史學為業。後來入讀上海大同大學，「念的是文科，課程有羅馬法、商法、市政管理、比較刑法、西洋史，沒有念中國史」。1932 年大學畢業後，先生曾輾轉於上海多所中學任教，講授

中文、國史，因「不滿足於照本宣科，買了不少參考書備課」，但對呂思勉《白話本國史》最為服膺。先生在上揭《散頁手稿》中說，此書「上下數千年，縱橫九萬里，胸羅全史，橫通全國。在當時所有通史中沒有一部像先生著作中那樣詳細敘述國內各民族歷史的。……也沒有一部像先生那樣詳細敘述不同時代風俗習慣、生活情況的」。先生對呂先生的深厚學力和當時「具有進步意義」的進化史觀傾慕不已。按《白話本國史》「開宗名義」即稱：

歷史者，研究人類社會之沿革，而認識其變遷進化之因果關係者也。原來宇宙之間，無論那一種現象，都是常動不息的，都是變遷不已的。這個變遷，就叫作「進化」。

呂先生對歷史學科這一簡明扼要的界說，唐先生直到晚年還能隨口背誦，一字不落。《散頁手稿》稱：「我得到先生教益的開頭，還不是親炙門牆，耳提面命，而是先生的著作《白話本國史》。」正是呂先生的學識和《白話本國史》，將年輕的唐先生吸引到史學研究道路上來。

2.「濫竽大庠，亦由我師之提攜。抗戰之前，私淑者累年」

前已述及，1940 年秋，由於金松岑先生向其好友、時為光華大學歷史系主任呂思勉先生推介，更重要的是由於呂先生親自鼎力薦舉，唐先生受聘為光華大學歷史系講師，終於得到了向心儀已久的呂先生當面請益的機緣。1939～40 學年，呂先生在給時任光華大學文學院長蔣竹莊（維喬）先生的信中，稱「寬政（按：指楊寬）所授之斷代史，赴蘇北時請唐長孺代授。唐君不願代課，即由校中發給聘書。下學期仍擬請其講授。唐君專治遼金元史，亦係一專家，今雖不能增其課，姑仍舊貫，維繫一專家」。唐先生接替楊寬教遼金元史課，並以該斷代史專家而被正式延聘，儘管所任課時或不能達到專職教師工作量，但呂先生仍希望一「仍舊貫」繼續聘任，為學校保留一位遼金元史專家。

唐先生之專精遼金元史，實亦與呂先生的影響有關。他曾回憶在光華中學念書時旁聽呂先生的課：「他講宋遼金元史，引了許多書是我聞所未聞的，由於仰慕老先生的名望，我還是聽得有興趣。」先生大學畢業後雖任教中學多年，但授課之餘一直關注、研究遼金元史，其間撰寫並發表多篇專題論文。1940 年甫入光華大學，即在該校南鋒社出版的學刊《南鋒》第 2 期發表《讀〈遼史〉劄記》。當時先生鑒於《遼史》「紀載牴牾重複」，遂「仿照汪龍莊《〈元史〉本證》之例，對《遼史》作一點整理工作。紀傳部分大致作了校勘考證」。這篇《讀〈遼史〉劄記》所考，即始於《遼史·太祖本紀上》開卷敘述耶律阿保機

姓名、鄉里的「契丹迭剌部霞瀨益石烈鄉耶律彌里人」句，止於開國七年（913）六月「軌下放所俘還，多為於骨裏所掠」條。此文前後（下至離滬赴湘的 1942年），先生還發表了一系列「校勘考證」《遼史》的論文，並撰寫了多篇考論宋金元史的力作。可知呂先生稱唐先生為遼金元史專家，絕非泛泛虛譽。

入職光華後，唐先生得以隨時向呂先生請益，工作之餘，還曾陪呂先生紋枰對弈。先生曾與筆者談及，呂先生喜弈棋，不僅於圍棋、象棋均有極高棋藝，而且在譜、局、弈術乃至弈棋史等方面，亦有精深造詣。1941 年冬，太平洋戰爭爆發，日寇佔領上海租界，「孤島」亦淪陷，光華滬校停辦。呂思勉、金松岑等先生相約攜眷歸里，以「一片冰心」互勉，「不絓黜虜之網，不嗅盜泉之餌」，「不向日本鬼子低頭」。唐先生亦決意離滬，1942 年 4 月，唐先生正是「因呂師誠之之介，受湖南國立師範學院之聘」，歷盡艱險，間關赴湘，受聘該學院史地系任副教授。國師創校校長廖世承（字茂如）原為光華大學副校長兼光華附中主任，與呂先生是多年同事、朋友，創校伊始即擬延請呂先生為歷史系主任，呂先生因「方為光華歷史系主任謝不應」，推測呂先生是向廖校長推薦唐先生的，而唐先生就讀光華附中時，主持附中工作的正是廖先生，故唐先生致呂先生書，要特筆「茂師前請安」。

3.「抗戰以後，承教者復多」

任教藍田國師後，唐、呂師弟間雖東西分異，仍尺素不輟。1947～49 年間，唐先生有致呂先生的「論學書」數封，因呂先生將其歸入相關劄記資料類中，有幸保存下來。唐先生信中所論，均與漢魏南北朝史有關，特別是呂先生所專長的邊境少數民族，十六國匈奴劉淵世系及其族屬問題，北朝稽胡族屬問題，以及河西四郡置年辨析等，先生在信中皆詳列己說，以便「藉請教誨」，「請吾師教之」。唐先生每有論文發表，亦必奉寄呂先生求正。所惜呂先生的覆函均已散失，今已無法直接得知唐先生「承教者復多」的具體內容。

1948 年，呂著《兩晉南北朝史》出版。唐先生評價此書「取材之富，論斷之精，誠足使空腹高談者見而失色」；又稱呂先生從浩繁的史料中，綜合貫通，理出頭緒，綱舉目張，具見學力之深之厚。清初李清著《南北史合抄》當時被譽為三大奇書之一，我曾經見過此書，未免名過其實，以較先生功力，相去甚遠。

唐先生自稱治遼金元史，受呂先生《白話本國史》的啟發最大，以後治魏晉南北朝隋唐史，則受《兩晉南北朝史》的啟發為多：「自此書出版後，常置

案頭，我寫講義，寫論文，時時翻讀，十餘年來翻得脫線丟頁」。1948 年，唐先生發表《唐代軍事制度之演變》，即寄贈呂先生求正，對於這篇極具原創性的論文，呂先生評價極高。1959 年出版的呂著《隋唐五代史》第 20 章第 9 節「兵制」有云：「府兵之廢，昔時論者多惜之，其實不然。近人唐君長孺，言之最審。」其下「唐君之言曰」云云，即「撮取」唐先生上文「大義」，即：

唐帝國因應「疆域愈廣邊防線愈長」的大一統立國形勢，以及東西兩條戰線左支右絀不能兼顧的困境，軍事制度出現兩大變化，其一為「自徵兵變為募兵」，即以召募常住邊軍的長征（長鎮）健兒代替番替充任征鎮之役的府兵、兵募，其二為「自內重外輕變為邊兵盛而中央軍衰」，即設置軍區性質的節度使。唐代府兵與西魏北周府兵在性質（兵農分離／兵農合一）、任務（長期屯戍／征行宿衛）上有別，故「長征健兒之不得不代府兵而起」，乃「事勢之自然而非可歸咎於人謀之不臧」。

黃永年先生曾以《隋唐五代史》引徵唐先生此文為例，說明「呂先生即使對自己真正的學生也是虛懷若谷」，「現在魏晉南北朝隋唐史的權威唐長孺先生……是呂先生的學生」，呂先生認為他的《唐代軍事制度之演變》「講得好」，「就把這篇論文的要點全部引用進去」，並明注出處。「老師對學生的學術成就如此推重，真值得我們今天身為老師者學習」。而唐先生在給呂翼仁先生的信中則稱：

拙撰《唐代軍事制度之演變》一文，得到先師獎譽，並節錄入《隋唐五代史》，其實此文一個基本觀點，即唐代募兵制的代替府兵制由於當時形勢所迫，也是聆教於先師的。

唐先生之「聆教於先師」，是通過聽呂先生的課、講演，或者當面請益，抑或書信交流，今已不得而知，但我們從呂先生已發表的論著中，或能略知端倪。1926 年，呂先生發表《歷史上之民兵與募兵》，論證指出：「兵民合一之時，即我國最強盛之時」，「兵民合一之制，實始成於戰國之時，至後漢乃大壞」。北周隋唐的府兵制，論者亦「多美為兵農合一」，其實並非全民皆兵。「高宗而後，府兵之制，日以廢壞」，「則四裔之侵擾，不得不重邊兵以制之……中葉以後藩鎮割據之局成矣」，「凡募兵之弊，唐室亦旋即蹈之」。1941 年，呂先生又發表《中國歷代兵制之變遷》，在前文基礎上強調指出：「府兵之制，迫於勢不得已而後起焉者」，至玄宗世，府兵既名存實亡，遂募兵代之。「唐世藩鎮之兵，起於禦外侮。……大勢所趨，莫之能挽，終至裂為五代十國」。對比呂、唐所

論，不難看出，後者論唐代軍事制度兩大變化，與前者所論不無相似之處，儘管後者徵引史料更為繁富，考證更為細密，論述更為系統。呂先生謂府兵制之興乃「迫於勢不得已」，其亡乃「大勢所趨，莫之能挽」，即唐先生所謂唐代軍事制度兩大變化乃「事勢之自然而非可歸咎於人謀之不臧」。唐先生稱其文「基本觀點，即唐代募兵制的代替府兵制由於當時形勢所迫，也是聆教於先師」，蓋即指此。唐先生治六朝隋唐史所受呂先生的啟發，當然不止於此。茲再舉一例，以概其餘。

唐先生的成名作《魏晉南北朝史論叢》，首篇為《孫吳建國及漢末江南的宗部與山越》。該文最重要的發明在於揭示宗部、山越與孫吳建國的關係，孫吳獨有的領兵制度、復客制度及其在門閥貴族體制形成過程中的意義。論文所得極富原創性的結論，是以究明「宗部」「山越」的內涵乃至二者關係為前提的。論文考得「宗部」是以宗族為核心的武裝組織，「山越」實為山居的南方土著，其中固有古代越族後裔，「更多的則是逃避賦役與避罪入山」的一般漢族人民，「宗部與山越完全成為一體」。唐先生的這些重要論斷實受到呂思勉先生的啟發。呂先生上世紀 30 年代發表的近五千字的讀史劄記「山越」條，第一次對孫吳時期山越的分布、來源及構成：「所居地雖越地其人固多華夏」，主體為避役、避罪（「逋亡宿惡」）的漢族人民，以及山越「附中國之大族以為亂」和孫吳頻討山越使之「強者為兵羸者補戶」等等，進行了全面深入的考察，唯不及山越與宗部的關係。正如唐先生在上文中明確指出的，由於對山越的構成「呂誠之師有詳細的考證，我可以不再多說」，因而得以在此基礎上「接著說」，深入探討山越與孫吳建國的關係等重要問題。

如果說，唐先生走上學術研究的道路，承乾老人和金松岑先生不無引導推促之功，那麼，唐先生之選擇以史學為業，則如上引先生致呂先生信中所述，最初是受到呂著《白話本國史》的「啟迪」，而得以從一個中學教師躋身於大學講壇，則受惠於呂先生的賞識和「提攜」。唐先生自 1926 年在光華中學旁聽呂先生的課，即私淑於呂氏門牆，1940 年受任光華大學教職以後，得以在呂先生身邊工作，更親炙教誨。離滬以後，唐先生一直通過書信向呂先生請益問難，或彙報研究所得，或商榷學術問題，師生間的深厚學誼並未因距離而隔斷。1957 年 8 月 26 日，利用暑假回滬省親的唐先生，專程拜訪了病中的呂先生。這是年近知命的弟子與年過古稀的恩師之間最後一次見面，一個多月後的 10 月 9 日，呂先生遂歸道山。1962 年，中華書局上海編輯所發起整理呂先生遺

稿，作為呂先生學生之一的唐先生，亦被邀為呂思勉遺著整理小組成員。1987年，唐先生得知常州建立呂先生故居博物館，特致信呂翼仁先生，表示開館之日，「如健康條件許可，定當趨赴」，並賦五律一首以志慶。早在一年之前，唐先生即因身體原因，對外地會議邀請一律謝絕不應，目力亦急劇衰眊，跡近失明，但唐先生仍摸索著親筆書寫了這首詩，以表達對恩師歷六十載而彌深的感恩懷念之情。謹錄之於下，為本小節作結：

> 夫子今長往，開編題拂存。滄波涵德量，學海接微言。
> 故居遺書在，名山一老尊。升堂吾豈敢，白首愧師門。
> 誠之師故居開幕志慶　受業唐長孺

唐長孺先生治學次第及特色

1. 治學次第

唐先生幼承庭訓，博覽群籍，在文史、書畫、戲曲諸方面均受到良好訓練，弱冠之年即發表一批詩詞作品，極見功力、才情，深得文學大家金松岑激賞，已見前文。

先生大學主修科目為法學，包括羅馬法、商法、比較刑法，以及市政管理、西洋現代史等，這些均為舶來學科，因而對基本語言工具的英語要求極高。當時滬上的中學，英語是極其重要的科目，更不論唐先生一度就讀的聖約翰青年中學或曾任教的聖瑪麗亞女子中學等教會中學，因而先生對英語下工夫極深，並閱覽了一大批十七世紀以降的西方文學名著，其初多為漢譯本，大學時代則往往巡讀英文原著。大學畢業後先生為生計所迫，一度為啟明書局漢譯英文文學名著，先後在該局出版的譯著有美國劇作家奧尼爾的《月明之夜》（1937年初版，以下括注年份均為初版時間），美國科學家、政治家富蘭克林的《佛蘭克林自傳》（1939），美國傳教士葛蕾勃爾的《新中國》（1939），諾貝爾文學獎得主、美國小說家賽珍珠的系列小說《東風西風》（1940）、《元配夫人》（1940）、《分家》（1941）等，愛爾蘭作家高爾斯密斯的名著《威克斐牧師傳》（1941）。另外，唐先生還曾和苗平、唐允彪合譯 W. M. Tanner 的《泰氏英文法》（1930），與苗平合作編譯《泰氏英文法習題解答》（1930）。唐先生在英文原著的閱讀、漢譯方面勝任愉快，譯筆亦稱雅馴曉暢，所譯《富蘭克林自傳》自問世後多次再版，廣為流傳，允為其漢譯代表作。

唐先生早年還曾翻譯發表過一些專業性很強的英文學術論文。《山居存稿

三編》即收有譯作二篇：《海桑東遊錄》《元經世大典圖釋序》。《海桑東遊錄》為小亞美尼亞國王海桑（後多譯作海屯）的蒙古遊記，原文為亞美尼亞文，係海屯隨從所撰，有 1616 年的寫本。俄國漢學家布列資須奈德（Bretschneiter）曾參照之前的兩個俄譯本及法譯本，用英文譯出，並加詳注，收入其名著《中世紀研究》中。唐先生即根據布氏的英譯本，以典雅的文言體譯出。布氏是研究中西交通史的著名學者，他在英譯此書時，查閱了當時所能看到的各種中外歷史文獻，並在注釋中對書中所涉我國新疆和中亞的歷史地理多有釋證，不無創見。他的譯本無疑是當時最好的本子（布氏譯本今人何高濟譯作《海屯行紀》）。翻譯此文，除了精通英文外，還要對蒙元時期的中外交通及中亞歷史、地理有相當程度的瞭解，《海桑東遊錄》，以及同樣譯自布氏《中世紀研究》的《元經世大典圖釋序》，均從一個側面反映了唐先生在元史乃至西域史地等研究領域的綜合水準。

十里洋場的舊上海素得歐風美雨之先，先生由於英語嫻熟，思維敏銳，故對西洋新思想新學術乃至國際形勢，均有深入瞭解。1940 年 11 月先生曾撰《霜華腴》詞一闋，副題為「詠英法仳離也」。先生在 1992 年 6 月 28 日致汪榮祖氏的信中稱，這首詞：

似為情催決絕，歡怨之詞，其實乃詠二次戰時，法國貝當降德，邱吉爾試圖挽回，未得如願，遂有仳離之事，英法聯盟解體之事。所謂「機絲夜織，千重錦箋，邀勒玉人看」，及「樓閣去鴻三兩。任欄杆憑熱，不到伊邊」，皆述邱吉爾數次致電，欲維持聯合陣線，而法置之不理；所謂「邐田山愁，尊前電笑，陰晴未必無端」，則言英法間果有矛盾。此亦一時感慨，弄筆而已。

我們知道，1940 年 5 月 10 日丘吉爾繼張伯倫出任英國首相之時，正是德軍繞過法德邊境正面的馬其諾防線突襲入侵比利時、荷蘭、盧森堡之日。5 月 14 日，德軍已相繼突破法、比邊界的法軍阿登山脈防線，進佔色當，法國則陷入混亂，潰不成軍。繼荷蘭敗降，丘吉爾驚悉法國亦將投降，先後多次赴法，電報、電話、書信更僕相繼，周旋於法國政府的總統、總理、部長之間，竭力維持英法聯盟，以共同抗德。但丘吉爾已明顯察覺到主張停戰的貝當將會單獨與德媾和，英法之間已是相互猜疑，各圖自保，聯盟名存實亡。在貝當受命組閣之後，很快就與德國簽訂了屈辱的停戰協定，英法聯盟終告「仳離」。讀上揭唐先生《霜華腴》，可知身陷「孤島」的先生對歐洲戰場上「陰晴」無常、貌合神離的英法關係，已顯露出來的「仳離」之「端」，堪稱瞭如指掌，並惟

妙惟肖地形之於詞。我想，除了先生對國際反法西斯戰爭的關心外，更因當時中日戰爭正處於艱難相持的膠著階段，而聯合抗日的國共兩黨也常有「仳離」，《霜華腴》成稿之時，正值國民黨發動第二次反共高潮。先生實借英法仳離、德軍橫行的歐洲戰事之酒杯，以澆釋心中對國家民族前途深懷隱憂之塊壘，並非「一時感歎」而「弄筆而已」。1991 年秋，唐先生曾撰《七律　辛未秋日感事》一首，書贈居於同樓的世界史權威吳於廑先生。按是年春，立陶宛率先宣布脫離蘇聯恢復獨立，及至當年秋，已有十餘個加盟國相繼宣布獨立，蘇聯實已解體（是年 12 月底即宣布蘇聯不復存在）。先生詩中所謂「浮雲西北起秋風，黯澹河山在眼中」，「收拾殘局輸一劫，爭雄往事已朦朧」，當即詠美蘇爭霸、蘇聯解體之事，可見先生敏銳的國際視野至老而彌明。

1984 年冬，始終不願招收博士生的唐先生，在學校相關領導的勸促下同意招博。最初慕唐先生盛名報考的本來很多，後見考試科目中有「西歐中世紀史」，許多考生知難而退，或臨場放棄。唐先生曾說，「關於中國封建社會的研究還有許多值得深入的問題。如中國封建社會與西歐封建社會究竟有哪些不同的特點？我們要在馬克思主義指導下去探討中國封建社會的特點」。先生在《魏晉南北朝隋唐史三論》的「緒論」中指出：

東漢仍然是亞洲型的奴隸社會，封建化尚未完成。實際上由於中國是一個亞洲型的國家，奴隸社會帶有亞洲社會的特徵，封建社會同樣也帶有亞洲型的特徵。

先生在研究中國中古史時，常有一個隱而未現的比較對象，那就是歐洲中世封建社會。唐先生首次招收博士生時要考「西歐中世紀史」，即緣於此。有關唐先生之熟稔英語，在滬時曾漢譯多種英文名著，以及長期以來對世界歷史及國際時事的關注，晚輩學人知之不多，甚至連唐先生哲嗣剛卯世兄也是很遲才知道其父精通英語並有多種譯著出版的，故不避詞費敘述於上。

如前所述，在承乾老人、金松岑先生的勸導和呂先生《白話本國史》的啟發下，唐先生在大學畢業後遂專意治史，主攻遼金元史，並以遼金元史專家身份受聘光華大學任教。所著《山居存稿》及其《三編》，各自收錄了 9 篇遼金元史論文，後者還有相關譯文 2 篇，另外還有上揭發表於《南鋒》學刊的《讀遼史劄記》。唐先生在《山居存稿・跋語》中稱：

我早年治遼、金、元史。三十至四十年代曾在報刊發表過一些論文，有的疏誤不足存，有的現已無從找到，這裡只選錄了三篇。未發表的五篇是從四十

年前舊講稿中輯錄的。

《山居存稿》所收 9 篇，三篇屬於考史補史之作，其餘皆為探討該時期重大政治、軍事及文化問題的力作。《山居叢稿三編》所收遼金元史論考 9 篇、譯文 2 篇，除了與李涵聯名發表的長文《金元之際漢地七萬戶》外，其餘 10 篇均屬史實考證疏理、史料校訂以及域外資料的譯證之作。這些論文均已發表，《山居存稿》不予收入，除了與人合撰的一篇外，其餘的大概「無從找到」，或先生認為「不足存」，所以「不足存」，或因其中多為傳統的考據之作。先生曾謙稱早年研究遼金元史

當時見聞隘陋，能夠看到的有關史料非常有限，現在不僅無力補苴罅漏，舊所肄習者也強半遺忘，輯錄數篇，只不過聊備一格，或其中偶有可採，往年精力也就不算白費了。

實際上先生在遼金元史方面的研究成果，無論是考史之作還是論史之文，在當時均處於研究前沿，有的至今仍不失其價值。

按先生遼金元史研究的主要貢獻體現在兩個方面，其一即是史料的校勘和史實的考證，上揭 21 篇論文太半屬於此類。先生早年「初讀《遼史》」，即「感到紀載牴牾重複」，於是著手進行「校勘考證」，其成果以「校記」形式寫在一部局刻本《遼史》上。不料太平洋戰爭爆發，「作為『孤島』的上海淪陷」，先生「間道入湘」，這部局刻本留在上海「沒有帶走」，「後來也丟失了」。所幸這些以《遼史》校記」為中心的遼金元史考證成果，離滬前已發表 10 篇，離滬後，上世紀四十年代又「就記憶所及」從舊稿中整理發表 3 篇，八十年代末出版《山居存稿》，復從「舊講稿中輯錄」2 篇納入其中。

最早從「《遼史》校記」中抽出來單篇發表的論文可能是上揭《讀遼史劄記》（1940）（按：括號內為發表年份，下同）。此文共出校記 16 條，揭示了《遼史》中同一人同一部族之名有多種異譯，以及紀表互異、紀表本身又前後刺謬等混亂現象。《遼史匡謬舉例》（1941）就《遼史》中「事蹟之差謬」「名字之不一」「紀表志傳之彼此乖忤」等三類問題，各舉十例，以概其餘，並指出「《遼史》之根本錯誤實在於引用諸書，未加別擇，故於年月、人名事蹟不能整齊劃一」。《遼史天祚紀證釋》（1942）則就《天祚紀》中的重複記載和一人二傳，作了揭示和匡正，亦指出元修《遼史》，「合遼耶律儼之《皇朝實錄》、金陳大任之《遼史》」，並雜採野史及宋人記錄，「冶之一爐」，對這些不同來源的史料未能「去其重複，梳其糾紛」，以致「一書之中，紀表志傳各不相謀，數行之

隔，名字別號，隨事而異，全書皆然，更僕難數」，而「天祚一紀」之「顛倒錯亂、重文復出」尤甚，「卒不可讀」。《遼史中漢名的考訂》（1941）即就漢名異譯以至一人兩傳問題進行專題考訂。論文《韃靼考平議》（1940）、《記阻卜之異譯》（1947）就王靜安、王靜如二氏所論「韃靼」涵義及其變化問題，《蔑兒乞破滅年次考證》（1941）就「中、回記述皆有乖忤」的成吉思汗攻滅蔑兒乞部的年次問題，《張萬公諫開築界壕及東北路壕暫畢工年月》（1989）就懸而未決的有關金代東北路界壕開築的動議及其畢工時間等問題，《箭內亙可敦城考駁義》（1935）就日本學者箭內亙所考遼保大四年（1124）耶律大石所至之可敦城的地望問題，分別進行了深入細緻的實證考索，在前人基礎上提出了作者的獨立意見。2010年陳曉偉《〈遼史〉覆文再探》，2014年寧波《金朝東北路界壕考》，均曾援引先生上揭有關漢名考訂和東北路界壕開築的論文。著名遼金元史專家劉浦江在《再論阻卜與韃靼》文中稱，唐先生《記阻卜之異譯》「首先指出屢見於《遼史》的「術不姑」就是「阻卜」的異譯，以及蘇軾奏稿中的「術保」亦是阻卜的異譯。劉氏認為這些判斷都是可信的，進而通過遼代《耶律仁先墓誌》、女真字摩崖石刻，並從漢語及契丹、女真語文學的角度，進一步確證了唐先生的論斷。唐先生《韃靼考平議》《記阻卜之異譯》均對王國維《韃靼考》所稱「阻卜」為「韃靼」倒誤的說法，提出了理據充分的質疑和駁論，這些結論也為後來遼金元史專家（如劉浦江、余大鈞）的深入研究所確認。

　　《金末行省建置述》（1944）、《耶律大石年譜》（1936）、《補元史張易傳》（1989），分別對金末行省建置史料、西遼國創立者耶律大石年譜資料和元世祖時漢人重臣張易的傳記資料，進行了搜集、考訂和整理，應該是最早對這些問題進行全面系統考察的專論。今人研究金朝行省，如魯西奇、楊清華、吳尚等人的論文，均曾援引、參考《金末行省建置述》。苗潤博研究蒙古西征的論文，則多次引據《耶律大石年譜》。張澤咸先生回憶當年受唐先生之命，「負責全部整理」《山居存稿》文稿，他曾將書中所收《補元史張易傳》（撰於1942年）與臺灣學者袁國藩（冀）1962年發表的《試擬元史張易傳略》「作了對讀」，此書責任編輯張忱石先生也慮及先生此文撰寫甚早，「怕史料有遺漏，遂用《元史人名索引》逐條對讀」，結果表明唐文在資料上幾乎沒有什麼遺漏，而袁氏《試擬元史張易傳略》所引資料多為《續通鑑》《續通志》乃至《新元史》等二三手資料，先生始放心，謂此文「尚可發表」。近年來此文仍有多位史研究

者引徵。

　　唐先生在遼金元史研究中的另一主要貢獻，是研究該時期政治制度變遷、民族社會史、漢族地方社會勢力及其武裝集團，以及漢文化對北族政權的影響等重要問題的專題論文，主要為離滬以後從「舊講稿中輯錄」、改訂而成。

　　崛起於漠北的蒙古族在入主中原前，中書省、尚書省等中樞機構稱謂已頻見於史籍，論文《蒙元前期漢文人進用之途徑及其中樞組織》（1948）考證指出，這些稱謂只是漢人沿用內地前朝的舊稱，實乃文書之職，而非內地皇朝的中樞組織。蒙元太宗窩闊台時期，中書省仍為文書機構，長官稱必闍赤，尚書省則為治漢地財賦的行政機構，長官稱扎魯火赤。中書尚書兩省乃是從蒙元初期作為政府中樞的怯薛執事官分化而出的機構，兩省長官通常任用明曉天文、占卜、醫藥、錢穀之事的漢人，耶律楚才即是其中的代表人物，其後受重用的漢人也都是這類人物。當元世祖入主中原以後，中書尚書二省才逐漸自怯薛官分化出來。論文對蒙元中樞組織的前後演變和發展過程的疏理分析，脈絡明晰而符合歷史實際。屈文軍 2003 年、2018 年和劉成群 2012 年、陳佳臻 2020 年發表的有關元朝中樞權力結構及職官制度方面的論文，都引徵了先生的這篇論文，無論是肯定其說還是提出質疑，表明這篇已問世 70 餘年的論文仍具有參考價值。《金初皇位繼承制度及其破壞》（1989）則指出金初的皇位繼承，原則上是兄終弟及、嫡子繼承無嫡子乃立嫡孫。金史專家程妮娜針對論者關於金太宗在立儲嗣時，何以「屈服於宗室政要、元老貴族的壓力」而放棄原本立自己兒子為儲嗣的質疑，指出，「對於這個疑問，唐長孺關於金初繼承制度的研究對認識這個問題具有重要幫助」，然後詳細引徵了唐文的基本觀點。劉浦江《金朝初葉的國都問題》涉及到金初皇位繼承制度時，也引徵利用了先生此文的論點。論文《金代收繼婚》（1989）在充分使用遼金文獻的同時，廣泛參考利用宋人著述，對女真人廣泛存在的收繼婚習俗作了深入細緻的考察，所得結論在民族史研究中具有廣泛的意義。論文《論金代契丹文字之廢興及政治影響》（1947）則揭示了女真人起初是通曉契丹字多，能漢字者少，他們常通過契丹字來重譯漢字，故金初使宋諸臣皆用契丹、渤海人，統治中原則委用遼降臣；自海陵王實行漢化，官文書方為漢、契丹、女真三者並行。章宗時廢契丹字，創立女真進士科，旨在挽回女真漢化趨勢，卻未能奏效。論文《金元之際漢地七萬戶》（1981）、《貞祐南遷後的河北砦寨與九公分封》（1989），乃是研究金元之際河朔山東地區大量存在的地主武裝及其頭面人物的姊妹篇，究明

瞭這些聚集鄉族、結寨自保的漢地萬戶、九公等地主武裝得以產生、存在乃至衰亡的歷史條件和始末情況，以及他們和蒙古統治者的複雜關係、在歷史上的作用等。上述論文都是極富原創的成果，所得結論無不基於堅確的實證，得到了同行專家的認可和引用。

論文《巴而術阿而的惕斤傳譯證》（1935），譯自俄國漢學家布列資須奈德《中世紀研究》中的兩篇譯文：《海桑東遊錄》（1935）、《元經世大典圖釋序》（1935），均是有關域外遼金元民族、地理資料的漢譯和釋證。自 1897 年洪鈞《元史譯文證補》刊行，國內學者方知國外尚有如此眾多的蒙元史料和研究論著，20 世紀初的一些元史學家開始利用中西史料進行研究與撰述（如柯紹忞、屠寄）。在傳統學術向現代學術急遽轉型的民國初年，作為文史領域巨擘的王靜安，在蒙古史領域多所建樹，特別表現在利用域外資料方面。20 世紀 30 年代，一批有志於蒙元史研究的學者，或負笈海外向歐美東方學家修習語言工具及審音勘同之術（如韓儒林、翁獨健），或致力於域外史料與論著的譯介（如馮承鈞）。當此之際，初入遼金元史苑的唐先生，亦充分利用自己熟練的英語，積極投身於這一學術新潮。晚清以來，丁謙以《元經世大典圖地理考證》聞名於元史學界，唐先生發現，「丁謙之《大典圖考證》，皆取之於 Bret ret ciu（按：即上揭俄國漢學家布列資須奈德）之《中世紀研究》，既諱其名不書，又節略原文，無所取擇，是又不僅失真也已」，遂原原本本地將布氏以英文所著之《元經世大典圖釋》譯為漢語。先生同時還漢譯了布氏參校諸本而英譯的另一篇重要史料《海桑東遊錄》，前文已述。崔華傑 2019 年發表的有關布列資須奈德與中西交通史研究的論文中，對先生的譯文《元經世大典圖釋序》予以高度評價。

由於遼金元史研究在史料特別是語言工具（豐富的波斯文、阿拉伯文及蒙文、藏文史料和域外研究論著）的掌握方面有著特殊要求，先生「在治學過程中」，深感自己「缺乏治遼、金、元史必要的古少數族語言及外國語基礎，很難深入研究」，加之赴湘任教藍田國師後教學所需，專業便「轉向了魏晉南北朝隋唐史」，「遼金元三史從此擱置」，此後再也沒有重理舊業。但如前所述，先生的遼金元史研究成果在學術史上仍自有其價值。

先生轉治魏晉南北朝隋唐史後，成就卓著。1945 年撰成《唐書兵志箋正》書稿，次年以之作為晉升教授的代表作，得到評審專家陳寅恪先生的首肯，認為「頗多新義」。1948 年發表《唐代軍事制度之演變》，呂思勉先生予以高度評價，已見前述。及至 1955 年《魏晉南北朝史論叢》（下文或簡稱《論叢》）

問世，海內外反響強烈。日本知名學者池田溫、狩野直禎、宮川尚志先後發表書評，臺灣學者甚至冒著犯禁的風險紛紛研讀、引用此書。大陸學界也發表多篇書評，相對於海外好評如潮，國內批評、批判的呼聲似乎更高一些，但同行專家仍不吝高評。陳寅恪先生的評價堪稱代表：

寅恪於時賢論史之文多不敢苟同，獨誦尊作（《論叢》），輒為心折。

田餘慶先生回憶 50 年代《論叢》初出：

我讀了之後，感覺到異軍突起，怎麼忽然出來一個這麼高水平的學者……唐先生幾乎把所有魏晉南北朝史研究的制高點都攻佔了。

50 年代剛從美國回國的王毓銓先生，「不認識唐先生，讀了他的《魏晉南北朝史論叢》，不禁眼睛一亮，為之一驚」，對先生研治魏晉南北朝史的精博深為歎服。彼時日本學者谷川道雄先生正在為「把研究對象從唐代史轉移至魏晉南北朝史」而苦惱，《論叢》對他在「研究上尋求東山再起」發揮了「十分巨大的」「引導作用」；「這部著作不拘泥於固定的觀念，堅持從實證上來探求魏晉南北朝究竟是一個什麼樣的時代這一問題」，谷川氏和其恩師宇都宮清吉先生都「極為欽佩」。總之，《論叢》被公認為代表新中國魏晉南北朝史研究水平的標誌性成果。先生其後又相繼出版《論叢》的《續編》（1959）、《拾遺》（1983），以及《三至六世紀江南大土地所有制的發展》（1957）、《山居存稿》（1989）等重要著作，在魏晉隋唐史領域被公認為「義寧而後稱祭酒」，「接續陳寅恪，豎立了一個新的路標」。

先生晚年以抱病之身完成的最後一部著作《魏晉南北朝隋唐史三論》，既是作者長期研究魏晉隋唐史的總結性著述，也是對這一段歷史發展規律的理論探索之作，書中對其核心命題「中國封建社會的形成和前期的變化」的系統論證，在陳寅恪先生基礎上對唐代南朝化傾向的全面論述，為該書重大創獲所在。周一良先生評價《三論》「高屋建瓴，體大思精，幾乎每一問題皆在微觀考訂基礎上，再作宏觀闡述」，將「三至九世紀七百年歷史」「融會貫通，頭頭是道」，「寅老（陳寅恪）而後端推我公為巨擘矣」。田餘慶先生稱：

周一良先生評論，我完全同意。……只補充一點，即書中所涉幾乎每個重大問題，都有唐先生所寫而為史界所公認的論文為根據。

儘管周、田二位先生虛懷若谷，而且他們與唐先生是多年的同行舊交，故友情深，但他們的評價，仍在相當程度上反映了學界同行對唐先生學術成就的認可和敬重。

　　唐先生自上世紀 60 年代開始主持二十四史中北朝四史（《魏書》《北齊書》《周書》《北史》）的點校，後由中華書局出版，被公認為「古籍整理的優秀成果和範本」，「二十四史點校本之樣板」，先生則被譽為「整理二十四史的功臣」。先生憑藉深厚的學術積累，過人的見識，加之對南北朝史實爛熟於胸，故能在點校過程中充分利用前人成果，發前人所未發。清人盧文弨曾據《通典》為《魏書·樂志》補 16 字，陳垣先生復據《冊府元龜》補《樂志》原缺之一整頁凡 289 字，並批評盧氏「輯佚名家，號稱博洽，致《魏書》此頁埋沒八百年」。實際上傳本《魏書》禮、刑二志亦有脫葉，唯因文字似乎銜接，從來無人察覺。唐先生據《冊府元龜》，於《禮志四》一處即補脫文 325 字之多，《刑罰志》一處亦據《冊府》補 317 字。《刑罰志》脫文中一部分亦見於《通典》，先生又據以校勘補自《冊府》的脫文。先生親自撰寫或審定的北朝四史「校勘記」，是校勘與研究的有機結合，研讀者受此啟發，引發出許多新的研究成果。

　　唐先生在歷史研究中歷來重視出土文物、文獻資料。1948 年發表的《敦煌所出郡姓殘葉題記》《白衣天子試釋》，均是據敦煌出土文書提出問題，並結合傳世文獻加以解決，後者還曾寄呈陳寅恪先生。1957 年，先生即在中國科學院圖書館查看、抄寫敦煌文書的微型膠卷，並建議中國社科院歷史所成立敦煌學研究室。1974 年，國家文物局決定由先生負責組織相關專家，對新出吐魯番古墓葬出土文書進行整理，次年由他倡議，國務院批准成立「吐魯番出土文書整理組」，並出任組長、主編，主持吐魯番文書的整理和編輯出版工作。他親自參與文書的釋讀、鑒別、斷代、擬題和注釋撰寫，至 1991 年，所主編的十冊釋文本《吐魯番出土文書》全部出齊，繼而又主持編輯《吐魯番出土文書》圖文對照本，凡四卷，至 1996 年出齊。1987 年，唐先生在給張澤咸先生的信中，回顧自己 60 年代以來，主持點校北朝四史，1974 年後「大部分時間在整理吐魯番文書，我想這二十年來，如果說有什麼微薄成果，恐怕是在古文獻整理方面」。至 1994 年仙逝，先生竭心盡力，廿易寒暑，終於使沉睡千年的西州古冢遺文經科學整理及時公布於世，受到國際學術界的高度評價，並創造了文書整理的一套嚴格規範，為後來者所遵循。

　　1980 年，唐先生受聘為中國大百科全書編委、隋唐五代史分卷主編，他親自擬定條目，審讀文稿，動筆修改。由他創辦並擔任所長的武漢大學中國三至九世紀研究所，是首批中國古代史博士點和全國哲學社會科學重點學科點。他創辦並親自編輯、撰文的研究所學術年刊《魏晉南北朝隋唐史資料》，迄今

仍連續出版，在海內外同行中享有盛譽。自 50 年代以來，他就開始招收、培養研究生，其中不少人，包括再傳弟子，已成長為六朝隋唐史及敦煌吐魯番文書研究領域的學術骨幹。

2. 治學特色

唐先生治史，深受呂思勉、陳寅恪及李劍農等先生的影響。先生曾說，呂、陳兩位先生各有其治學特點，呂先生善從大中見小，陳先生則善從小中見大。筆者當時聞之不無惘然，後來認真研讀了呂、陳著作，方對先生的概括乃至先生自身的治學特點有所領悟。

呂先生《白話本國史》開宗明義，即稱以「人類社會之沿革」為研究對象，以「認識其變遷進化之因果關係」為宗旨。此書「上下數千年，縱橫九萬里，胸羅全史，橫通全國」，不可謂不大，但這裡的「大」，絕非「空腹高談」、「憑虛臆度」的空洞無據之大，亦非人云亦云、了無新意的陳腔套語之大，而是「從浩繁的史料中，綜合貫通，理出頭緒，綱舉目張」，對歷史發展的大勢有獨到的揭示。呂先生學尚通博，所論多提綱挈領，又能舉「綱」以張「目」，所謂大中見小之小，正是指那些因「綱舉」而始「張」之「目」。如呂先生多次指出，王莽的「社會革命」乃「先秦以來言改革者之集大成」，「改革社會」既告失敗，遂一變為「專求所以適合社會」，玄學、道佛二教乃至魏晉玄學、宋明理學之興，均可溯源於此，故以新室東漢間為「古今一大界」。又如呂先生在《兩晉南北朝史》論及「衣服」時，對古人作為便服的「深衣」（上衣下裳相連）六朝時變成禮服，而上衣下裳的禮服反而成為便服，不吝筆墨詳加考述，進而補清人趙翼謂「南朝著靴」僅有三例之闕，正今人胡適稱「褲褶全為胡服」之誤。正是因為「胸羅全史」而「觀其會通」，故呂先生在縱論長時段的歷史演進時，能隻眼獨具地發現某些短時段事件甚至貌似微小事物變化中的劃時代意義。陳寅恪先生治史，雖從大處著眼，卻每從小處著手，從一些人所常見而不經意的「小」問題出發，察微知著，引申推論，最後得出人所未見、事關全局的重大結論，此為人所周知，無須舉例。

上揭周一良先生評唐著《魏晉南北朝隋唐史三論》，「不僅如史公所云，『通古今之變』，進而通南北（朝）之變，通東西（方）之變，融會貫通，頭頭是道」。《三論》分三篇，第一篇首次正面、系統闡述了作者所持的魏晉封建論，第二篇論述永嘉亂後南北封建社會分別走上了不同的發展道路，第三篇論證指出唐代發生的一系列重大變化，其中最重要的部分，乃是對東晉南朝的繼

承，或曰「南朝化」。篇末「綜論」對中國三至九世紀七百年歷史的發展過程、特徵的概述，則堪稱如椽之筆，論題不可謂不宏大。但如周、田二位先生所指出的，書中所涉重大問題，莫不基於作者的實證成果。先生長於考證，但並不止於考證，更不為考證而考證，而是始終從具體史實的考析入手，以把握歷史演進的大勢及規律。只要將先生的專題論文與《三論》加以對比，即可知這些論文甚至包括一些綿密細微的考證之什，幾乎都在《三論》中有自己的位置。唐先生的魏晉封建說是基於漢代以來自由農民的封建化即客的卑微化和普遍化立論的，其中最關鍵的資料則是《後漢書·馬援傳》特別是《水經注》所載與馬援對半分成的「田戶」，《三國志·糜竺傳》特別是《水經注》所載固著於糜竺田莊、牧場上從事農牧勞動、身份「更接近於農奴」的「糜家之隸」。這幾條人皆可見卻鮮有經意的關鍵資料，和大量其他相關史料所形成的證據鏈，坐實了漢魏之際封建大土地上的勞動者農奴化即封建化的過程，堪稱小中見大、見微知著的典型，同時，也只有放在漢唐間勞動者身份變化的長河或曰大勢中，這些關鍵資料的意義和價值才能得到彰顯，是為大中見小。在先生的論著中，這類例子多不勝舉，茲再舉二例，以概其餘。

　　唐先生被認為是「中國大陸六朝士族研究的奠基人」，「對魏晉南北朝士族的發展脈絡構築了一個完備的理論框架」。先生曾論證指出，魏晉南朝政權是一個以皇族為首的門閥貴族的聯合政權，皇室作為第一家族有資格也有必要對其他門閥家族保持其優越地位。這是六朝門閥政權的基本結構，也是門閥士族給六朝政治、社會打下的時代烙印。當時以宗王出鎮入輔，士族的高低序列及其升降之決定於「當代軒冕」而非「冢中枯骨」，乃至東晉元帝之實行「刻碎之政」及其後果等等，均可以從中得到解釋。「幾乎是子身處於南北士族之間」晉元帝，不滿足「王與馬共天下」而實行「諸刻碎之政」，正是為了加強皇權即保持第一家族的優勢，最後激發了王敦之亂，導致門閥貴族聯合政體內在矛盾的總爆發，並決定了東晉一朝君弱臣強的形勢。但「唯獨東晉」如此，前此的孫吳、西晉，後此的宋、齊、梁、陳，都沒有違背門閥政權的總體格局。如果說東晉政權是門閥政權的一種特殊類型，北魏則是處於另一極端的特殊類型。太和十九年，北魏孝文帝按照當代官爵和魏晉士籍，定胡漢門閥為四等，按等級享受免役、蔭族和入官特權，建立了新的門閥序列和體制。唐先生認為，以朝廷的威權採取法律形式來制定門閥序列，與兩晉南朝主要依據習慣而非法律有明顯不同，這是孝文帝的首創，並開爾後唐代官定士族等第的先河。唐

先生正是在論證中交相採用大中見小和小中見大，小大相須，特殊和一般相觀照，因而既能把握門閥政權演變的大趨勢和普遍性，又能據以發現和解釋發展過程中的特殊性。

《世說新語·文學篇》載東晉褚裒、孫盛、支道林等稱南人、北人學問有異，《隋書·儒林傳》「序」亦認為南北學問特徵不同。歷來都以為褚、孫、支所談的南北相當於以後南北朝的界限。唐先生則考證揭示褚、孫、支所謂南北乃指大河南北，與《隋書·儒林傳》「序」所談南北，在範圍上是不同的。孫盛所謂「南人學問清通簡要」，係指魏晉時期流行於以洛陽為中心的大河以南的玄學，當時大河以北和長江以南流行的仍是漢儒舊學，直至晉室東遷，京洛玄學新風才南移建康。唐先生對這些常見資料的辨析，發千年之覆，究明瞭六朝時期學風變化和文化地理的改觀，深得陳寅恪先生小中見大、「勝義微言若有神，尋常史蹟考文新」之旨。日本六朝史名家宮川尚志氏評論唐先生《魏晉南北朝史論叢》及《續編》，全面繼承了陳寅恪先生為代表的考據史學傳統，其精當的考證，銳利的眼光，善於從各種資料中發現新的聯繫，無論複雜的制度還是微妙的思想都能建構明快的體系，與陳先生極為相似，評價頗為中肯。

唐先生自幼就打下了全面、堅實的國學基礎，閱讀面極廣，在法律、詩詞、藝術以及英文、西學等方面，皆有深厚修養，包括早年從事遼、金、元史研究，均從不同方面對唐先生的魏晉南北朝隋唐史研究產生著深刻影響。

在依附勞動者身份及士族特權的確立上，唐先生非常重視法律、制度層面的反映。如東漢以來客的實際身份已日漸成為私屬（農奴性的依附勞動者），但在法律上從未明確規定其身份，西晉太康元年（280）頒布戶調式，規定官員按品級蔭客，意味著在法律上第一次明確規定了客的私屬身份，從而意味著東漢以來的客的卑微化與普遍化進程最終完成，儘管戶調式的立法預設恐怕主要還在於限制這種私屬身份的客無限擴大。又如南朝後期終身隸屬於將帥並大量使用於農業生產的「部曲」，其依附身份並不見明確規定。唐先生根據北周建德六年（577）詔，指出部曲、客女的私屬身份第一次在法律上得到確認，並指出他們作為封建大土地上的依附勞動者，在唐律中亦有詳密的規定。兩晉南朝的士族以出仕為核心的政治特權，主要是由九品中正制及特定的起家官規定所保證的，但其士族身份及經濟特權，卻並無明確的法律依據。唐先生根據戶調式關於官員按品級蔭客的規定之後的補充條文「士人子孫亦如之」，指出士族的免役特權「首次以法律形式給固定下來」；復據

《宋書·索虜傳》《南齊書·虞玩之傳》，揭示出符合於二傳所載七條或八條免於征役規定的就是士族，可享受免役特權。唐先生還根據《魏書·房景先傳》中有關平齊民在孝文帝遷洛前後「例得還鄉」的「例」字，並結合其他資料，指出被遷至代京乃至北鎮的平齊民這時被准予回鄉，「是帶有普遍性的規定」，從而得以「還居本鄉，享受士族特權」，並「接踵登朝」。先生還根據《晉令》中有關服飾的規定，指出魏晉南朝「士卒身份較一般編民為低，與百工奴婢被法定於低賤的地位上」。先生在研究中特重法律規定，當與他大學時主修法律有關。

唐先生的名作《晉書趙至傳中所見的曹魏士家制度》，胡寶國先生謂「文中所展現出作者目光的銳利確實令人歎服」，表現了「唐先生的敏銳和機智」。田餘慶先生則謂此文體現了唐先生治學上的「巧思」，「不光是學術素養和理論水平的問題，還要很高的悟性和很豐富的靈感」。「巧思」「機智」「靈感」云云，似乎都與文學創作有關。唐先生是詩詞高手，並翻譯過多篇西方文學名著。詩詞講究謀篇布局，且須盡尺幅千里之能事，文學特重細節、懸念，最忌平鋪直敘。按此文首先點出各種有關趙至的零散資料中「許多不盡情理的敘述」，以及趙至的諸多情節細緻入微的怪異行為，認為「只有從士伍出身這一點」才能理解。然後以不足五千字的篇幅，透過撲朔迷離的現象，逐層剝筍般地將《趙至傳》中所見魏晉士家制的具體內容及嚴酷本質，完整而清晰地揭示出來，猶如一篇懸疑小說。論者或謂唐先生的論著措語平白，布局嚴整，表達極具分寸感，等等，或許都與唐先生深厚的文學素養有關。

唐先生在資料上的竭澤而漁，亦為論者所稱道。如先生《山居存稿》所收《唐修憲穆敬文四朝實錄與牛李黨爭》一文，正史《通鑒》之外，還大量採用《冊府元龜》及唐人文集資料，筆者曾通過電子檢索覆核，所有重要史料幾無遺漏。唐先生當年放棄遼金元史舊業，缺乏「必要的古少數族語言和外國語基礎」，即是重要原因之一，可見先生治史對全面掌握資料的極端重視。

求新求異思維和批判精神亦是唐先生治學的顯著特色。唐先生對呂、陳二先生尊敬有加，以弟子自居，但這是一種在學術上「當仁不讓於師」的尊敬，對二位先生治學領域及其方法的繼承，也是在發展和創新基礎上的繼承。先生所撰《孫吳建國及漢末江南的宗部與山越》，雖作為論文出發點的山越多係避役之民的觀點前承呂先生，但唐文將山越問題與孫吳建國以及吳國領兵、復客等重要政治經濟制度聯繫起來考察，則完全突破了呂先生的視域，自成一家之

言。先生的《三論》第三篇主要論證唐代變化中的南朝化傾向，篇幅幾占全書之半。如所周知，陳寅恪先生最先提出了唐代財政制度的南朝化，但唐先生在陳先生基礎上第一次對「唐代的南朝化」進行了全面系統的實證，認為唐代南朝化顯示出南北社會的整合和歷史的初步銜接，標誌著形成於漢魏之際的封建社會，已越過北朝的迂迴而重新回到魏晉南朝的正常發展軌道上來。這是在陳先生基礎上的重大創新。我們還知道，唐先生《讀〈桃花源記旁證〉質疑》，即對陳先生的意見作了有根據的修正和質疑。1949 年，呂先生《兩晉南北朝史》甫問世，唐先生立即「誦讀一過」，並致信呂先生，大加讚佩之餘，仍就書中數事，「質之師座」。其一是呂著和一些學者認為「西晉課田即在占田之內」，唐先生認為課田「不在占田數內」，致誤原因在於《晉書・食貨志》所載占田課田制於「租」無明文，而唐先生發現保存在《初學記》中的《晉故事》，明載課田「收租四斛」。另外還就呂著中將占田、課田租額與魏晉屯田租額混同，以及北魏三長、均田二制確立年份，「素族」所指等問題，提出了基於史料的質疑和修正。唐先生論著中，處處可見在先行研究基礎上求新求異、勇於質疑的批判精神，宜乎其論文篇篇皆有創見。

餘言

　　歲當庚子的 2020 年，適值唐先生 110 冥誕之歲，回顧先師早年在滬求學任教的艱苦歲月，以及筆者當年負笈珞珈問學於先師的難忘時光，不禁感慨盈懷，有不已於言者。此文雖已冗長，仍擬略贅數言以作結，或是多餘的話，故謂「餘言」。

　　借用胡寶國先生紀念田餘慶先生文的題目，唐先生一生實亦如田先生，「以學術研究為宗教」。張澤咸先生曾回憶唐先生逝世前兩年，即 1992 年 12 月 27 日至 1994 年 9 月 14 日（當年 10 月 14 日先生辭世），先生給他的書信中談到的正在從事和計劃從事的諸多研究工作。誠如張先生所感歎的，先生雖自稱「是收攤子的時候了」，卻「仍然沒有真正收攤的跡象」，「真可謂生命不息，寫作與科研永不休止」。先生用一生的勤勉治學，實踐了他自題並請啟功先生手書的聯語──「著述敢期延歲月，湖山倘許小盤桓」。儘管歲華不與，湖山吝情，先生的學術成就，良師風範，必將在學術史上永世長存。先生最後自願公開的文字，應該是他自撰並請啟功先生書丹的墓誌銘：

　　生於吳，沒於楚。勤著述，終無補。宜室家，同甘苦。死則同穴夫與婦。

其中的「勤著述，終無補」，曾引起過一些議論。在筆者看來，先生一輩子最大的追求，就是希望能有一張平靜的書桌，從事自己熱愛的學術研究。他一輩子勤於著述，取得了卓越的研究成果，但如所周知，他自入滬求學以來，受外在各種干擾之日，遠多於可以安心讀書治學之時。作為一個對學術研究有著宗教般情懷的他，暮年回首，想到當年在學術上的自我期許，最終只能徒歎「無補」。先生對於弟子們的最大希望，也就是能夠內心無旁騖、外界無干擾，專心致志地從事學術研究。王素師兄考取唐先生的研究生後，開學時先生曾囑他注意二事，第一事即是希望他畢業後協助先生完成《吐魯番出土文書》的整理工作，因而希望他在「學習期間不要談戀愛」，以免影響畢業以後的分配。我也不禁回想起先師 1993 年 12 月 28 日給我親筆寫的一封信，當時我在日本京都的同志社大學研訪。由於我連續讀大學十年，擔任中學教師的內子隻身帶著小孩工作，身體拖得極弱，因此我擬趁此機會，請她攜小孩到京都旅居、休養半年，並將此意去信稟告了唐師。先生接信後立即回信，丁寧周至地告訴我，以我內子羸弱的身體，又帶著小孩、行李，由武漢而上海而大阪到京都，輾轉換乘，「恐怕太勞累」，「其次，這筆旅費為數不小，積存下來，回國後就生活相當寬裕，也可以在國內名勝遊覽」。當時我的家庭經濟狀況極為窘迫，有機會赴日留學，先生非常高興，當然主要在於有利於我開闊學術視野，提升研究水準，而我內心深知，唐先生還有一重考慮，那就是可以稍稍紓緩我的經濟困境，以保證我能安心在大學研究教學。每讀先生此信，特別是信中的另一段話：「我知道你已作好安排，但是我顯然覺得（不）太妥，隱而不言，有愧良友，所以尋思再三，終於將我的意見說出來，請予鑒諒。」不免心中五味雜陳。上述先生分別對我和王素兄的希望，我們都沒有做到，但王素兄憑藉自己的才智和努力，在學術研究上取得了驕人成就，最終實現了先生希望他達到的目標。而我略可告慰先師的，只是迄今總算還在學術研究崗位上堅守，但在研究上乏善可陳，有負恩師殷望。

　　附注：拙稿上篇曾引金克木先生《珞珈山下四人行》中「金是認識他的人都知道的雜貨攤」語（第 19 頁），拙文誤以為「雜貨攤」是指上句提到的金松岑先生，實則是講金克木先生自己。承師兄王素先生指正，特此更正。又，上篇注釋中引有「唐長孺著、王素箋注《南潯平望雜憶》稿本」（第 13～17 頁注釋）。近承王素兄告知，《南潯平望雜憶》將與王素兄箋注《唐長孺詩詞集》「附錄」中所收唐先生的《記湘行及國立師範學院》《入蜀記》二文，合為《唐長

孺回憶錄》一書，署為「唐長孺著、王素整理」，年內即將由中華書局出版。

石泉先生

石泉先生對我的言傳與身教

袁為鵬

石泉先生晚年肖像照

　　2018 年 1 月 17 日是先師石泉先生一百歲誕辰紀念日。武漢大學歷史地理研究所前不久召集先師生前友好和門人齊聚珞珈山，共同緬懷先生的學術貢獻和人格風範。

　　余忝列先生門下，得以出席這一盛會，其間聆聽各師友敘說先師嘉言懿行，追憶與先師數載之交遊，感念先師培育之恩德，數度涕下，情難自己。因思石師一生以治學與教育為職志，關於先師之治學經歷、學術成就、學術貢獻與學術品格，自先師逝世以來已陸續由各位師友撰文詳細介紹，惟於先生之教育方法，尤其是對於研究生的教育與培養工作，雖在不少師友的回憶文章中提

及，尚少有專門的文章介紹。我作為先師晚年所培養的近代歷史地理研究方向的博士研究生，所接受的教育與培養方法與各位同門師兄師姐頗有不同。二十年前，武漢大學歷史系之研究生教育，其制度環境與培養方式亦與今日存在不少差異。倘能追敘余與先師當年結緣及問學之經歷，概括先師對余之教育與培養方式，對於後人全面瞭解石師之教育方法與教育思想，及當年武漢大學歷史地理所之研究生教育狀況，或許不無裨益。

爰草斯文一則，抒發個人對於先師培育之恩的感激之情，以為先師百年誕辰之紀念；二則，保存一段真實之歷史，以為後來者之參考。

餘生也晚，性至愚，對先師思想與學問之理解遠未深入。本文所敘，僅是先生晚年教育生涯的一個片斷而已。不當之處，尚祈各位師友和廣大讀者指正。

一、跨入師門

1. 推薦

1997 年的秋天，我尚在華中師範大學念碩士三年級。畢業在即，是參加社會工作還是繼續求學深造，心裏一片迷茫。因為家庭經濟方面的原因，一方面想要早點工作，另一方面又不甘心放棄自己進一步求學深造的夢想。

我曾在圖書館查閱過當時國內各主要高校及研究機構中國近現代史專業的博士招生信息，發現各地大多是招收文化史或思想史方向的研究生。而我碩士學位論文做的是關於晚清利權觀念與經濟民族主義思潮的內容，寫作過程中感覺經濟思想史與文化史的研究理論性太強，不易把握，頗想換個領域再學習。

一天晚上，我到青年老師王奇生家中求教。王老師現已是北京大學歷史系的名教授，當時尚是剛剛博士畢業留校任教的年輕老師。他思想活躍，待人熱情，我們青年學子很喜歡到他家中做客。沒想到王老師一見到我，就想起他的母校，武漢大學歷史系石泉先生有意招收一名中國近現代史專業的博士研究生，並覺得我比較合適。當即打電話向石先生推薦我，讓我到武大找石先生一談。

王老師雖然向我簡單地介紹過關於石先生的情況，我本科選修歷史地理學時也曾得知先生是荊楚歷史地理的名家，但想到先生是有名的大學者，我在撥打先生的電話時內心忐忑不已。電話接通，裏面傳來的是一個渾厚、親切的男中音。我在電話中說明來意，並與先生約好第二天下午三點到先生家中面談。石師仔細地告訴我他的家庭住址及交通路線，結束通話時，先生很客氣也很親切地說了聲：「恭候」。多少年來，這一聲恭候時常迴響在我的耳邊，難以忘懷。

1995 年 10 月攝於武漢（轉引自《古代荊楚地理新探增訂本》高文出版社 2004 年）

1997 年先生於清華大學陳寅恪先生故居留影（轉引自《新探增訂本》）

2. 面談

第一次去見石先生，心中十分緊張。據王老師告訴我，石先生招生以嚴格出名，而且先生招生並不特別看重學生的考試分數，而是注重學生的學術興趣

與培養潛力。在招收學生前，一般都會與之面談一次。如果面談不滿意，則會直截了當地告訴其不適合報考，勸其另謀高就。據說年前本校曾有位學兄有意報考先生的研究生，但面談之後即遭到先生婉拒。所以這第一次面談其實就是一場提前了的面試。

當時我對石先生的治學與為人知之甚少，對於歷史地理學這一學科的知識也很有限。只是覺得研究地理環境變遷很有意義，而且先生又是難得一覓的名師，機會難得，所以決定去試試。

我從小在鄉下長大，很少對外交際，不懂禮節。臨行前，曾有一位精通時務的學兄告訴我，第一次登門造訪，應該給先生帶上一瓶好酒或者一盒名茶作為見面禮。我當時對酒、茶毫無知識，且囊中羞澀，不克置辦，沒有採納這位同學的建議，而是決定用一個大信封包了兩篇我尚未公開發表的論文手稿，帶著去見先生，順便也好向先生請教。後來想來，幸虧沒有採納那位學兄的意見，否則我這一生恐怕永遠也難再次踏進先生的家門。

1938 年入燕京大學歷史系學習，時年 20 歲（轉引自《新探增訂本》）

《甲午戰爭前後之晚清政局》生活·讀書·新知三聯書店 1997 年 11 月出版

記得當我按響先生家的門鈴，走到四樓門口時，先生已經打開房門，笑容可掬地歡迎我的來訪。但當他的眼睛掃過我手中的那個厚厚的大信封時，臉上立刻變得嚴肅起來，連忙詢問裏面是什麼東西，並聲稱如果是貴重物品請在外

面放好之後再進來。我連忙從裏面掏出那兩篇習作，呈請先生指正。先生這才放了心，很熱情地招呼我到他書房裏坐下來交談。

第一次與先生的面談令我很難相信他是一個將近八旬的老人。我感覺先生精力充沛，講話中氣十足，思維與反應相當敏捷。我們第一次面談持續了大約兩個小時。

石先生向我介紹他早年追隨陳寅恪先生研治中國近代史，後來從事荊楚歷史地理研究的學術經歷。還介紹了武漢大學歷史地理研究所的發展歷史及現狀，強調指出中國近百年地理環境變遷最大最烈，對中國現實影響最直接，而中國歷史地理學界卻少有研究，實在是一種學術慣性之所致；並說明自己希望培養一名博士生來從事中國近代歷史地理學的研究；考慮到武漢大學自身的優勢及研究所的情形，最好先從研究武漢城市歷史地理面貌的變遷入手，但如果學生另有好的選題也可以，他並不定框框。

這時我才知道先生竟是史學大師陳寅恪先生的入室弟子，敬仰之情油然而生。第一次見先生我顯得有點拘束，不知道該說些什麼。先生詢問我的一些學習經歷和興趣，並特別問我讀些什麼書，有何心得可以分享。說來也巧，當時我正好迷上了國內剛出版的陸健東先生所著的《陳寅恪先生的最後二十年》一書，對陳先生的學問與品格，甚是敬重，而對陳先生的人生遭際，不勝同情與慨歎。我簡單地談了談自己閱讀這本書的一些感受，並趁機向先生請教自己讀此書當中的兩處疑惑，先生面色和藹，並且一一詳細解答。〔註1〕

先生還特別介紹他那本即將由三聯書店出版的碩士學位論文《甲午戰爭前後之晚清政局》的主要內容及寫作過程。臨走的時候，他很高興的告訴我，這本書的樣書可能下周就會寄到他的手中，他囑咐我下周再聯繫他一次，他願意送一本書給我，無論我是否報考他的研究生。我趁機問先生是否歡迎我報考，他點了點頭，表示同意我報考，並歡迎我以後有問題隨時聯繫、造訪。

〔註 1〕我當時提出的兩個問題如下：其一，陳先生之身世與經歷和中國近代歷史有著千絲萬縷的聯繫，他無疑是研究中國近代史的絕佳人選，為何他本人不治中國近代史？其二，1949 年前後，他為何選擇去廣州而不是乾脆留在北京或者去香港或歐美暫居？有趣的是，後來先生告訴我，這兩個問題也是海外著名的漢學家，汪榮祖先生當年在海外曾向他問及的兩個問題。坊間關於陳寅恪先生的傳記很多，石師生前最看重汪先生的著作。或許這一個巧合是我當年能夠通過面試的重要原因吧。

對於我而言，算是過了報考博士研究生關鍵的第一關。

3. 察訪

不過，後來我的碩士研究生導師劉偉教授告訴我，此後不久石師曾委託當時在華師任教的青年教師周洪宇先生專門造訪過劉老師，向她仔細詢問我的具體情況，並特別問了一句話：「他能夠真正坐得下來嗎？」劉老師的回答極其嚴謹而負責：「從目前的情況來看，他是最有可能坐得下來的。」先生這才放了心。先生擇生之嚴，態度之認真，由此可見一斑。

不久，我如約再次拜訪先生，獲得先生親筆簽名的贈書。石先生進一步向我介紹了國內歷史地理學學科發展與現狀，勉勵我從事這方面的研究工作。另外，考慮到我對於歷史地理學的知識尚很欠缺，先生還介紹我與其助手魯西奇師兄聯繫，由他幫助指導我準備考試。

當時正好趕上先生的八十華誕，武漢大學歷史文化學院和歷史地理研究所等單位組織了系列的慶典和座談會。為了讓我進一步瞭解歷史地理學科及武漢大學歷史地理所的研究情況，先生還讓我作為一名特殊的客人出席這些活動。這些交往與活動令我對歷史地理學以及先生的學術研究工作產生了濃厚的興趣，我不再躊躇，決心報考先生的博士研究生。

4. 考試

1998 年武漢大學歷史地理學博士研究生入學考試，除了考英語之外，共有兩門專業課，一門是中國古代史，一門是歷史地理學。歷史地理一科考題中有兩道題目我印象深刻。其中一道題，選了一大段《水經注》的白文，要求考生標點。《水經注》的正文包括經和注兩個部分，其中注是對經文部分的解釋與補充。標點之前須先分清經與注，否則很難弄通。

另一道題則是問考生為什麼要報考歷史地理學的博士研究生？我還大體記得我當時主要回答了三點理由：其一，當時國內近代史博士點都招文化史與思想史，我覺得文化史研究太重理論，自己把握不住，不如歷史地理學研究內容比較實在，而且對現實較有意義。其二，近代歷史地理學國內尚少有人搞，屬於開拓性的研究，我很喜歡做。其三，做地理環境變遷方面的研究與政治很少有關聯，可以不受束縛，暢所欲言。

從這兩道題中可以看出石師的風格，即不太注重那些死記硬背的知識，而是考查學生的古文功底，並注意觀察考生今後的研究志向。我後來在自己的博士研究生招生考題中也一直仿傚先生出一道古文標點題，只是所選的文章要

簡單些，不再從《水經注》中選題，而是從晚清的各類文獻中隨意選取。

我很順利地通過了武漢大學的博士研究生考試，在 1998 年秋天，成為先生正式的學生。由於先生年事已高，已不再另外招生，我便有幸成為先生之關門弟子，在武大頗受許多老師和同學們所矚目，我也一直引以為自豪。

二、石泉先生對我的指導方式與教學內容

我進入武大時，石先生已屆八十高齡，而且還承擔著湖北省政協與民進方面的社會工作，已不再可能有時間和精力單獨為我開設專業課程了。在專業學習方面，石老師讓我平時多和魯西奇老師接觸。說他讀書較多，知識面廣，文筆也好，可以提供多方面的幫助和指導。還讓我選修蔡述明教授的自然地理專題課，陳偉老師的歷史地理史料學，魯西奇老師的中國歷史地理學專題等課程，並與我約定不定期地進行面談，隨時對我在學習中碰到的各種問題進行點撥。

這樣，與石先生約定的不一定期面談便是石先生對我最主要的教育方式了。面談的次數大約是每月一次到兩次，時間一般是下午四點左右到六點，談話的內容與主題並不固定，但多是與我的學術研究密切相關的。我記得主要有以下幾方面的內容。

1. 陳寅恪先生的指導方法及各位前輩學人的學術史

在與先生的面談中，先生常常會提起他的老師著名史學大學陳寅恪先生，包括陳門弟子周一良、汪籛、劉節等人的人生經歷與學術成就。武漢大學兩位已經逝世的歷史學家吳於廑、唐長孺先生，也是先生的生前好友，他們的人生經歷與治學經驗，先生也會時常向我提起，並囑我平時多閱讀這些學術前輩的經典著作。偶而來興致時，還會津津有味地講一些有關這些前輩學人的掌故。而先生介紹最為細緻的，還是自己當年追隨陳寅恪先生學習中國近代史並在陳先生的指導下進行碩士學位論文寫作的情形。

關於先生當年在燕京大學的學習、考試、論文寫作情形，從石師的介紹來看，我感覺當年燕京大學歷史系碩士研究生教育似乎比較類似於美國高校的博士生教育。研究生首先要修習不少專業課程，在正式進入論文寫作階段之前，除了要通過各門專業課程的考試之外，還要通過一個比較嚴格的綜合性考試。

關於陳寅恪先生對石師碩士學位論文的指導方式與方法，先生自己在其

正式出版的著作《甲午戰爭前後之晚清政局》一書自序中有詳細說明，其文如下：

寫作過程中，進行每一章之前，皆曾向先師說明自己的初步看法，經首肯，並大致確定範圍後，始著筆。每完成一大節或一小章（各章各節大小不等），則讀與先師聽，詳細討論後，定稿。先師對史料之掌握，極為嚴格：首先必須充分佔有史料，凡當時聞悉並能見到者，皆須盡力設法搜集、查閱，不容有絲毫遺漏；而選用於學位論文時，則又儘量篩汰，力求精練。其次則尤注意於史料之核實，同一史事，尤其是關鍵性的記載，彼此有出入者，必須認真加以鑒定，確證其某一部分為史實後，始得引以為據。在觀點方面，則持之尤慎，必以史實為立論之基礎。論文中每有分析性之論點提出，先師必從反面加以質詢，要求一一作出解答，必至窮盡各種可能的歧見，皆予澄清以後，始同意此部分定稿。其高度謹嚴之科學精神，對我此後一生的治學態度、途徑與方法，皆有深遠影響。

其中我印象特別深的有二點：一是陳先生在指導中所運用的反面質詢方法。石師曾坦言當時寫作立論之不易，即自己的學術觀點除了首先要保證自身有理有據之外，還得能夠說服或者駁倒相反的或者其他具有競爭性的觀點。至少同相反的或其他競爭性的觀點相比較，要能保證自己的觀點在證據上更加充足些，在邏輯上更加合理些。記得先生曾提及當年在寫作論文時，圍繞甲午戰敗後清政府何以必須盡快簽訂合約結束戰爭，而不是如同當時少數人所主張的那樣，實行遷都和持久作戰這一問題，石師曾與陳先生反覆辯難，師生二人根據當時所能掌握的史料，對當時的敵我軍事力量對比，清政府政治動員與控制能力進行過反覆推演，最後得出在當時的情形之下，清政府如果想要保住政權，實已別無選擇，不得不盡快與日和談。

二是先生特別為我介紹了一本民國時期的筆記，名為《花隨人聖庵摭記》。作者黃濬，字秋嶽，是近代有名的詩人。可惜後來晚節不保，抗戰初期竟然出賣中國軍事情報給日本侵略者，結果被南京國民政府以漢奸罪處死。先生當年在陳寅恪先生指導下研治晚清史時，師生都十分欣賞黃氏的史才與史識，對其後來的結局惋惜不已。石先生在碩士論文寫作中，曾參考和引用過黃濬的這本書，這在當時受到一些保守學者的非議，但陳寅恪先生堅持認為不可因人而廢言，支持他大膽地使用這本書。1950 年代初期，陳寅恪先生在嶺南大學準備寫作《寒柳堂記夢》之時，還專門寫信向石先生借閱此書。我後來在研究中也

多次閱讀過這本書，受到很多啟發。

2. 多讀古代史方面的經典論著

在先生的提示下，我閱讀了不少陳寅恪先生等著名學者的論文與著作。同近代史這一相對比較年輕的學科相比，中國古代史研究的歷史較長，名家輩出，湧現出許多典範佳作。我在武漢大學雖然專業方向是近代歷史地理，但平時閱讀的重點，幾乎都是古代史的論著。除了羅爾綱先生的幾本考據著作與今人茅海健的《天朝的崩潰》一書，石師曾特別指示我閱讀之外，先生似乎很少給我開列近代史方面的閱讀書目，只是提醒我在寫作時注意查閱並參考同類論著，注意遵守相關學術規範。

我以為這固然與先生離開近代史研究多年，對近代史領域當前的研究情況略有生疏有關，但更主要的原因恐怕還是，在先生看來，近代史是史學領域相對年輕的學科，相關的史料豐富，新材料層出不窮，而古代史方面的研究者常苦資料之不足，因而在史料的鑒別、運用與考據方面較之近代史的研究更加細緻深入，更注重精耕細作。所以，要熟練掌握史料運用與考據學的方法，還應多讀點古代史方面的經典論著。雖然我以後的研究工作極少涉及中國古代史，但對這些經典著作的研讀，至今仍令我深深受益。

3. 強調歷史地理學理論與實踐的結合

石先生在歷史地理學的學科理論方面特別推崇北京大學侯仁之教授，對於侯先生的著作，特別是《歷史地理學的理論與實踐》、《歷史地理學四論》，反覆告誡我們要仔細研讀。在歷史地理學的研究與實踐方面，則重視復旦大學歷史地理研究所譚其驤先生及其門人的學術成果。常說武漢大學歷史地理所發展較晚，要多向北大和復旦學習。博士研究生期間，魯西奇師兄也指導我讀了一些海外學者如施堅雅等人地理學方面的理論與研究成果。我也正是從閱讀這些書中初步摸到了一點點歷史地理學的治學門徑。

石先生治歷史地理學非常重視田野考察，許多同門師兄們都有跟隨先生到外地考察的經歷。遺憾的是，我入學時石師年事已高，不克外出考察，我便缺乏這方面的寶貴經歷。先生生前還曾特別囑咐我多找機會彌補這方面的不足。

左起石泉先生、侯仁之先生、侯仁之夫人張瑋瑛先生（轉引自《新探增訂本》）

1988 年 11 月石泉先生與美、日學者考察宜城楚皇城遺址（轉引自《新探增訂本》）

4. 自己的家世、人生經歷與晚清掌故等

　　張之洞與湖北新政，兼及張之洞、李鴻章、陳寶箴等人的歷史掌故也是先生談論的話題之一。先生是晚清世家子弟，他的曾祖父、叔曾祖父都是出身淮

系的晚清大臣。他的祖母就是張之洞的女兒，先生年輕時曾與張之洞的後人多有交往。出生北洋的近代工商鉅子周學熙的妻子即是先生的姑母。所以先生非常熟悉晚清政壇的各種典故，隨口講來，皆是難得的史料。

比如在談到張之洞為官之清廉時，即以他祖母當年的嫁妝之菲薄為例，據說只有一二百元大洋加上兩口很普通的大木箱。談到當年張之洞、陳寶箴等人思想之開明，即以他所熟悉陳寅恪先生兒時的家庭教育情形為例來加以說明。再如，張之洞在兒子去世後很快即將兒媳遣返回家等事例。

石先生還很愛講他的叔曾祖父劉含芳的故事。劉是出自李鴻章手下的一名淮軍將領，後來成為一位比較能幹的洋務官員。他曾苦心孤詣地建設新式炮臺，在甲午戰爭時期據守煙臺，面對強敵，緊急時刻，他一面積極組織防守，一面讓人備好酖酒一瓶（一說是鴉片煙泡），誓言城破之後將與夫人同飲，決不貪生投降，所幸日寇未得入城。但甲午戰敗後，根據條約，他不得不親手屈辱地將自己苦心修築的各炮臺拆毀，內心受到強烈刺激，鬱鬱而終。

他還講了許多張之洞與李鴻章之間相互譏諷，以及甲午戰前翁同龢刻意削減海軍軍費的典故。對於劉氏家族從晚清至民國時期如何由盛轉衰的歷史，先生也毫不避諱。

這些故事，有的在晚清的筆記、野史中略有記載，有的則是先生直接從親友那裡得到的口碑史料，非常生動，仔細品味，頗能加深對中國近代史之認識。因為我的博士論文選題主要是圍繞張之洞湖北新政時期武漢一帶的地理環境變遷而進行的，所以這方面的內容是我在博士研究生學習第二、三年與先生交談之重點。

石先生一生坎坷，親身經歷過許多重要的歷史時期與歷史事件。可惜，這方面的內容並不是先生對我講述的重點，他大概只在工作相對比較清閒，心情比較愉快的時候才會講給我聽。而先生一生都在忙於研究與社會工作，這樣的機會並不多有。

我曾聽到的先生講的故事除了先生同陳寅恪先生求學的經歷之外，還有抗戰前夕先生參加軍事訓練，接觸宋哲元將軍與馮玉祥將軍及其下部分高級軍官的有趣經歷。還有，抗戰爆發後，先生從江西逃難到四川的一路交通情況，以及1948年先生躲避國民黨的追捕而最後進入解放區的經歷等等。

這些故事極為生動，對於我們深化對民國時期的政治、經濟與社會文化等方面的認識大有裨益。譬如，關於馮部軍官的文化水平，他講軍訓時期有位軍

官曾很客氣地誇獎他們，「你們這些青年學生個個能講好幾種英語，將來前途不堪設想」。

關於燕京大學外籍教師對於學生參與革命工作的態度，他講敘了當年面臨國民黨追捕時，如何在夜間和同志們在一位外籍教師的家中秘密商量脫逃計劃的經過，以及白天自己在一名外籍青年教師的掩護下，兩人身著白色西服，一邊騎著自行車，一邊用英文交談著，若無其事地通過了國民黨軍隊的哨卡，出了北平城門，而後進入解放區。

再如關於陳寅恪先生對於自己從事學生運動的態度。據石先生講，陳先生大體上是知情的，但從不干預過問。但當李涵師母因受先生參與學運的牽連而被國民黨當局拘捕後，陳先生立即出面營救〔註2〕。

還記得有一次先生生病入院治療，我在病房裏面陪護。晚上睡不著，先生主動同我談起他當年求學時的經歷，說到他自己當年讀書期間，內心最大的苦惱就是長期在從事社會活動與學術研究之間何去何從的選擇中掙扎。一方面，天下興亡，匹夫有責，國難當頭，他理應積極參加當時的救亡與民主運動。另一方面，對於學術有著濃厚的興趣，又希望能夠潛心學術。陳寅恪先生對此曾反覆告誡他一心不可二用，如果想要二者得兼，到頭來注定是一場空。研究生期間在陳先生的教育和薰陶之下，石師矢志於學，並成功地完成了碩士學位論文的寫作，但卻因為積極參與學運而上了國民黨特務逮捕進步學生黑名單的第一名。最終被迫放棄論文答辯，離開北平進入解放區。所幸新中國成立後，先生和師母主動放棄行政崗位，要求歸隊，回到了教學與科研工作中。我參加工作後，先生和師母也曾反覆地告誡我一心不可二用。

石師傳奇的一生無疑是中國近現代史的寶貴材料。

三、漫談石師的教學方法與教育風格

石先生深諳教育之道，他對我的教學從形式上看似乎很是隨意，但實際上卻是自有法度。在長期的教育與治學生涯中，先生業已形成了自己的教育特色，並最終體現為一種獨特的歷史學家的人格魅力。就我的膚淺理解，可以體現以下幾個方面：

〔註2〕石泉先生出城後，國民黨特務因為抓不到石先生，轉而拘捕李涵師母。陳寅恪先生聞訊立即參與營救，最後由燕京大學校長陸志韋先生保釋出獄。後來，師母也在地下黨的幫助下成功逃離，與石師會合一同進入解放區。

1. 充分尊重學生的積極性和創造性，努力建立融洽友好的師生關係，嚴、寬結合，創造一種平等、民主的教學氛圍

上面提到，第一次與先生見面時我曾將兩篇自己的手稿遞交給先生指教。石先生第二天就要赴外地開會，他是在火車上擠時間讀了我的文章。此後不久，在一次會議間歇，先生將文章還給我，歸還時還向我道歉，說是拖延太久了。待我回家仔細一看，發現裏面密密麻麻寫滿了許多先生的鉛筆批註與建議。我當時很詫異為何先生要用鉛筆批註，後來才明白，先生批閱學生文章一般用鉛筆，以示對學生的尊重，自己的意見只是參考，學生不滿意可以擦去。除非是文中明顯的常識性錯誤，先生才使用紅筆批註，以示警惕。平時對於學生在學習中初步形成的一些看法，有的雖然很是膚淺，但先生從不一棍子打死，而是積極鼓勵，並從不同的角度反覆問難，啟發學生將思考引向深入。

談到師生關係之融洽，有一個場景也時常在我腦海中浮現：那是一個冬天的上午，我應約到先生家裏談話。石先生讓我和他一道躺在書房外陽臺上的兩張舊式的躺椅上，一邊享受冬日熙暖的陽光，一邊聊天。記得我當時比較拘謹，每當先生向我提問時，我總會不由自主地坐起來回答。先生見後，一面囑我隨意，不要拘泥於禮節，一面用雙手使勁地按住我的雙肩，讓我也躺著同他自由交談。「此情可待成追憶，只是當時已惘然」。先生雖然已經離我而去，但他對學生的關愛，卻如同那冬日暖陽，仍時時照耀著我，溫暖著我。

或許是因為與先生年齡相差懸殊，先生平時對我更多地體現出慈祥的一面，但對我學業方面的要求仍然十分嚴格。為了培養學生嚴謹的學風，先生一向有個規矩，那就是每次提交作業時必須將文章所使用的主要參考文獻也一併上交，便於先生查考。但由於我研究近代史，許多文獻部頭很大，而且圖書館不讓外借，我很難完全滿足先生的要求。但只要先生手頭有的書籍，他都會認真查考，毫不含糊。

先生要求我在博士論文正式打印之前一定要到圖書館仔細核對引文及出處，不允許有半點馬虎。我當時覺得寫作時比較認真，很多資料均是自圖書館借閱並抄錄在筆記本上，再到圖書館借原書覆查很是麻煩，心中頗有些牴觸。在先生的反覆要求下，我才拿著文稿到圖書館檢查。真是不查不知道，一查嚇一跳。最後的覆查結果是，文稿中凡是五十字以上的引文，很少有文字、標點等完全不出錯的；一百字以上的引文，往往錯誤還不止一處。有了這次深刻的教訓，此後我凡有學術文章，在發表前都會自覺地核對一下引文，以減少不必

要的疏漏。

先生的嚴格要求還體現在另一個方面，那就是平時和先生談話時，先生往往會針對我知識方面的不足，隨時補充一些參考書籍和文獻，囑我從圖書館中借來參閱。雖然我同先生見面的時間並不固定，有時候間隔會長達一個多月，但先生的記憶力甚佳，他會記住上一次甚至上幾次談話中提到的參考書或文章，在下次談話中冷不防詢問我對那本書或文章有何意見，以此來檢查我對學習是否用功，是否已認真聽取他的意見並仔細地閱讀過他提示到的那些參考文獻。這用先生自己的話說，叫做「殺回馬槍」。他時常運用這個方式來檢查和督促學生的學習。所以先生對我的教育表面上很是隨意，但實際上是相當嚴格的。

不過，對於我的研究方向與博士論文的選題，石先生卻表現得格外寬容，他儘量減少各種對我的束縛，放手讓我做自己喜歡的研究。我的博士論文的選題過程就充分體現了這一點。我的博士論文一開始是圍繞武漢一帶近代城市地理變遷來做的。這一方面是因為石師有一個研究武漢地區歷史地理的宏大的研究計劃，希望我來承擔近代方面的研究任務，石師當時還有一個五千元的項目資助。另一方面，當時我在武漢求學，受資料條件與研究經費等方面的限制，不可能進行全國範圍或者其他地區的研究，只能利用當地的條件來做湖北省或者武漢地區的研究。我當時完全依靠每月 220 元的助學金維持生活，沒有任何其他經濟來源，能夠利用這一筆科研經費對於我來說，也是很重要的。所以我當時一點也不認為這個計劃對我有何束縛。

記得第一次擬博士學位論文提綱（即開題報告）時，我就是按照寫一本武漢近代城市地理變遷史的設想來寫的，內容涉及到武漢近代工業、交通等經濟發展與地理環境變化等多方面。我以為這樣既能拿到學位，又可以參與先生的研究項目，從中獲得經費支持。但沒想到石師對我這個看起來野心勃勃的開題報告非常不滿意。首先認為這個提綱擬得太大，研究起來無從下手，容易流於泛泛而論。我還記得石師多次引用武大著名歷史學家也是先生生前好友唐長孺先生的話對我說，治學的關鍵是要開竅，開不開竅，關鍵在於能否發現矛盾和問題。認為一篇好的學術論文切忌平鋪直敘，面面俱到，一定要有深度地分析或解決矛盾或問題。他建議我收縮戰線，以張之洞清末新政時期的工商業經濟活動與武漢一帶的地理環境變遷為中心來寫，認為這樣研究才能深入。

我循著先生的指點，首先從當時張之洞在鄂興辦的全國規模最大，對武

漢城市地理環境變遷影響最巨的漢陽鐵廠（漢冶萍公司）著手進行全面深入地探討。但隨著我對漢陽鐵廠研究的逐步深入，我對漢陽鐵廠的廠址定位及中國近代的工業布局方面的問題發生了濃厚興趣，感覺其中大有文章可做，決心要拋棄武漢城市地理變遷的這個主題，另以漢冶萍公司為個案寫一篇揭示中國近代工業布局的過程及特點的論文。當我想要改變選題時，我實際上已經借錢購買了《張之洞全集》等大部頭的參考資料，正準備從石先生的課題中報銷這筆錢。當我懷著惴惴不安的心情，向石師談起要改變選題時，先生仔細地聽了我的想法，除了表示有點擔心我的選題過小，恐對今後的發展不利之外，原則上同意了我自己的選擇。但要求我放開視野，真正做到「小題大做」。他還表示希望我畢業後能夠留在武漢大學，繼續從事武漢城市地理方面的研究。由於選題的改變，我已無法使用先生手中的武漢城市地理的科研經費。考慮到我的經濟困難，石先生慨然決定，我購買書籍的花費，由他自己從工資收入中幫助支付。後來參加工作後，我曾想將這筆錢還給石老師，結果被拒絕了。

石先生對我的寬容還表現在對我最後的工作去向問題上。我入武漢大學念博士的第二年，石先生即表示希望我今後留在武漢大學從事教學與研究工作。石先生是武漢大學歷史地理研究所的創始人，在先生多年的努力之下，武漢大學已基本上建立起了一個研究領域從先秦直到明清時期，包括考古、測繪、自然地理等專業方向的歷史地理學研究隊伍，是當時全國僅有的四個學科博士點之一，但其中沒有專門從事近代歷史地理研究的人員，所以先生非常希望我畢業後能夠留下來補充這方面的力量。我理解先生視研究所如同生命的感情，也很願意今後繼續留在先生身邊做學問，所以我當時很痛快地答應了先生的建議。為了將我留下來，先生花了不少力氣，其中包括親自向校長爭取留校名額。2001年春天，當先生好不容易為我爭取到了這個留校名額時，我卻因為種種原因改變了主意，一心想到北京去找工作。石先生知道我改變主意後，當時頗有些生氣，認為我這樣突然變卦不僅會弄得他在學校方面不好交待，還打亂他的工作計劃。但後來從我的角度考慮，先生慢慢地接受了我當時的處境與選擇。他曾向我表示，「強扭的瓜不甜」。他還表示，自己培育人才，主要是希望為「國」所用，而不是為「己」所用，所以他尊重我的選擇。

先生對我的寬容和愛護決不僅僅表現在口頭上，而是體現在具體的行動

中。當我準備動身去北京尋找工作時，他正躺在醫院的病床上，但他很詳細地向我介紹了他所知道的北京各科研機構的情況，包括其學術風氣，主要學者的學術特色與風格等，希望我能善加抉擇，妥善應對。先生對於世事的體察細緻入微，他的許多經驗之談，後來在我同北京學界打交道時，不斷地得到應證。在我進京的前夕，師母李涵老師、先生的女兒石瑩還特意給我打電話，除了囑我在路上小心之外，還向我介紹了他們熟悉的幾位可以為我在京求職提供幫助的朋友及其聯繫方式。我最終在中國社會科學院經濟研究所找到職位，還多虧了石瑩幫助提供的信息。

我剛到北京工作之初，面臨著住房等許多生活方面的困難，先生和師母還主動利用他們的親友關係，積極幫我想辦法解決。儘管我一直因為未能聽從先生意見留在武大，而對先生深懷歉疚，但先生絲毫沒有因為這件事情而對我心存芥蒂，我和先生之間親密無間的師生關係一直保存到了先生最後的時刻。

2. 強調將史料的搜集、鑒別與運用作為歷史研究必須掌握的基本功

史學離不開考據學，這是普通的常識，但像石先生那樣如此重視考據之學的學者並不多見。教會學生如何考據，從史料中求史實，從史實中獲得史識，是先生歷史教學最核心的內容。先生總是告誡我，做史學研究首先要盡可能全面地搜集史料，但史料並不等於史實，必須經過嚴密的考據工作，方能從史料中求出史實。只有在堅實的史實的基礎上，才有可能提煉出真正的史學見解，即「史識」。先生對史料堅持「考而後信」的原則，對時下許多史學工作者不注重考據之學，往往輕信史料或者隨意引用對自己觀點有利的材料的學風不以為然，認為其結論經不起推敲。先生對於史料的考據與運用，有許多精闢的見解，讀者可以參閱他的相關文章，茲不多述。

對於我來說，印象最深刻的是，先生強調對於一條史料，必須首先弄清其是怎樣形成的，屬於第一手材料還是第二手材料，屬於「有意的史料」還是「無意的史料」，史料的創作者當時所處的位置及環境如何，有無利害關係等等，然後才會對這條材料內容的真實性及其所蘊含的信息有準確的把握。

史料沒有全真的，也沒有全假的，真的史料往往也包含了虛假的信息，而一條明顯作偽或造假的材料，如果能夠考證出其原委來，也能反映作偽者的動機與心態，假材料又變成真材料了。史料的解釋與運用不能孤立，要注意將不同來源，不同類型的史料聯繫起來，看其能否相互應證，倘若這些材料相互衝

突，則需要更進一步地辨析材料，鑒別真偽，決定取捨。或者寧可存疑，不可根據自己的先見而主觀隨意地對材料進行解釋或取捨。

對史料的鑒別、取捨與運用是史學研究精髓之所在，我在石先生指導下作博士論文時對此有深刻體會。

石泉先生課程講義整理而成的《中國歷史地理專題》湖北人民出版社 2013 年出版

《古代荊楚地理新探》武漢大學初版於 1988 年，2013 年武漢大學百年名典再版。2004 臺中高文出版社出有增訂本。另 2004 年武漢大學出版了《古代荊楚地理新探續集》。

我的博士論文中最受先生好評的部分，就是分析漢陽鐵廠之廠址決策時，張之洞為何放棄在鐵礦所在地大冶附近辦廠的計劃而執意要在漢陽辦廠。我推翻了多年來為學界普遍接受的張之洞本人當時奏摺中的解釋。結合這一時期張之洞本人所留下來的大量往來電報史料，及當時參與其事的張氏幕僚、勘礦專家等人的報告、信函等史料，我認為張之洞這封奏摺雖然本身是真實的史料，但所反映的史實不僅與其本人前後的說法自相矛盾，也與當時勘礦專家等人的真實意見不合，是一篇受到當時特定的政治環境的限制，有意掩蓋事實真相的官樣文章。我結合當時張之洞與李鴻章、盛宣懷之間的矛盾衝突，認為張之洞這一決策，是在與李鴻章集團之間圍繞鋼鐵廠控制權

之爭激烈化的情形下，為確保自身對鋼鐵廠的控制權做出的一項重要決策，實際上此前張氏也是力主在鐵礦所在地大冶辦廠的。在寫作過程中我曾與石師反覆討論，最後先生同意了我的觀點，並將這篇文章的寫作，視作我在學術上的一個重要進步。

3. 高度重視培養學生的學術精神與品格的提升，而不僅僅是傳授一些有用的知識或者方法

這一點可從先生同我談話的主要內容看出來，先生很少直接指導我如何寫論文，也很少直接地向我講授一些知識性的內容，而是把重點放在指導我學習長輩學者的典範作品，不時地向我介紹他們的生平事蹟，對我進行人格薰陶與精神啟諦，希望我能夠自覺繼承前輩學者「獨立之思想，自由之精神」。

先生自己更是以身作則，通過自己的學術研究與精神風貌來引導學生，教育學生。先生自己每為文章，從來不會輕率苟同他人的見解，而是對各種流行觀點之史料依據及其來龍去脈進行深入的審核，並盡可能窮盡各種史料，對史料進行認真的鑒別與分析，最後得出自己的獨到見解。

石泉、蔡述明先生合著《古雲夢澤研究》湖北教育出版社 1996 年 1 月出版

他的有些文章，往往是推翻近千年來既有之成說，不易為學術界所接受。但先生認為自己寫文章本不是為了所謂標新立異，而是為了恢復歷史之本來面目，有些結論剛得出來時連自己也覺得驚訝，但經過反覆地思考與研究，仍覺得事實不得不如此，所以敢於堅持。先生關於荆楚古代歷史地理的研究，由

於對流行上千年的歷史成說作了較大翻案,他的一系列頗具創新的學術見解雖然不斷為考古發現與地質勘探所證實,但在先生生前他的學術觀點在學術界還只是少數派,不少學者覺得翻案太大,難以接受。先生對此或不無幾分遺憾,但他對自己經過認真考證而得出的新解是有信心的。他決不會為了迎合他人而放棄或改變他的學術觀點。

我清楚地記得有一次在先生家吃早餐,石先生向我提起英國歷史上有幾位科學家,他們的學術觀點在生前並不受人重視或者說不被人接受,而是在死後幾十年甚至上百年之後才被世人所接受並最終被追認為皇家學會會員的。他認為他的學說或許也會遭受同樣的命運。〔註3〕

4. 開放的視野與博大的胸襟

由於歷史原因,先生治學的黃金歲月曾遭遇「拔白旗」、「反右」及「文化大革命」等各種運動的衝擊,許多大好的光陰未能自由從事自己所熱愛的學術研究。作為著名歷史學家陳寅恪先生指導的唯一一名中國近代史研究生,他竟不得不在自己四十多歲的時候放棄中國近代史的教學與研究,將後半生主要精力投注在遠離政治的古代荊楚歷史地理的專門研究中。

先生的論文都寫得非常專深,外行一般難以卒讀。只有同先生接觸的人,才會被先生那淵博的學識與開闊的胸襟所折服。先生的學問貫通古今,像他那樣能夠從事中國先秦史、隋唐宋元明清史、中國近代史的教學與研究,並出色地指導各個不同研究方向的博士研究生的學者,並不多見。先生學術視野之開闊,突出表現在對不同學科,不同流派,不同學術風格的學者的知識與觀點的吸納與包容之上。由於石先生是一位以長於考據,治學嚴謹而著稱的學者,先生的這一面似乎被人有所忽略。

先生在治學過程中,善於吸納不同學科的理論與知識,石先生與中國科學院水生所蔡述明教授合作撰寫的《古雲夢澤研究》一書,就是一部歷史學者與自然科學家合作研究的典範之作。平時的學習過程中,先生一直要求我們多注意吸納其他社會科學的優秀成果,利用它來深化歷史學的研究。

先生繼承陳寅恪先生的學術風格,治學以考據學見長,他的學問應屬於「京派」。我記得有一次同先生談起中國近代學術史上的「京派」與「海派」

〔註3〕據同門師兄徐少華教授、王紅星教授介紹,最近一段時間以來,在長江中游地區的諸多考古發現越來越證明了石泉先生一系列學說的科學性和合理性。在荊楚古史學界,石先生的許多學術觀點已經逐步由少數派演變為多數派了。

之分時，石先生還特別告訴我，陳寅恪先生的學問雖然屬於「京派」，但陳先生生前對於「海派」學者及其作品也是相當尊重的。學術的發展要靠兼容並包，相互促進，不可黨同伐異，唯我獨尊。先生的為人正是這方面的典範。先生的學術觀點獨樹一幟，一時很難被許多學者所接受。但先生為人則是虛懷若谷，處處與人為善，從不把學術上的爭論帶到人際關係上來。他的人格魅力和他的學問一樣，受到學術界的普遍尊重。

石先生這種開闊的胸襟體現在對學生的教育上，就是鼓勵學生多學科，多渠道地學習知識，多向其他專家學者們請益，毫無門戶之見。我進入武大不久，石先生即很謙虛地對我講，由於他已多年未從事近代史的研究，恐怕有所生疏，他建議仍多向華中師大與武漢大學近代史的老師們請教。

記得是一個秋天的晚上，先生親自帶著我分別上門拜訪武漢大學中國近代史教研室的吳劍傑教授與王承仁教授，請他們以後對我多加指點。那是一個月明星稀的夜晚，先生帶著一把黑色的雨傘，和我一起行走在武大的校園，他的步履依然穩健，只是偶而才會用那把雨傘當著拐杖節省一下體力。上樓梯的時候，他因為心急，竟然不顧我的勸阻，一口氣爬上五樓。那天晚上我們在兩位老師家裏談得很晚才歸。回來的路上，珞珈山下涼風習習，月光明媚，先生還禁不住同我談起了他文革前在武漢大學教授中國近代史的經歷。他的精力是如此的充沛，很難想像這是一個八十多歲的老人，更難接受幾年之後他竟會病倒，並最終離我們而去……

我畢業後決心到北京中國社會科學院經濟研究所工作，並追隨朱蔭貴教授從事近代經濟史的博士後研究。石師對朱蔭貴先生的學識和人品評價甚高，他真誠地祝賀我找到了一個好的老師，曾對我說：「朱先生比較年輕，是站在近代經濟史非常前沿的學者，他的學識和研究經歷正好可以彌補我的不足。」在先生的邀請下，朱老師參加了我的博士學位論文答辯並擔任答辯委員會主席。

我到北京之後，每年春節前後都會到武漢看望先生。我記得先生還勉勵我加強外語學習，抓住機會爭取能夠出國進一步深造，以開闊學術視野。他對我說，「我還想幫你做的最後一件事，就是給你寫一封出國留學的推薦信。」可惜，我在北京申請出國進修時頗為不順，直到先生去世兩年之後，我才在著名經濟學家陳志武教授的幫助之下，獲得耶魯大學訪問進修的機會；後來又有幸得到美國福特基金會的資助到英國倫敦政治經濟學院經濟史系學習，而先生已不克分享我的快樂了。思之淚下。

2017 年清明節在北京石門弟子福田公墓掃墓留影（作者供圖）

　　時光飛逝，自 1997 年我與石師結緣，迄今竟已有二十個年頭。一轉眼，我已從二十年前那個內心充滿迷茫與夢想的青年變成了年過不惑的中年人，而先生辭世也已十多年了。世事變化如棋，人的許多經歷和記憶隨著時光而逐漸變得模糊起來，惟有先生那慈祥的面孔，那寬厚而善良的笑容常駐我心，越來越清晰，永遠也不會忘卻。

　　謹以此文紀念敬愛的石泉先生一百歲誕辰！

蕭萐父先生

蕭萐父先生的精神遺產
——兼論蕭先生啟蒙論說的雙重含義

郭齊勇

　　恩師蕭萐父先生生於 1924 年 1 月 24 日，卒於 2008 年 9 月 17 日，享年 84 歲。蕭先生的精神遺產，表現在其人格風範、社會影響、精神感召、學術思想、教書事業、培育人才等各個方面。傳統儒生一般在社會政事、教育師道、經史博古、文章子集之學上都有全面的建樹與發展，蕭先生則是在當代社會具有類似全面性的知識人！

一、蕭先生是一位全面的現代知識分子

　　現代社會使得很多人成為片面或單面的人，使很多知識人墮落成為人格分裂的人。形成鮮明對照的是，蕭萐父先生是全面的人，是保存了古代遺風的剛正不阿的現代知識分子。他有強烈的現代意識而又有深厚的傳統底蘊，是集公共知識分子、思想家、學者、教師、學科帶頭人、文人於一身的人物。在歷史長河中，每個人的生命都是短暫的，每個人的行跡、事業或許都只是滄海一粟、水漚泡沫，但中華民族的歷史不正是這些有血有肉、有為有守的普通人的集成麼？

　　蕭萐父先生於 1924 年 1 月 24 日出生於四川省成都市的一個知識分子家庭。他關切國事民瘼，思考世運國脈。在大學期間，他參加學生進步組織，發起、編輯《珞珈學報》。1947 年在武漢大學發生的震驚全國的「六・一」慘案時，他任武大學生自治組織的宣傳部長，積極投身愛國學生運動。當年畢業後，回到成都華陽中學任教，同時並受聘為尊經國學專科學校講授「歐洲哲學史」，

主編《西方日報》「稷下」副刊，積極參加成都地下黨組織的活動。1949 年 5 月入黨，12 月受黨組織委派作為軍管會成員參與接管華西大學，後留任該校馬列主義教研室主任。1956 年進中央黨校高級理論班深造。同年，應李達校長的邀請回武漢大學重建哲學系，1957 年正式調入武漢大學哲學系。「文革」期間，蕭萐父先生被定為李達「三家村黑幫」，橫遭迫害。雖經歷被抄家、挨批鬥、住「牛棚」，但他矢志不改，在襄陽分校住牛棚放牛勞動改造的日子，他已開始《王夫之》一書的寫作、已開始對中國從明清之際到現代思想啟蒙之坎坷道路的思索。

　　蕭萐父教授是國際知名學者、我國著名哲學家與哲學史家。他是國家重點學科——武漢大學中國哲學學科的創建者與學術帶頭人，教育部人文社會科學重點研究基地——武漢大學中國傳統文化研究中心學術委員會主任。他曾歷任武漢大學哲學系中國哲學史教研室主任、博士生導師，中國哲學史學會副會長，國際中國哲學會國際學術顧問、中國《周易》學會顧問，國際道聯學術委員，國際儒聯顧問，中國文化書院導師等；長期從事中國哲學的教學與研究工作，曾應邀赴美國哈佛大學、德國特里爾大學等校訪問、講學；在國內外發表學術論文百餘篇；學術著作有：《吹沙集》三卷、《船山哲學引論》、《中國哲學史史料源流舉要》、《吹沙紀程》、《明清啟蒙學術流變》（合著）、《王夫之評傳》（合著）等。主要編著有：《中國哲學史》上下卷、《哲學史方法論研究》、《中國辯證法史稿》第一卷、《王夫之辯證法思想引論》等。晚年選部分論文與詩書，與夫人的畫合集，編為《蕭氏文心》（四種）。〔註 1〕

　　先生治學，首貴博淹，同時重視獨立思考，獨得之見。先生對中國哲學的學科建設，對從先秦到今世之完整的中國哲學史的重建，作出了可貴的探索與卓越的貢獻。他會通中西印哲學，以批評的精神和創造性智慧，轉化、發展儒釋道思想資源。為總結歷史教訓，他從哲學史方法論的問題意識切入，盡力突破教條主義的束縛，引入螺旋結構代替對子結構，重視邏輯與歷史的一致，強調普遍、特殊、個別的辯證聯結，認真探究中國哲學範疇史的邏輯發展與哲學發展的歷史圓圈。他與李錦全教授主編的《中國哲學史》一書得到廣泛認同，

〔註 1〕參見吳根友等撰：《訃告》；又請參見郭齊勇：《史慧欲承章氏學　詩魂難掃珞珈人愁——蕭萐父教授學述》，載蕭漢明、郭齊勇編：《不盡長江滾滾來——中國文化的昨天、今天、明天》，北京：東方出版社，1994 年；田文軍：《錦里人文風教永　詩情哲慧兩交輝——蕭萐父教授學術生涯掠影》，載郭齊勇、吳根友編：《蕭萐父教授八十壽辰紀念文集》，武漢：湖北教育出版社，2004 年。

累計印行了十餘萬冊，獲國家教委優秀教材一等獎，十多所學校採用，培養了兩代學人，被譯成韓文與英文，產生了廣泛影響。先生又以不斷更化的精神，由哲學史方法論問題的咀嚼，提出了哲學史的純化與泛化的有張力的統一觀，努力改變五四以降中國哲學依傍、移植、臨摹西方哲學或以西方哲學的某家某派的理論與方法對中國哲學的史料任意地簡單比附、「削足適履」的狀況。

先生治學，宏觀立論與微觀考史相結合，通觀全史與個案剖析相結合，提出了兩個之際（周秦之際與明清之際）社會轉型與文化轉軌的概觀，提出並論證了「明清早期啟蒙思潮」的系統學說，形成系統的理論體系。先生的原創性智慧表現在其學術專長——明清哲學，特別是王船山哲學方面。他以對世界文明史與中華文明史的多重透視為背景，提出了以明清之際早期啟蒙思潮作為我國現代化的內在歷史根芽與源頭活水的觀點，受到海內外學術界廣泛的關注，影響甚巨。他的「啟蒙」論說實際上早已超越了歐洲啟蒙時代的學者們的單面性、平面化與歐洲中心主義、人類中心主義的立場。

對待古今中外的文化傳統與哲學思想資源，蕭先生以寬廣的胸襟，悉心體證，海納百川，兼容並蓄，堅持殊途百慮、并育並行的學術史觀。他重視一偏之見，寬容相反之論，擇善固執而尊敬異己。他肯定歷史、文化的豐富性、複雜性、多樣性、連續性、偶然性及內在的張力，異質文化傳統的可通約性，古、今、中、外對立的相對性，跨文化交通與比較的可能性。蕭萐父先生還是當代中國哲學史界少有的詩人哲學家。他晚年一再強調中國哲學的詩性特質，從容地探索 Logic（邏輯）與 Lyric（情感）的統一，並認定這一特質使得中國哲學既避免了宗教的迷狂，也避免了科學實證的狹隘，體現出理性與感性雙峰並峙的精神風貌。

1958 年至 80 年代初，蕭先生與唐明邦先生、李德永先生合作為本科生講授「中國哲學史」課程。自 1978 年招收碩士生，1987 年招收博士生以來，蕭老師先後開設了「哲學史方法論」、「中國哲學史史料學」、「中國辯證法史」、「明清哲學」、「佛教哲學」、「道家哲學」、「馬克思的古史研究」、「馬克思晚年的人類學筆記」等課程或系列專題講座，開啟了多個學術路向，為中國哲學史界培養了一批優秀人才。在長期的教書育人過程中，他提煉出了二十字方針：「德業雙修，學思並重，史論結合，中西對比，古今貫通。」這是他對做人與治學之道的深刻總結。

作為知識分子的蕭先生，從青年時代開始，追求民主、自由，積極參加過

40 年代末的民主運動；一生坎坷，始終關心國家與人類的命運；從反右到文革，在歷次政治運動中，既被批判又批判別人，用他自己的話說，「曾經目眩神移，迷失自我」；文革之後，痛定思痛，反省自己；愈到晚年愈加堅定地以批判與指導現實的公共知識分子而自命。他既繼承了儒家以德抗位的傳統，又吸納了西方現代價值；既正面積極地從文化與教育方面推動現代化，又時刻警醒現代化與時髦文化的負面，與權力結構保持距離，具有理性批判的自覺與能力。晚年，他一再呼喚知識分子獨立不苟之人格操守的重建，倡導士人風骨，絕不媚俗，並且身體力行。他被褐懷玉，以浩然正氣杜絕曲學阿世之風，絕不為了眼前名利地位而摧眉俯身事權貴。蕭萐父先生具有人格感召力。

作為思想家的蕭先生，雖然主要從事中國哲學史的研究，但他做的是有思想的學術。他致力於發現與發掘中國文化思想內部的現代性的根芽，因而與持西方中心主義的啟蒙論者、食洋不化者劃清了界限；他發潛德之幽光，重在表彰那些不被歷代官方或所謂正統文化重視的哲學家、思想家，重在詮釋、弘揚在歷史上提供了新因素、新思想、新價值的人物的思想，因而與泥古或食古不化者劃清了界限，這就是「平等智觀儒佛道，偏賞蕾芽新秀」。他重視中國傳統文化的多樣性，努力發揮儒、釋、道及諸子百家中的豐富的現代意義與價值，特別是本土文化中蘊含的普世價值，並盡其可能地貢獻給世界。

作為學者的蕭先生，堂廡很寬，學風嚴謹，所謂「坐集古今中外之智」。他希望自己與同道、學生都盡可能做到「多維互動，漫汗通觀儒釋道；積雜成純，從容涵化印中西」。有人以為蕭先生屬侯外廬學派，但他晚年否定了這一點，他強調他的確受到過侯外廬先生的影響，但同時也受到過湯用彤等先生的影響，甚至受後者的影響更大。他曾檢討亞細亞生產方式的提法，認為那仍是西方中心主義的。蕭先生晚年更重視經學，曾與筆者多次詳談三禮，詳談近代以來的經學家，如數家珍。他也重視儒學的草根性，多次講中華人文價值、做人之道、仁義忠信等是通過三老五更，通過說書的、唱戲的等，浸潤、植根於民間並代代相傳的。

作為教師的蕭先生，一生教書育人，認真敬業，傾注心力；提攜後進，不遺餘力。他對學生的教育，把身教與言教結合了起來，重在身教。他強調把道德教育、健全人格的教育放在首位。晚年他對筆者談過青年學人的培養問題。有一次他對我說：你儘量給中青年提供各種機會與條件，如出國，晉級，享受特殊待遇等，多方照顧，到學校爭取一些利益，這是對的。但年輕人要經得起

磨礪、坎坷，對他們不要溺愛，而應適當批評、敲打。他認為，做人比做學問更重要，現代仍要講義利之辨。無論是做人還是做學問，都要把根紮正。他下工夫培養各領域的學生，除了他的專長明清哲學之外，他還有意識地開拓了《周易》、儒學、道家與道教、佛教、現代中國哲學、出土文獻中的哲學等領域，培養了這些領域裏的學術專才。他還鼓勵學生自願選擇、從事政治學、管理學、新聞傳播學的研究。他一再主張甘坐冷板凳。

作為學科帶頭人的蕭先生，有著開放、宏闊的學術視野、傑出的組織能力，敏銳地把握海內外學術界的動態，讓本學科點的老師與同學拓寬並改善知識結構，通過走出去與請進來的方式，實現並擴大對外交流，虛懷若谷地向海內外專家請益。他有凝聚力，善於團結、整合學科點老、中、青學者，以德服人，尊重差異，照顧多樣，和而不同。他有全局的觀念與團隊精神，事事考慮周圍的人。如上所述，他很有學術眼光，深具前瞻性，開拓了若干特色領域。

作為文人的蕭先生，兼修四部，文采風流，善寫古體詩詞，精於書法篆刻，有全面的人文的修養與文人的氣質。他對分科過細的體制內的教育多有批評。

分別地看，蕭老師是知識分子、思想家、學者、教師、學科帶頭人與文人。然而蕭先生畢竟是一個人，一個活生生的人，是偉大的人師。我之所以要從這個視角去解讀蕭公，是因為我覺得文化界、大學教育界太多的所謂教授，包括本人在內，越來越不夠資格做知識分子、教師與文人，更不要說思想家、學者與學科帶頭人了。

在 2008 年 8 月 30 日的一次聚會中，我們心知蕭先生將不久於人世了，大家的神色都很凝重。歷史學家章開沅先生親口對我說：以蕭先生的學問與影響力，本省是對不起他的（按指本省常有意無意地忽略、漠視甚至壓抑蕭公）。我說：蕭先生屬於人類，屬於中國，不僅僅屬於他生活與服務了半個多世紀的本省。章先生又說：在一定意義上，像蕭先生這樣全面的知識人，將成絕響。9 月 23 日，蕭師仙逝的頭七祭日，在告別儀式前，章先生接受記者採訪，慨然歎曰：「蕭老師學貫古今中西，詩詞歌賦皆通，我很佩服他。他對真理的執著，對人格操守的堅持，對學術自由的追求和對學者尊嚴的維護，有士大夫的品格，其風範、氣度影響了幾代知識分子。一代學人逝去，是為學殤。」〔註2〕我覺得，章先生是蕭先生的知音，故引用他的評價作為本節結語。

〔註 2〕見朱玲等：《蕭萐父遠行　珞珈師賢少一人》，《楚天都市報》，2008 年 9 月 24
　　　日 A08 版特別報導中的「各界評說」欄。

二、蕭先生對中國哲學與文化的解讀中包涵了「啟蒙反思」的意蘊

關於蕭先生的「明清早期啟蒙思潮」的內涵、意義與價值，陳來教授與高瑞泉教授的討論〔註3〕極具啟發性。

有的同志認為，今天思想界有關「啟蒙反思」的論說與蕭先生的「明清啟蒙思潮」的論說是針鋒相對的。我的理解恰恰相反，我認為兩者恰好具有一致性。在一定意義上，蕭先生的啟蒙觀或啟蒙論說包涵了「啟蒙反思」的意蘊。蕭先生並未照抄照搬西方啟蒙時代的理論，也沒有照抄照搬「啟蒙反思」的理論，而是從中國思想文化的歷史與現狀出發，從健康的現代化（特別是人的現代化）出發，作出了深刻的反思。誠然，他堅持啟蒙論說，反對取消、解構啟蒙的看法，不同意把啟蒙心態視為「有問題的心態」。〔註4〕然而實際上，蕭先生強調的「啟蒙」，內涵十分豐富，不是近代西方的「啟蒙」所能包括的。我在本文中特別要談談我本人過去忽略的方面，近年來我已開始重視全面地理解蕭先生的啟蒙論域。〔註5〕

第一，蕭先生的啟蒙觀的要旨，是從中國文化傳統中尋找自己的現代性的根芽，強調本土文化中孕育了現代性。他主張的是中國式的啟蒙，是中華文化主體的彰顯，而不是全盤西化與全盤式的反傳統，他駁斥了中國自身不能產生現代性因素的西方偏見，這就疏離、超越了西方中心主義，也就蘊含了「啟蒙反思」。

1987年，蕭先生說：「中國的現代化，決不是，也決不可能是什麼全方位的西方化，而只能是對於多元的傳統文化和外來文化，作一番符合時代要求的文化選擇、文化組合和文化重構。因此，就必須正確認識到自己民族傳統文化的發展中必要而且可能現代化的內在歷史根據或『源頭活水』，也就是要找到傳統與現代化之間的文化接合點。這是目前應當思考的一個重要問題。」〔註6〕蕭先生不希望繼續陷入中西對立、體用兩橛的思維模式之中。

〔註3〕參見陳來：《歷史自覺和文化主體》，《讀書》，2008年第5期；高瑞泉：《芳情不悔說啟蒙——讀蕭萐父〈吹沙三集〉、〈蕭氏文心〉等著作的體會》，《武漢大學學報》（人文科學版），2008年第5期。這是2008年有關蕭先生思想研究的十分重要的成果。

〔註4〕蕭萐父：《自序》，《吹沙三集》，成都：巴蜀書社，2007年，第1頁。

〔註5〕參見郭齊勇：《蕭萐父先生文選序》，載蕭著《蕭萐父文選·上》，武漢：武漢大學出版社，2007年。

〔註6〕蕭萐父：《文化反思答客問》，《吹沙集》，成都：巴蜀書社，2007年，第73頁。

他認為，所謂啟蒙，是中國式的人文主義的啟蒙，是走自己的路，而不是失去主體性的，走別人的路。1982 年，他在其名篇《中國哲學啟蒙的坎坷道路》中開宗明義：「中國是否曾有過自己的哲學啟蒙或文藝復興？如果有，它的歷史起點在哪裏？經歷了什麼樣的特殊道路？」〔註7〕蕭先生思考的中心是在中國多種思想資源中尋找什麼樣的思想資源作為接上現代化的基礎或起點。他所尋找的是中華民族自我批判、自己走出蒙昧的 16 世紀泰州學派等新動向，特別是 17 世紀明末清初一大批思想家與文化人的思想異動。故他強調的是「中國有自己的文藝復興或哲學啟蒙，就是指中國封建社會在特定條件下展開過這種自我批判。」〔註8〕他的關鍵性的思路是「從我國 17 世紀以來曲折發展的啟蒙思潮中去探尋傳統文化與現代化的歷史接合點。」〔註9〕與西方思想家視西方啟蒙為絕對、普遍的立場，絕然不同。

1986 年，蕭先生說，「特別是要意識到對外開放所含蘊的我們民族要自我振興在文化上所面臨的艱巨任務和歷史責任。既要擺脫近代史上曾有過的『中體西用』、『全盤西化』、『本位文化』之類的老框框，又要反對失去主體的自卑思想。正確的主體思想來自歷史創造活動，來自對歷史形成的文化現實及其發展的正確理解。我們這個民族既有自己源遠流長的文化傳統，又在歷史上曾經成功地消化了外來的文化因素……我們繼續著 17 世紀以來的歷史行程，正在更自覺、更深廣也更有選擇地吸取、消化西方文化及其發展的新成就。如果我們能夠樹立正確的主體思想，在一個新的基礎上把它們融會貫通，讓人類創造的文化信息在中國『聚寶』，經過重新創造再反饋出去，那將對人類文化的新發展作出重要貢獻。」〔註10〕很明顯，蕭先生主張在寬容開放中不失其民族文化的主體性。

蕭先生論證「中國式的人文主義思想啟蒙」，探索「中國式的思想啟蒙道路的特點」。〔註11〕他特別重視「自我更新」，「即依靠涵化西學而強化自

〔註 7〕蕭萐父：《中國哲學啟蒙的坎坷道路》，《吹沙集》，成都：巴蜀書社，2007 年，第 11 頁。

〔註 8〕蕭萐父：《中國哲學啟蒙的坎坷道路》，《吹沙集》，成都：巴蜀書社，2007 年，第 15 頁。

〔註 9〕蕭萐父：《文化反思答客問》，《吹沙集》，成都：巴蜀書社，2007 年，第 57 頁。

〔註10〕蕭萐父：《對外開放的歷史反思》，《吹沙集》，成都：巴蜀書社，2007 年，第 48 頁。

〔註11〕蕭萐父：《文化反思答客問》，《吹沙集》，成都：巴蜀書社，2007 年，第 60、61 頁。

身固有的活力，推陳出新，繼往開來」，消化西學，重建「中華文化主體」。〔註12〕在本土文化中，例如明末清初思想家那裡，就孕育著中國文化現代化的胎兒。

晚年的蕭先生特別指出：「早期啟蒙說」的深刻的理論意義，首先在於「駁斥了國際上普遍存在的中國社會自身不可能產生出現代性因素的西方中心主義偏見，有力地證明了中國有自己內發原生的早期現代化萌動，有現代性的思想文化的歷史性根芽。」「一部中國史，並非如西方學者所說『連一段表現自由精神的記錄都不可能找到』。」「在中國人當中，並不缺乏對於公開地自由地運用其理性的權利的追求，任何否認中國人同樣應該享有人類的普遍價值、把中國人看作『天生的奴隸』的種族論的觀點，都是完全錯誤的。」〔註13〕

第二，蕭先生的啟蒙觀，特重非西方民族與文化，特別是中國文化之體認，批駁了西化派否定中國有自己的哲學、有自己的認識論的看法，批評工具理性、唯科學主義的意涵。這恰好是「啟蒙反思」的題中應有之意。

蕭先生肯定「中國文化要走自己的路」與「尋根意識」，強調「『無形的根』，那就是『中國文化中的真道理』，即具有普遍價值的民族精神，乃是創造中華民族新文化的源頭活水」；「西方文化的道路和模式卻並不是絕對的和唯一的……西方現代文化是歐美各民族文化的現代化，仍然是民族性和個性很強的東西，儘管其中寓有世界性的要素。從這個意義上說，中國文化現代化要走自家的路（但不脫離人類文明的發展大道），並不是錯的。文化的民族主體性的問題，確乎是一個極其重要的問題。」〔註14〕

他說：「長期以來流行一種見解，即認為中國哲學注重倫理學，著重講修身；而西方哲學才注重認識論，著重講求知……應當突破歐洲近代實證論者的狹隘觀點，看到哲學史上提出過的認識論問題。」〔註15〕這不僅是對馮契先生的肯定，也表明他自己的學術徑路與工作重心。蕭先生十分重視中國哲學史上的認識論，曾下工夫研究了漢魏之際、明清之清的認識論問題。他很重視中國

〔註12〕蕭萐父：《活水源頭何處尋》，《吹沙集》，成都：巴蜀書社，2007年，第90～91頁。

〔註13〕蕭萐父：《「早期啟蒙說」與中國現代化》（與許蘇民合作），《吹沙三集》，成都：巴蜀書社，2007年，第46、48、49頁。

〔註14〕蕭萐父：《辨異‧自主‧尋根》，《吹沙集》，成都：巴蜀書社，2007年，第537頁。

〔註15〕蕭萐父：《通觀全過程，揭示規律性》，《吹沙集》，成都：巴蜀書社，2007年，第531頁。

先哲「察類」「明故」「求理」的過程與特色，又重視辯證思維。他指出：「需要重新審視中國古代辯證理性思維產生和發展的歷史」；「我們民族智慧中的辯證思維，既區別於印度，又不同於希臘，而有其自身的歷史特點和邏輯發展……作為認識成果的辯證法，也同樣表現為一系列範疇和規律在歷史上的依次出現並發展到一定階段而得到理論總結……歷史上的辯證法的認識成果，是多層次、多側面的，並非完全表現為哲學理論形態，而是以不同程度的抽象、多種形式的範疇表現於各種思想文化的史料之中。」〔註16〕他重視史家、兵家、農家、醫家、天學、數學及政論、文藝評論和學術史觀中的辯證智慧。

蕭先生批評西化思潮，特別是實證主義、科學主義對本土哲學智慧的漠視與曲解：「到了近代實證科學思潮興起並傳入中國以後，一種以解剖學為基礎的嶄新醫學及其形而上學的世界觀與方法論開始拒斥傳統的中醫學，中醫學的基礎理論被認為違反實證科學而陷入困境，《周易》也被看作充滿神秘象數的一座迷宮而無人問津，中醫與《周易》的會通關係漸趨疏遠了。」「在中國，歷史地形成了醫易之間互相會通的文化傳統。三才統一的宇宙模式，動態平衡的系統思想，以陰陽五行為核心的範疇體系，乃是醫易相通的邏輯基石。」〔註17〕他對古代醫學與易學中蘊藏的有機整體、動態平衡、生命信息、生理節律等予以高度肯定。

對於氣論與傳統思維，對於中國哲學的詩性特質，蕭先生有很多發明，又特別發揮王船山詩化哲學與歷史文化慧命，指出：「船山多夢，並都予以詩化。詩中夢境，凝聚了他的理想追求和內蘊情結。」「船山詩化了的『夢』，乃其人格美的藝術昇華。」「船山之學，以史為歸。……通過『史』發現自我的歷史存在，感受民族文化慧命的綿延……」〔註18〕他對道教、禪宗等的思想方式與人的胸次、境界、性靈的關注，都與西方近代理性主義、實證主義、科學主義不可同日而語。

他對西方從16世紀以來的「科學—理性」主義思潮及其代表人物，從維柯到法國百科全書派，從黑格爾到摩爾根、孔德、斯賓塞等所持的普遍主義的、

〔註16〕蕭萐父：《〈中國辯證法史稿〉弁言及後記》，《吹沙集》，成都：巴蜀書社，2007年，第572～573頁。

〔註17〕蕭萐父：《〈醫易會通精義〉序》，《吹沙集》，成都：巴蜀書社，2007年，第585～591頁。

〔註18〕蕭萐父：《船山人格美頌》，《吹沙二集》，成都：巴蜀書社，2007年，第424～427頁。

單線演化論的觀點予以揚棄。〔註19〕以上表明，蕭先生的啟蒙論說，恰好超越了西方從啟蒙時代到康德的啟蒙論說，包容了也超越了今天「啟蒙反思」的內容。

三、蕭先生的「人論」超越了啟蒙時代的「人的重新發現」

蕭先生說：「啟蒙，是 15 世紀以來世界歷史的主題。啟蒙的核心是『人的重新發現』，是確立關於人的尊嚴、人的權利和自由的人類普遍價值的公理，特別是確認每一個人都有公開地自由地運用其理性的權利，並且以人道主義原則為人類社會至高無上的原則和普世倫理的底線，反對任何形態的人的異化。在全世界範圍內，這一歷史進程至今也沒有完結。」〔註20〕蕭先生在具體討論「人的發現」時，時時突破了這一範圍。

由於蕭先生有非常深厚的人文底蘊，又處於今世，故他的啟蒙觀，尤其表現在對天與人的關係，人的終極信仰，人與自然，以及有關人的全面性、豐富性的闡揚上。人不是單面的人，人不只是個體權利、利益、智力的集合體；啟蒙也不意味著個體權利、知性與個性自由的無限膨脹；這不僅與近代西方啟蒙理性的「人的覺醒」不同，而且包涵了批評人類中心主義，批評工具理性與原子式的個人主義。在這個意義上，蕭先生的啟蒙論說包涵了「啟蒙反思」。

蕭先生揭示了《周易》哲學中科學易與人文易的價值，尤指出後者「超越占卜迷信之外的神道意識，對宇宙人生終極意義的追求，『陰陽不測之謂神』、『神無方而易無體』、『窮理盡性』、『原始反終』，聖人以此『齋戒』、『洗心』、『退藏於密』的精神家園⋯⋯往往涵蘊於『人文易』的深層義理中，諸如宇宙既濟而未濟，大化生生而不息，『乾道變化，各正性命』⋯⋯莫不言簡意深，值得珍視。」〔註21〕蕭先生探討「人文易」，使之與「民族魂」相聯繫，並藉以批判啟蒙理性，特別是工具理性。他指出：「人所面對的理世界，既有理性（工具理性）所認知的實然之理，也有心靈（價值意識）所感悟的應然之理。兩者互相區別，又互相聯繫，但卻永遠不能互相代替⋯⋯『剛柔相錯』所展示

〔註19〕參見蕭萐父：《「早期啟蒙說」與中國現代化》（與許蘇民合作），《吹沙三集》，成都：巴蜀書社，2007 年，第 50 頁。

〔註20〕蕭萐父：《「早期啟蒙說」與中國現代化》（與許蘇民合作），《吹沙三集》，成都：巴蜀書社，2007 年，第 40 頁。

〔註21〕蕭萐父：《易蘊管窺》，《吹沙二集》，成都：巴蜀書社，2007 年，第 114～115 頁。

的『天文』，屬於工具理性所認知的客觀物象及自然知識的實然之理，但人總是按一定的社會需要和價值理想去『觀天文、察時變』，其目的和意義便離不開人文意識中應然之理的指向；而作為人類文明的根本標誌，『觀乎人文，以化成天下』，更是易道的主旨和理論重心，構成『人文易』的豐富內涵……內蘊於民族文化深層中的價值取向與精神動力，是民族傳統中最有活力的文化基因，可以長期影響乃至支配一個民族的普遍心理素質和文化走向。」〔註22〕

蕭先生發揮了王船山《周易外傳》中「存人道以配天地，保天心以立人極」的思想，肯定人與天地的貫通，並在此基礎上認同儒家的人禽之辨、華夷之辨、君子小人之辨。〔註23〕

蕭先生通過對唐君毅哲學的討論，肯定以人的道德理性、精神自我來界定人的本性、本質，旨在超越物質現實與自然生命，反對自然主義、功利主義。蕭先生肯定唐君毅，「首先是道德自我的建立……確立了自貴其心的個體獨立人格及其自覺追求真善美等理想的價值，反對了重物輕人、重外輕內的各種拜物教及人的異化，且與梨洲、船山同調，高揚耿介不阿的『豪傑精神』。其次是人文精神的闡揚。這是把道德自我作為精神主體的合乎邏輯的展開，歷史地總結中西人文思想的成就和異同，肯定了中國文化（包括哲學智慧、道德理想、藝術精神、人格境界、宗教意識等等）的精神價值，提出了通過中西文化的洞察和返本以開新，展示未來人類文化（自由、民主、和平、悠久等人文理想）的前景，並寄望於中國傳統人文精神的發展能夠融攝西方之科學、民主與宗教的精神精華，以創建一理想的人文世界。以上兩個層面，頗與傳統的內聖與外王、明體與達用、成己與成人等致思程序相應。最後是文化價值的哲學昇華。這是通過對中國傳統哲學的系統反芻，對西方哲學和印度哲學的進一步瞭解之後……將哲學系統擴展為以整個生命存在和心靈活動為基礎，對人類文化的各種價值形態，對人類哲學的各種義理，進行哲學心靈的遍觀和昇華，即其最後完成的『心有三向』、『心通九境』的系統理論……」；「約而言之，從道德自我之建立到人文精神的闡揚，再進到文化價值的哲學昇華，圍繞著人，開展出人生、人心、人性、人格、人倫、人道、人極、人文的多層面慧解……君毅

〔註22〕蕭萐父：《易蘊管窺》，《吹沙二集》，成都：巴蜀書社，2007年，第116～117頁。

〔註23〕參見蕭萐父：《王夫之辯證法思想引論》，見蕭先生主編的同名書，武漢：湖北人民出版社，1984年，第38～39頁。

之學，人學也。」〔註24〕我之所以長段引用以上原文，是因為蕭先生借解讀唐君毅的哲學闡揚了自己對「人」的全面、多樣的理解，這種理解當然超越了西方啟蒙時代對人的理解的褊狹性。

蕭先生對徐復觀思想的闡揚，重視其對周初「憂患意識」的抉發，指出：「這種人文精神，以『敬』為動力，以『德』為目標，以『成己成人』的社會義務作為自己的行為準則和應盡之責，因而是一種自覺的道德理性……認定性善說是通向人的終極價值和安身立命的橋樑，是確定人的尊嚴和人與人相互信賴的根據。故由『性善』說可以推廣為『仁政』說，確定人民的好惡為指導政治的最高準繩，即中國思想史中以道德主體性為基礎的最高的民主政治精神，只是缺乏民主制度的構想。」〔註25〕蕭先生特重徐先生對傳統思想資源，主要是儒道資源中的自由精神、人格自由的詮釋，最後指出：「他（指徐復觀，下同）在孔孟儒學中發掘出道德自律與人格獨立的主體性原則，他在莊學、玄學中又發掘出審美觀照與藝術自由的主體性原則。他既肯定人不僅是道德主體，而且是藝術主體，也就承認了主體的多元化，人還可以作為獨立的認知活動的主體，政治與經濟活動的主體，科技與宗教活動的主體等……他力求發掘中國傳統文化中的人文精神，亦即主體自由的精神，高度自覺的憂患意識，不為物化的人道之尊。這是現代化價值的生長點，是傳統與現代化的接合處。」〔註26〕蕭先生在對徐復觀的討論中包含有如下思想要點：人是全面的人，具有多元主體性；具體的現代人可以通過學習傳統儒道思想資源，吸取「不為物化的人道之尊」；而且說這就是現代價值的生長點，是傳統與現代化的「接合處」。

蕭先生多次談到人的有限性，人的缺失、弱點，人對自然與超自然的敬畏等，他不僅重視人文，尤其尊重、重視天與天道，尊重、重視地或自然，重視天地與人的貫通，重視世界上與本民族之大的宗教傳統，全面理解個體人與天、地、他人、萬物的關係，自身身體與心靈的關係。因為在中國哲學文化中，儒釋道資源中，人文不與宗教、自然、科學相對立。由上即知，蕭先生的現代

〔註24〕蕭萐父：《論唐君毅之哲學史觀及其對船山哲學之闡釋》，《吹沙集》，成都：巴蜀書社，2007年，第551～552頁。

〔註25〕蕭萐父：《徐復觀學思成就的時代意義》，《吹沙二集》，成都：巴蜀書社，2007年，第499～500頁。

〔註26〕蕭萐父：《徐復觀學思成就的時代意義》，《吹沙二集》，成都：巴蜀書社，2007年，第503～504頁。

「人論」是很豐富的,這才是「人」的真正的「再發現」。

四、蕭先生的啟蒙:既走出中世紀,又走出現代性

康德是在啟蒙運動與宗教改革之後,在當時的德國而不是法國的背景上談啟蒙的。康德所謂「啟蒙」即人要有勇氣擺脫不成熟的狀態,勇於自己去運用自己的理性。康德哲學包涵有人就是理性、理性就是人的看法。〔註27〕啟蒙在一定意義上就是對理性的普遍性的高揚。啟蒙理性與科技的片面發展或所謂現代性帶來人的異化,人的整全生命的被肢解,人變成了理性的工具,人變成了物化的對象,人不可能成為真正的主體,人喪失了自己的全面性。

針對康德「什麼是啟蒙」的問題,福柯在二百年後解釋,啟蒙即是「出路」。蕭先生也是主要探討「出路」的。據韓水法研究,這種解讀意涵著:「啟蒙既不是一個凌駕於所有人之上的理性的純粹的運動,也不是人類的一個群體對另一個群體,一個族類對另一個族類,一個人對另一個人的教化。每一個個體作為自為者都是啟蒙的主體;與此同時,每個主體對於任何一個主體都可以是,或者應當是一個批判性的主體……他本身就承荷啟蒙和驅動啟蒙。」〔註28〕

杜維明指出,與中國傳統人文精神不同,西方近代的人文精神「並不能把人擺在宇宙大化的格局中來討論,它只是把人當作一個與自然異化、與天道異化而獨立出來的一種浮士德式的人。也就是說,這種人的特點在於,為了得到新的經驗、新的真理、新的價值、新的成功,即使要出賣我的靈魂也在所不惜。無疑的,這樣一種精神表現為『以動力橫絕天下』,它雖成就了鬼斧神工,繁興大用,以至鑿鑿然不知其何所止境。但是它只是一種氣命之伸展和周納,而無託體之基,無精神歸路,其結果當然也為人類帶來很大的災害。」〔註29〕胡治洪總結杜維明的看法:「西方『原子式』的個人主義、突出抗衡與制約關係的民主及工具理性和科學主義,即為啟蒙理念系統的核心與實質。這一系統發展出一種強勢的人文精神,但卻是人類中心主義的、排斥性的人文精神……」〔註30〕

〔註27〕 參見康德著、何兆武譯:《歷史理性批判文集》,北京:商務印書館,1990 年。
〔註28〕 韓水法:《啟蒙的主體》,廣州:《開放時代》,2008 年第 5 期,第 113 頁。
〔註29〕 東方朔整理:《杜維明學術專題訪談錄》,上海:復旦大學出版社,2001 年,第 204 頁。
〔註30〕 胡治洪:《全球語境中的儒家論說——杜維明新儒學思想研究》,北京:三聯書店,2004 年,第 162 頁。

　　如前所述，蕭先生對於西方近代以來的個人主義、片面民主、工具理性、唯科學主義等給予了系統批判，對傳統人文精神與西方人類中心主義的人文精神的差別有系統的論說。

　　蕭先生的思想、精神中有顯隱之兩層，顯性的是「走出中國中世紀」，隱性的是「走出西方現代性」，這兩層交織一體，適成互補。我們對蕭先生的思想，不能只突出其任何一面、一層。蕭先生主張「兩化」，「即中國傳統文化的現代化和西方先進文化的中國化……要把『全球意識』與『尋根意識』結合起來。」〔註31〕他批判了理性過度膨脹所帶來的生態災難與人之生命的迷惘，批判了歷史的虛無主義與道德價值的相對主義。他強調民族文化的自我認同與當代中國倫理共識的重建，多次參與國際性的「文化中國」的討論。

　　蕭先生也多次參與國際性的「文明對話」，他一貫充滿了文化包容意識與多元開放心態，擺脫東西方中心主義。他說：「對世界文化的考察要擺脫東方中心或西方中心的封閉思考模式，走向多元化，承認異質文化的相互交融」；「東方與西方有共有殊，東方各民族之間、西方各民族之間也各有同有異。」〔註32〕他主張尚雜、兼兩、主和的文化觀，在差異、矛盾、對立中互動。這些方法也包含著「走出中國中世紀」與「走出西方現代性」的兼有、差異與互動，一體兩面之交叉互動。當然，他的主要思路是，只有從現代性才能走出現代性。

　　綜上所述，蕭先生通過對文革的反省，針對國家、民族文化（特別是政治文化）建設的現實、緊迫問題，著力於西方啟蒙理性與啟蒙價值的引入，特別是發掘中國傳統中與之相契合、相接植的因素（例如他下過工夫的明清之際思想家們的新思想萌芽等）。但我們不能忘記的是，蕭先生是一位東方、中國的有底蘊的知識人，其論說啟蒙的時代又是 20 世紀 80 年代至 21 世紀的開端，在現代性的弊病暴露無遺之際。在這種背景下，由這樣一位中國傑出的詩人哲學家，一位生命體驗特別敏銳的思想家來論說啟蒙，其啟蒙意涵已不是西方近代啟蒙主義的內容，而恰恰超越了啟蒙時代的啟蒙精神，包涵了諸多反思啟蒙或啟蒙反思的內容。他實際上有著雙向的揚棄，意在重建中華文化的主體性。看不到這一點，那就恰好低估了蕭先生的思維水平與他的啟蒙論說的意義。

〔註31〕 蕭萐父：《中國傳統文化的現代化與西方先進文化的中國化》，《吹沙二集》，成都：巴蜀書社，2007 年，第 66 頁。

〔註32〕 蕭萐父：《古史研究與馬克思主義理論的拓展》，《吹沙集》，成都：巴蜀書社，2007 年，第 467、466 頁。

五、蕭先生學術的多面相與人才培養

蕭先生的學問是博大的而不是偏枯的。明清之際學術思潮只是蕭先生的一個領域，絕不是他的全部。他有博大的氣象，這當然是指他的心胸、意境，也指他在理論建構上與學術上的多面相。他有馬克思主義哲學、西方哲學與中國哲學的理論與歷史的功底，能融會貫通。他的理論貢獻在啟蒙論說、傳統反思、哲學史方法論與中國哲學史及辯證法史的架構等方面；他的學術貢獻在於他深度地、極有智慧地探討了中國哲學史的多個面相，在經學（主要是《周易》）研究，在儒、佛、道的研究，在漢唐、明清、現代等斷代哲學史的研究上，他有創新見解，又開闢領域，培養人才，使之薪火相傳。

關於《周易》，蕭先生考察了易學分派，提出了「科學易」與「人文易」的概念，傾心於「人文易」，指明「觀乎人文以化成天下」乃「人文易」的核心，提示「人文易」內蘊的民族精神包括有時代憂患意識、社會改革意識、德業日新意識、文化包容意識等，重視反映人文意識新覺醒的近代易學。

關於儒家，蕭先生肯定了《禮運》大同之學，孟子的「盡性知天」之學以及分別來自齊、魯、韓《詩》的轅固生的「革命改制」之學，申培公的「明堂議政」之學，韓嬰的「人性可革」理論「皆屬儒學傳統中的精華；而子弓、子思善於攝取道家及陰陽家的慧解而分別涵化為《易》、《庸》統貫天人的博通思想，尤為可貴。」〔註33〕他肯定《易》《庸》之學的天道觀與人道觀，指出：「所謂『至德』，並非『索隱行怪』，而只是要求在日常的社會倫理實踐中堅持『中和』、『中庸』的原則，無過不及，從容中道；這樣，在實踐中，『成己』『成人』，『盡人之性』，『盡物之性』，就可以達到『贊天地之化育』的最高境界。重主體，尊德行，合內外，儒家的人道觀體系也大體形成。」〔註34〕蕭先生闡釋了儒家的儒經、儒行、儒學、儒治的傳統及其多樣發展，特重對儒學的批判與創造轉化。

關於佛教，他透悟佛教哲學的一般思辨結構（緣起說、中道觀、二義諦、證悟論），重視解析其哲學意義，對佛學中國化過程中極有影響的《大乘起信論》（他有《釋譯大乘起信論》專書），對慧能，對《古尊宿語錄》（他參與點

〔註33〕 蕭萐父：《儒門〈易〉〈庸〉之學片論》，《吹沙二集》，成都：巴蜀書社，2007年，第94頁。
〔註34〕 蕭萐父：《儒門〈易〉〈庸〉之學片論》，《吹沙二集》，成都：巴蜀書社，2007年，第98～99頁。

校《古尊宿語錄》），對禪宗的證悟論都作過深入研究而又有獨到的見解。

關於道家與道教，他對老子、莊子，對道家人格境界與風骨、隋唐道教、黃老帛書都有精到的研究。我在舊作中曾寫到，從 80 年代末到 90 年代初，學術界「湧動著一個當代新道家的思潮，蕭萐父是其中的始作俑者之一。他是熱烈的理想主義者，有強烈的使命感、責任感和積極的入世關懷。他在 90 年代倡導『新道家』，當然與他的際遇和生命體驗不無關係。他是一個行動上的儒家和情趣上的道家。他的生命，儒的有為入世和道的無為隱逸常常構成內在的緊張，儒的剛健自強與道的灑脫飄逸交織、互補為人格心理結構。要之，他肯定的是道家的風骨和超越世俗的人格追求與理想意境……相形之下，他對儒、道的取向又確有差異。當然，這並不妨礙他對儒學的真精神采取寬容的態度，也不妨礙他自己的真精神中亦不乏濃烈的儒者情懷，他所批評的是儒學的負面與儒學的軀殼。」〔註35〕

關於漢至唐代的哲學，他對秦漢之際，對楊泉、魯褒、何承天、劉禹錫、柳宗元等都下過工夫。

關於明清之際哲學思潮，是他的專長。他全面深入地研究了這一思潮的全盤，把這一段哲學史作為一個斷代，作為哲學史教材的一編予以凸顯並細化，又特別深入地研究了王夫之、黃宗羲、傅山等個案。他是當之無愧的王夫之專家和明清之際哲學的專家。

關於現代哲學思潮，他研究了馬克思主義、自由主義與文化保守主義諸流派及其他學者。在馬克思主義哲學思潮方面，他對李達、郭沫若、侯外廬、呂振羽、馮契等人作了深入研究，在文化保守主義思潮方面，他對熊十力、梁漱溟、馮友蘭、唐君毅、徐復觀等人作了深入研究，他還研究了梁啟超、劉鑒泉、蒙文通等學者的思想與學術。

他還開拓了中日思想的比較研究領域，支持了楚地簡帛的研究等。

蕭先生培養了很多學生，這些學生在中國哲學史、文化史的各領域繼續跟進他的開拓，予以補充或深化。他也鼓勵他的學生按個人的興趣向科技哲學、政治學、社會學、管理學、傳播學發展。據個人不完全統計，他最早的弟子是許蘇民；他與李德永、唐明邦老師合作培養的碩士研究生有：童鷹、宮哲兵、

〔註35〕 郭齊勇：《史慧欲承章氏學　詩魂難掃璈人愁──蕭萐父教授學述》，載蕭漢明、郭齊勇編：《不盡長江滾滾來──中國文化的昨天、今天、明天》，北京：東方出版社，1994 年，第 45 頁。

董建橋、高廣、蕭漢明、蔣國保、李漢武、劉春建、吳方桐、李維武、黃衛平、舒金城、郭齊勇、鄧紅蕾、張鐵勇、柴文華、余金華、蕭洪恩、田文軍、徐水生、呂有祥、趙陽、梁雋華、何建明、李煉、李大華、鄭潮波、別祖雲、金光鴻、陳紅兵等。他培養的博士研究生有：李維武、郭齊勇、甘萬萍（肄業）、吳根友、徐水生、龔雋、劉惠文、鄧名瑛、劉澤亮、朱哲、李大華、閔樂曉、王仲堯、高華平、張志軍、鄧輝等。

　　蕭先生的精神遺產是非常豐富的，本文不免掛一漏萬。從以上我們簡述他的學術思想的諸層面與人才培養中，我們不難發現，他處處閃耀著活力與智慧，他的開拓精神，嘉惠學苑，啟迪後生，帶動一片。他常常說：集諸家之長，走自己的路。在學習諸家方面，他常常向教研室、博碩士研究生推薦國內外老中青學者的論著，充分肯定別人的成就，虛心向學術界的師長、朋友甚至青年學習。他的開放心態、博大氣象及貫通百家的學力，令人敬仰。他有很強的學習的能力，永遠保持著學術上的朝氣、敏銳與激情。他對學生重在培養、薰染、提升其學習與繼續學習的能力，引導他們健康地成長，認真地做人做事。

吹盡狂沙始到金
——記著名哲學史家蕭萐父先生

秦　平

一、與武漢大學的不解之緣

　　1924 年 1 月 24 日，蕭萐父生於四川成都的一個知識分子家庭，家學淵源深厚，父親蕭參是近代蜀學的代表人物之一，母親楊勵昭善詩詞、工書畫。家中往來親友多為書香雅士。少年蕭萐父即已從父親友朋的論學談藝之中，感受到了中國文化的博大精深。受父母家教的影響，蕭萐父自幼涵詠詩詞、善屬詩文。他青年時代寫作的《峨眉紀遊詩》組詩，與唐太宗、李白、杜甫和岑參等歷史名人詩作一起，被美國學者費爾樸（D. L. Fehlps）和加拿大學者（M. K. Willmott）編入《峨山香客雜詠》詩集中，並被譯成英文出版。

　　同時，他又時時關注民族命運，很小便接觸到了清末印作革命宣傳品的小冊子，其中有《明夷待訪錄》《黃書》等。在民族憂患意識和時代思潮的影響下，蕭萐父泛讀各類古今中西書籍。

　　1943 年，蕭萐父考入武漢大學哲學系，開始了與武漢大學長達一生的不解之緣。當時的武大為避日寇戰火，已西遷到四川樂山。此時的哲學系的學生不多，環境艱苦。但是幾位教授自甘枯淡、嚴謹治學的精神讓他們深受感動。他後來專門寫了一篇文章《冷門雜憶》，截取記錄了從樂山時期到復校回珞珈山的一些片段。當時哲學系每屆學生只有七、八個人，老師八、九個人。整個學校要上「大一國文」，由周大璞先生主講。「哲學英語」是胡稼胎先生選的英文哲學名篇。那個時候的自由風氣很濃，朱光潛先生的「英詩選讀」、繆朗山

先生的「俄國文學」，王恩洋先生講的「佛學」，都可以自由選聽。他特別感受深的是萬卓恒先生，既上西方倫理學的課程，像「倫理學原理」、「西方倫理學史」，又講「數理邏輯」，這真是了不得！萬卓恒先生也是蕭萐父的學士學位論文的指導教師。張頤張真如先生是享譽海內外的東方黑格爾專家，在樂山時期，他開設「西方哲學史」、「德國哲學」，用的是文德爾班的教材。第一、二次上課，慕名來旁聽的其他系的同學把教室擠滿了，窗外的走廊上都站滿了人。不過，聽到一半就走了不少。到第三次課以後，就只剩下他們幾個哲學系的少數同學了。張先生毫不在意，說：「這是好事情，人多了，沒辦法講。」金克木先生是 1946 年武大搬回珞珈山以後來武大哲學系的，金先生開設「梵文」、「印度哲學史」和「印度文學」。蕭萐父親身感受到這些前輩老師上課的風格。他後來主張的「中西印兼通」，與他在哲學系所受到的教育是有關係的。

大學期間，蕭萐父閱讀過郭沫若的《十批判書》《甲申三百年祭》、侯外廬的《中國近世思想學說史》等著作。1947 年，在萬卓恒先生的指導下，他完成了題為《康德之道德形上學》的學士學位論文。

讀大學期間的青年蕭萐父並未完全埋首書齋，而是時刻關切國事民瘼，思考世運國脈。他參加了學生進步組織，發起、編輯《珞珈學報》。隨著抗戰勝利，1946 年武漢大學回遷武漢，蕭萐父繼續在此求學。1947 年，武大發生了震驚全國的「六一」慘案：為了鎮壓進步學生的愛國運動，國民黨反動當局派遣軍、警、憲、特 1000 餘人於 6 月 1 日凌晨闖入武大校園，開槍打死 3 名同學，打傷 20 餘人，逮捕多人。今日的武大校園中仍有「六一」慘案紀念亭。時任武大學生自治組織宣傳部長的蕭萐父，積極投身愛國學生運動。由於反美蔣的活動引人注目，他被特務監視。為逃避追捕迫害，蕭萐父潛離武漢，返回成都。甚至連他的大學畢業論文都是委託同學代為謄抄的。

1947 年畢業後，蕭萐父到成都華陽中學任教，同時一併受聘到尊經國學專科學校講授「歐洲哲學史」，主編《西方日報》「稷下」副刊，積極參加成都的地下黨活動。1949 年 5 月，他加入了中國共產黨，受黨組織委派，作為軍管會成員參與接管華西大學，後留任該校馬列主義教研室主任。

1956 年，蕭萐父進中央黨校高級理論班深造。同年，應時任武漢大學校長的著名哲學家李達之邀，蕭萐父決定回到當年求學的武漢大學任教，1957 年正式調入武漢大學哲學系，從此長期擔任哲學系哲學史黨支部書記、中國哲學史教研室主任一職。

李達老校長與青年教師合影（右一為蕭萐父）

在這個崗位上，蕭萐父兢兢業業工作了 40 年，以此為基地逐步建立和形成了具有武漢地區特色的中國哲學史學術梯隊，在全國學術界具有舉足輕重的地位。

二、別具一格的「詩人」教授

　　蕭先生講課是武大一絕。他的課是才子型的，很靈動，大氣磅礡。他在教二樓的一個大教室講課，「中國哲學史」的一部分課。蕭先生人長得瀟灑，個子高，那時頭髮還是黑色的。他戴著眼鏡，風度翩翩；他的課也講得瀟灑，略帶一點四川口音的普通話，抑揚頓挫，富有激情，講到動情處，妙語連珠，語速極快。偶然激動起來，他把講壇一拍，作獅子之吼，同學們的心弦被振得直響。他的板書很靈活，展現了書法的功底，不過同學們反映，有的字用草書，不易辨識，他便改寫得正規一些。學生們都喜歡聽他講課，是因為他不時扯到課程之外，很能啟發新思。他把當時思想解放的信息穿插在「哲學史」的講課中。例如他一下聯繫到思想解放運動，本來講中國古代哲學，他因某一命題的觸發，靈感一來，忽然跳躍到馬克思，問我們：「為什麼每個人的自由發展是一切人自由發展的前提，而不是相反」；有時忽然迸出另一個問題：「我們殷殷盼望大救星，而國際歌卻說不靠神仙皇帝，到底孰是孰非？」我們毫無思想準備，說老實話，當時的思想還被禁錮著，十分教條，頓時無語，一百五十人的大課堂鴉雀無聲。他停留片刻，微微一笑，然後講開去……這正是他對我們的思想啟蒙。

　　要是按今天所謂教學評估的方式去評蕭先生，他的課絕對不合格。因為他每每完不成教學計劃，有時候講著講著就跑遠了，收不回來。但實際上學生們都很喜歡。一講到某某史料，他興致來了，一下子背出不少東西，板書也不少，都不在教案之內。如講到楊泉，他講到古代科學史的材料，漢代至魏晉的天論，渾天說、蓋天說云云。同學們有時跟不上。他的課絕不是四平八穩的，這才是真正的教授上課（雖然當時他還是講師）。他頗有點散點透視的味道，讓我們透過一個個點去領悟中國哲學智慧。至於教材上寫的，那就用不著再細講了，點到為止，相信大學生們完全可以讀懂。不過有的同學並不喜歡他的講法，說是不好把握，不方便應考。

　　蕭先生還經常教導學生應當虛心地拜哲學系其他教研室的老師為師，特別是西方哲學教研室的陳修齋、楊祖陶和王蔭庭等老先生。他認為研究中國哲學，必須研究西方哲學，只有西方哲學的基礎好了，才能真正懂得馬克思主義哲學，也才能在比較中深入地瞭解中國哲學的特點。也正因為如此，他與陳修齋、楊祖陶等先生從恢復招收研究生之初就開創了中國哲學與西方哲學兩個教研室聯合教學的模式，其中最有特色的，就是共同開設《哲學史研究方法論》

課程，由他親自主持，兩個教研室的幾位資深教授根據自己學術研究的實際經驗，分別就哲學史研究的方法論問題進行專題講授。這門課程採用講授與討論相結合的形式，要求學生們自由發表意見，甚至鼓勵發表不同的意見。這個課程其實就是引導學生如何開展中外哲學史的學術研究，老師做現身說法，學生邊學邊體會。每屆中、西哲學專業的研究生都覺得這門課對自己的學術研究最有指導意義，因為從這裡逐漸懂得了如何選題，查找資料，使具體的論述充分體現歷史與邏輯的統一。許多人公開發表的第一篇學術論文，就是這門課程的作業。

三、循循善誘的人師

中國傳統文人喜歡講「經師」「人師」，前者偏重知識的傳承，後者看重德行學問的養成。對蕭蕯父的學生來說，他不僅是「經師」，更是「人師」。

幾十年後，他當年指導的研究生仍清晰地記得第一次參加師生見面會的情形。面對學生，蕭先生開門見山地說：「你們來這裡，應該是想來做學問的，不是想來學當官發財的。如果想學做官發財，我們沒有辦法教你們，就請趕緊去別的地方。不過，想做學問，先得學做人。這是我們武漢大學中國哲學教研室的傳統和我們對學生的一貫要求。」蕭先生講這話時不苟言笑，非常嚴肅。這使學生感受到他並不像做講座時那麼隨性親和，而是非常嚴肅認真的一個人。

畢業多年的學生回到珞珈山看望蕭先生。席間談到大家所熟知的某位學者，學生順便將自己所聽到的有關這位學者的一些受到非議的私生活情況告訴給蕭先生，本以為蕭先生對這位學者的不當私生活方式會持批評態度。可是沒有等學生講完，蕭先生就打斷話，很嚴肅地說：「不要議論別人私生活方面的事，而要注意瞭解和學習別人的優點，特別是在學術上有什麼新貢獻，對我們有什麼啟迪。」在他看來，年輕人應當善於瞭解和學習別人的長處，不要熱衷於議論人是人非，尤其是不要去議論前輩的是非。

還有一位晚輩求學者回憶起當年蕭先生「棒喝」的情景：大約是 1985 年前後，一次這位晚輩求學者到位於武漢大學校園內的蕭先生家中求教。當時，求學者已經閱讀了包括庫恩、波普爾、拉卡托斯等人的科學哲學著作，對相對論、量子論和哥德爾定理等引發的哲學思考，具有濃厚的興趣。但讓這位求學者困擾的是，伴隨思考的深入，自己的思想中充滿了懷疑，感到一切科學真理

都是相對的、約定的，感到一切科學理論都缺乏堅實的邏輯基礎，感到自己陷入了虛無之中。

聽完求學者的訴說，蕭先生忽然重重地一拍自己的大腿，大聲說：「嗨，虛無即執著嘛！」蕭先生的這句話宛如禪宗高僧的當頭棒喝，一掃求學者多日的困惑悵惘，有一種豁然開朗的感覺。的確，這位求學者之所以產生了虛無的感覺，恰恰是因為他在執著地跟隨大師先賢們的腳步追尋著科學理論的邏輯基礎。其實，那不過是一種虛妄的「充實」，不過是缺乏對問題窮根究底的執著。

蕭先生也有很體貼人的一面。平常無論多忙，只要有學生求見，他都儘量安排時間，熱情接待，傾囊相授。不過，他似乎只對學術有興趣，每次去見他，基本上只是談學術上的事，很少談論其他事情。在他看來，學生就是要克服各種困難把學習搞好，不要有所旁騖，年輕人應當珍惜大好時光，打好基礎，努力學習和工作。在他的書桌上和茶几上，總是堆放著師友們和學術界同行們新出的作品，每次學生去見他，他總是饒有興味地向學生介紹這些新出作品的特色，鼓勵學生不斷寫出新的作品。

蕭先生對於學術界各個時期最新的一些情況總能及時瞭解。他總是鼓勵學生多讀書，不要只讀中國哲學史方面的書，用他的話來說，就是「包容今古開新宇，涵化東西辨主流」。他最欣賞唐代詩人劉禹錫的詩句：「千淘萬漉雖辛苦，吹盡狂沙始到金」，說明學術研究不能一蹴而就，需要長期的「吹沙」工夫，因此他將自己的作品結集取名為《吹沙集》。每次師生對談，都是先各自談最近讀了什麼書，接觸了什麼思想，有什麼心得，有什麼打算，然後我就傾聽他的意見。

蕭先生特別強調教研室的每位老師都是每個學生的導師。他覺得老師們各有所長，而學生們可以同時學到各位老師的長處。因此，他經常提醒學生要對各位導師平等看待，他自己就非常尊重和團結其他老師。每次重要節日學生去他家看望，他都要問學生去過其他老師家沒有，如果沒有去就趕緊去。

在蕭萐父、唐明邦、李德永等諸位前輩的長期努力下，武漢大學中國哲學學科形成了自己獨特的學術風格，那就是：「中西對比，古今貫通；學思並進，史論結合；德業雙修，言行相掩；做人與做學問一致，文風與人風淳樸；統合考據、義理、辭章，統合思想與歷史的雙重進路。」這已經成為本學科點做人與治學的寶貴傳統。

四、博大真人

　　港臺地區的一代大哲方東美先生一生最為服膺的評價是四個字──「博大真人」！這四個字用在蕭萐父先生身上再合適不過了。蕭先生有家學淵源，有童子功，多才多藝，善詩書雕刻，文革在襄陽分校勞動時曾刻過幾枚閒章。

　　很多學生都記得當年蕭先生說過的一番話：「你們又不會喝酒，又不會吟詩，又不會書法，搞什麼中國哲學？」這句看似玩笑的話，其實反映了他對體制內的教育所造成的起碼的人文質素與修養的缺失表示懷疑。

　　現代社會使很多人成為片面或單面的人，使很多知識人墮落成為人格分裂的人。形成鮮明對照的是，蕭萐父先生是全面的人，是保存了古代遺風的剛正不阿的現代知識分子。他有強烈的現代意識而又有深厚的傳統底蘊，是集公共知識分子、思想家、學者、教師、學科帶頭人、文人於一身的人物。在歷史長河中，每個人的生命都是短暫的，每個人的行跡、事業或許都只是滄海一粟、水漚泡沫，但中華民族的歷史不正是這些有血有肉、有為有守的普通人的集成麼？他有自由開放的心靈，堂廡甚廣，通觀儒釋道，涵化印中西，打通了文史哲，甚至通曉詩詞歌賦，棋琴書畫。

　　他雖然是中國哲學史專家，但對中國的「二十四史」和古典詩文也非常熟悉，發表過多篇史學論文和大量的詩詞作品。無論是在課堂上、學術會議和私下交談中，還是在其論著裏，他對歷史典故和詩文總是信手拈來，恰到好處。他還是學界有名的古典詩人和書法家，他在每個時期都有大量的詩作，相繼編成《劫餘憶存》《火鳳凰吟》《風雨憶存》和《湖海微吟》等，分別收入《吹沙集》《吹沙二集》中出版發行。

　　蕭先生的書法也獨成一體，既有「水樣的秀美，飄逸」，又有「山樣的渾樸，凝重」，深受師友及同行們的喜愛。師母盧文筠老師是生物學教授，愛梅並擅長畫梅，蕭先生也喜歡「雪後春蕾應更嬈，願拋紅淚沁胭脂」的臘梅，每年臘月他們都要到東湖的梅園「踏雪尋梅」，賞梅，畫梅，詠梅。盧老師的梅畫經常由蕭先生題寫詩句，「筠畫萐詩」因此成為一個固定的符號，記錄了多少他們歷盡滄桑「只梅知」的「歲寒心事」，也經常作為「珞珈風雪裏，遙贈一枝春」的賀年片，飛向四面八方，成為傳遞海內外「中國學」人之間友情的重要信使和文化見證。

　　大約是 2004 年初，武漢大學為提升文科的地位，促其發展，設置「資深教授」的崗位，請有一定年資與學術實力的學者申報（包括離退休的老師），評上者享受院士待遇。當時任哲學學院院長的郭齊勇教授看到這個文件與表格，便請辦公室分送有關先生，鼓勵大家申報。身為學生，郭齊勇院長想到蕭先生肯定不會申報，但還是按所謂客觀化程序，生怕如有的前輩不知情反而造成工作失誤與諸多誤會，故請辦公室照送。此外，他還存有僥倖心理：「只要蕭先生肯報，我們幫他填表，以他的水平與聲望，應無問題，起碼可以大大改善他們家裏的經濟狀況吧。」沒想到很快有了信息反饋，辦公室的同志通報，蕭先生發火了，打電話來說：「叫郭齊勇來把表拿回去！」郭老師立即趕到蕭先生府上請罪。那天蕭先生很不高興，指著文件與表格說：「我身體不好，不申報，你拿走吧。」郭老師知道蕭先生是在怪學生。他早就說過，人之相知，貴在知心，我何嘗不知蕭師早已超然於名利之外了呢？爾後，與蕭老師的溝通與交談中，我知道老師很理解並支持學校的這個舉措，對已評上「資深教授」的學者十分尊重，實在是他個人覺得既不能再繼續工作，何苦再添心累，而且不想自取其辱。

　　不少學生喜歡稱呼蕭萐父先生為「蕭公」。這不僅僅是因為蕭先生年壽已高，一頭銀髮，更是因為他對於學生有一種精神上的洗禮。學生們對蕭公感受最深的，一是人格的成就，所謂壁立萬仞，風骨嶙峋，不作媚時之人或利祿之徒，不發媚俗之言或吹捧之論；二是學習的能力，蕭先生八十歲時的心態比我們還年輕，仍然保持著學術上的朝氣、敏銳與激情。

　　蕭公辭世時，一位後學這樣評價他：蕭萐父先生是一個特殊的中國哲學家史家，他既不是從尋章摘句找歷史光榮，也不是為鄙薄歷史提供證據材料，而是在人類進步和社會改新的尺度上發現中國思想史失蹤的部分。他對僵化儒學和復古主義有不假辭色的批判，對建構中國思想的新空間有不遺餘力的追求，學術不作媚時語，立人但求一個真。他是正直不阿、特立獨行的思想家，亦是敢恨敢愛、能哭能歌的詩人。蕭先生一個人的高度標誌武漢市這座城市的高度！

唐明邦先生

唐明邦先生及他的兩部大著

郭齊勇

一、懷念唐老師

　　唐老師走了！2018 年 5 月 4 日上午，我與幾位同事去看望他時，他未能睜開眼睛，已經沒有意識。醫生說，癌細胞已轉移到全身各臟器。他很瘦，已是皮包骨了。下午 4 時接到噩耗，唐師於 3 點 30 分駕鶴西去，享年 94 歲。哲人其萎，嗚呼哀哉！

　　唐師是我最親近、最尊重的三導師之一。三導師中的蕭萐父老師、李德永老師走了快十年了。在他們自己戲稱的「三駕馬車」中，蕭師是靈魂，唐師當教研室主任多年，承擔了一些具體的組織、落實的任務。

　　九天前，4 月 24 日上午，我到中南醫院去看唐師，他見我來了，很高興，斷斷續續說了很多話。這次我待了近兩小時，與他聊了一個多小時。他跟我講，應重視中國哲學的四大觀念：陰陽觀、五行觀、天人觀、經絡觀。唐師對每一

條都有論述，強調了應注意的方面，如五行，是關係而不是實體等。他邊講理論，邊說材料，背了幾段話，我知道是《易傳》與王夫之《周易外傳》中的話，也與他一起背了起來。據他身邊的人講，從這一天開始，他的口齒不太清楚了。但他當天的思維理路是清晰的，記憶力也還不錯。他告訴我，他平日能背一些唐詩宋詞等古今詩詞名篇，當即背了李清照的《聲聲慢·尋尋覓覓》和毛澤東的《沁園春·雪》。

元月 25 日，武漢難得的雪天，校園飄著雪花，我與徐少華、孫勁松兩位教授一道，代表國學院師生看望唐老。他熱情接待了我們，與我們聊得很好。每年春節前，我們都要提前給老先生們拜年。這次感到唐老師瘦多了，臉部尤其明顯。

唐師是著名的金嗓子，講課時聲若洪鐘，聲震教學樓。他重視本科生與研究生的教學工作，深受同學們愛戴。他投身教書育人，對學生關懷備致。

唐師對我關愛、提攜，不遺餘力，師恩浩蕩，恩重於山！我的本科畢業論文是他指導的，我的碩士學位論文是三導師合作指導的。唐師還是我讀博士生時的指導小組的師長之一。我研究熊十力，唐師很是關心，出差四川、上海，拜訪熊先生門生故舊與親屬，幫我聯繫，提供信息。我當青年教師時，唐師傳幫帶，親力親為，對我幫助很大。

唐先生號雲鶴，重慶市忠縣人，生於 1925 年 1 月 23 日。先生出生貧農之家，深知民生疾苦。高中畢業後，任教於培風中學、正中中學。1950 年 1 月任《西南工人日報》記者。1954 年 8 月至 1958 年 8 月，在北京大學哲學系學習，師從馮友蘭、張岱年、任繼愈等哲學家。1958 年調入武漢大學哲學系，從事中國哲學史的教學和研究工作，與蕭萐父、李德永先生共同為武漢大學中國哲學學科的建立和發展做出了極為重要的貢獻。他曾任中國周易研究會首任會長、中國周易學會顧問等職。

唐師退休很早，1991 年就退了，但他退而不休，筆耕不輟，著述研究，參會講學，很是忙碌。他常給我打電話，我也常到他的府上去拜訪，他說的都是近期的讀書、寫作、外出的情況和一些學術信息。他很勤奮，著作多為退休後撰寫。

唐師淡泊明志，低調平實。有一次他與我聊天，他說他的人生格言是「不爭」。他實踐《老子》的「上善若水，水善利萬物而不爭」的精神，超越於名利之上。由於退休早，他的住房又舊又小，收入較低，待遇很差，比起我們這

些學生，甚至再傳弟子都差多了，但他毫不計較，心胸寬廣，豁達大度。唐師堅持練氣功，動功與靜功都練，常常指導我們養生健身。唐師把他領悟的中國哲學的智慧與自己的身心修養，密切地融成一體，知行合一，學以致用！

唐師是哲學家與中國哲學史家，尤精於《周易》經傳與易學史、道家道教和古代自然科學中的哲學。他的堂廡甚廣，成就頗大。承唐師看得起，命小子為他的兩部大作寫序。小子斗膽應命。在這兩序中，我試圖探討他的學術思想及貢獻。茲放在下面，聊表我對恩師的沉痛悼念與深切緬懷。

二、唐師的《論道崇真集》

唐明邦教授以耄耋之年，活躍在我國哲學論壇上，鶴髮童顏，聲若洪鐘，思維之敏捷，著述之勤勉，絕非晚輩如某等所能企及。唐師學而不厭、誨人不倦，是今日學習型社會的典範。

唐師的三十萬字的《論道崇真集》（華中師範大學出版社，2006 年）集中了他老人家深入研究道教、道家的精彩絕倫之論，是不可多得的專家之書。晚生拜讀之後，遂生一念，希冀把唐師有關易學研究的專論彙集起來，請母校出版社出版，這便是本書的緣起。唐師以易學名家，半個世紀以來，在這一領域論著頗豐，可惜此次因條件限制，未能完璧，目前只是把近十多年來未曾結集的專論彙編於此。

本書乃先生晚年論易之書，字字珠璣，彌足珍貴。《易》為群經之首，號稱難讀。先生是高人，深入淺出，娓娓道來，把《周易》講得絲絲入扣。透過本書，讀者可以領悟《周易》的人生智慧、理想境界、核心價值、文化精神、生態倫理、思維模式、管理方略、學術思想的恒久魅力。唐師在本書集中討論了《周易》在 21 世紀的意義，易學思想與構建和諧社會的關係，易學大家名著──王夫之的《周易內傳》、《周易外傳》、《周易大象解》的義理，方以智、魏源、熊十力的易學思想，易學與我國傳統文化若干流派、部類及地域之關係，象數易學蘊含的民族思維特徵等。在下建議列位讀者參讀先生的《當代易學與時代精神》、《周易評注》等著作，以便對先生的《周易》研究有全面的理解。唐師原擬的書名為《周易通雅》，老人家對明末清初方以智之學情有獨鍾，方以智曾著有《通雅》一書。唐師精研方氏其人其學，唐師的為人為學也具有博通、雅致的特點。

一個甲子以來，唐師的學術研究，涉及整個中國哲學思想史，尤其是明中

葉至近代哲學思想史的諸方面，涉及儒釋道三教。他的科研的成就與貢獻主要在以下三大領域：一是《周易》經傳與易學史，二是道家與道教，三是古代自然科學中的哲學。唐師在這三大領域中都有創造性的探索，發人之所未發，取得了豐碩的成果。

唐師在《周易》與易學史研究方面的貢獻是：完整、全面而又有深度地闡發了《周易》經傳的義蘊與價值及其在中華文化史上的地位與作用，對漢代易學即象數易學下了很大的工夫，剖析其思維模式的特徵與實質，又對宋代邵雍的先天圖像數易學作了深入探討，闡釋其宇宙本體論及運化準則、數學圖式，研討了長江文化與《易》之關係，特別對王夫之的易學作了全面精湛的研究，對現代易學也作了完整的考察。可以說，唐師於 20 世紀 80 年代初期在全國率先舉辦全國《周易》學術討論的盛會，倡導、引導了國內第一波「周易熱」，爾後積極參與國際易學研討活動，詮釋、論證《周易》經傳的現代意義，功業甚偉，功不可沒；他開拓了易學史上的一些難度甚大的領域（象數易、先天易）與個案（邵雍、王夫之）之研究，篳路藍縷，探賾索隱，特有功力與創識，有突破性的貢獻，極大地豐富了我國易學研究的寶庫。

唐師在道家與道教研究方面的貢獻是：全面闡揚道家、道教在中國傳統文化與現代化建設中的作用與價值；於上世紀 90 年代初在國內主持道家道教研討會，對「道文化熱」起了重大促進作用，其後一直積極參與、推動海峽兩岸的道文化研究；深刻地研究了老子、莊子哲學思想的內涵及其歷史影響，對《老子》、《莊子》、《老子想爾注》、《悟真篇》、郭店楚簡《老子》等文獻及道教史上的著名人物陳摶、丘處機、張三豐之學術思想極深研幾，論證陳摶傳授《先天圖》開先天易學之先河，傳授《無極圖》發展內丹術的貢獻；又對道教外丹與內丹學作現代疏釋與創造轉化，尤重外丹與古代自然科學技術的關係、內丹與身心性命修養學說的關係，並涉及《道藏》價值、道教與易學、道教直覺思維方法、道教之養生與手印、符籙、青詞、戒律，以及現代道教學術研究等。他對道教教義、道家思想精髓及著名道教典籍、人物之深透細密的分析研究，有創新性的建樹，極大地豐富了我國道文化研究的園地。

唐師在古代自然科學中的哲學研究方面的貢獻是：特別關注、深入研討古代自然哲學，考察金丹術與古代礦物學、化學、醫藥學、冶煉技術、天文、地理的關係；探索《黃帝內經》、《本草綱目》等，深入地研究了中醫藥理論與實踐及其與《周易》、道教、陰陽五行學說的關係，從多學科、多視角理解李時

珍及其本草學新體系、新方法的內涵與《本草綱目》所內蘊的多學科的價值。他的這一方面的研究極大地豐富了我國古代自然科學技術哲學的成果。

　　唐師受教於北京大學哲學系，得到馮友蘭、張岱年、任繼愈、黃子通、周輔成、朱伯崑等前輩的親炙。他非常勤奮，焚膏繼晷，筆耕不輟，多次出席海內外舉辦之國際學術討論會，與成中英、峰屋邦夫、中嶋隆藏教授等過從甚密，有數百萬字的著述，發表論文兩百餘篇。他的學術代表作有：《當代易學與時代精神》、《邵雍評傳》（附《陳摶評傳》）、《李時珍評傳》、《本草綱目導讀》、《論道崇真集》（以上是唐師個人自著）、《易學與長江文化》（唐師與汪學群合著）等。他主編的著作有：《周易評注》、《周易縱橫錄》、《中國古代哲學名著選讀》、《中國近代啟蒙思潮》等。他參加撰寫的著作有：《易學基礎教程》、《易學與管理》、《中國哲學史》、《中國辯證法史稿》、《中國哲學史綱要》、《楚國歷史文化辭典》等。

　　唐師自 1958 年來到武漢大學哲學系任教以來，一直沒有離開過武漢大學。他得到前輩李達校長的關愛與指導，與蕭萐父、李德永先生一道從事中國哲學的教學與研究，教書育人，樂善不倦，循循善誘，敬業樂群。這個群體以蕭萐父老師為學科帶頭人，唐師與李師是蕭師的左膀右臂。三位老師長期合作共事，以團隊精神共同建設武漢大學的中國哲學學科。唐師是這個國家重點學科的重要的奠基人之一。三位老師的人品與學品，以及他們之間的相互關愛、協調、互補，在學術界傳為佳話，也深深教育、滋養著我們。在我們這些弟子的心目中，他們就是現代三聖！現在，唐師是三聖的僅存碩果。

　　唐師以道家與《周易》的智慧修養身心，一生堅持不爭、謙下、低調，淡泊名利，甘當配角，以高風亮節維護我們這個學科點的團結。唐師長期堅持在第一線從事本科生與研究生的教學工作，全身心地投入其中，無私奉獻。他是有名的金嗓子，中氣很足，聲音宏亮，氣振環宇。他以師德潤澤後學，培養了很多學生，學生們都很尊重他。他悉心扶掖本科生、研究生、青年教師、國內外進修生、訪問學者等，桃李滿天下。

　　除從事大學教育外，唐師常在社會民間講學，大力弘揚傳統文化，在民間有很大的影響力。

　　唐師是人師，是謙謙君子。他提攜後進不遺餘力，是晚生的恩師！不才魯鈍，自讀本科開始，一直到今天，不斷得到恩師的接引、點撥與栽培。點點滴滴，俱在心頭。不才的第一篇在大學學報上發表的文章是一篇學術動態，

那是以哲學系 78 級報導組署名的《孔子「中庸」思想的再評議》，發表在《武漢大學學報》（哲社版）1980 年第 5 期。該文綜述 1980 年上學期，配合中哲史課程教學，同學們展開的有關中庸思想的討論的情況。此文是我起草的，經唐老師修改、加工並推薦發表。不才的學士學位論文《王夫之〈尚書引義〉中的辯證法思想》是在唐老師悉心指導下完成的。不才的碩士論文、博士論文是先師蕭老師指導的，唐、李二師都是指導小組成員，熱情參與指導與答辯，關愛有加。為了不才做好熊十力研究與著作整理和籌備有關會議的工作，唐師利用到四川、上海出差之機，主動拜訪熊十力先生故舊與親屬，搜集資料，給不才極大的幫助。師恩難忘，師恩浩蕩。唐老師以身教與言教指導不才的學習、修養，激勵不才獻身教育事業，做好本職工作，潛心國學與中國哲學的研究。

唐師少私寡欲，潛心學問，胸懷灑落，光風霽月。師之《七十抒懷》有云：「細雨潤物占造化，大浪淘沙見精誠。斗室烹茶伴書香，清虛自守慕真人。」《八十抒懷》有云：「壽臻耄耋何足道，樂天無憂最宜人。放舟東湖捐塵慮，漫步珞珈長精神。」唐師善養生，時常在珞珈山上散步，練太極拳。八五高齡，步履矯健，精神矍鑠，思路清晰，談吐從容。唐師與師母白頭偕老，相依相守，修身齊家，兒孫滿堂，其樂也融融。

三、唐師論《天人之學》

我的恩師唐明邦教授已屆耄耋之年，思維敏捷，筆耕不輟。中央編譯出版社出版了唐師自選集《天人之學》，弟子們聽聞，歡欣不已。謹遵師命，作序於茲。

唐先生是我國著名的中國哲學史家，長期從事中國哲學史教學工作，主講中國哲學史、中國辯證法史、中國哲學文獻、易學源流舉要、道教文化研究等課程。先生數十年如一日，潛心研究中國哲學史，出版學術著作十多種，發表學術論文二百餘篇，在海內外有很高的知名度。先生的主要著作有：《當代易學與時代精神》、《邵雍評傳》（附《陳摶評傳》）、《李時珍評傳》、《本草綱目導讀》、《論道崇真集》、《周易通雅》、《易學與長江文化》（合著）等；主編有：《周易評注》、《周易縱橫錄》、《中國古代哲學名著選讀》、《中國近代啟蒙思潮》等；參加撰寫的著作有：《易學與管理》、《易學基礎教程》、《中國哲學史》、《中國辯證法史稿》、《中國哲學史綱要》、《楚國歷史文化辭典》等。

　　先生在明清之際哲學、中國辯證法史、周易哲學（象數與義理）、儒學、道家道教、佛學、古代科學技術哲學等領域，功底甚深，貢獻卓著。本書集結了先生在以上領域的代表性論文，通過本書，我們可以窺見先生的學問規模與致思傾向。

　　在第一編「中國哲學舉要」中，先生選錄了他撰寫的明清之際三大家王夫之、黃宗羲、方以智哲學和有關「常」「變」範疇歷史演變的論文。恩師蕭萐父先生與唐明邦先生都是明清之際哲學的研究專家。在著名哲學家、前校長李達先生的感召與安排下，他們二位都參加了 1962 年首次全國王船山學術討論會及其籌備工作。在有關明清之際早期啟蒙思潮的研究中，蕭唐二師同聲相應，同氣相求。1961 年底，唐先生還到衡陽實地踏訪王船山的遺跡。唐先生在首次全國王船山學術討論會上提交了《〈周易外傳〉的若干辯證法思想》與《王船山史蹟訪問記》兩文。上世紀 80 年代初，唐先生參加編寫蕭萐父、李錦全教授主編的《中國哲學史》，承擔了明清之際部分的撰寫任務。這一教材曾獲前國家教委優秀教材一等獎，印行十數萬冊，培養了兩代學者。收入本書的有關王夫之、黃宗羲、方以智哲學的論文，主要是唐先生為這一教材撰寫的相關內容，由此我們可以暸解唐先生有關中國哲學創造性轉化的思考。唐先生努力抓住古代哲學家的主要範疇與命題，予以分析與現代詮釋，這是理解中國哲學史的重要進路。

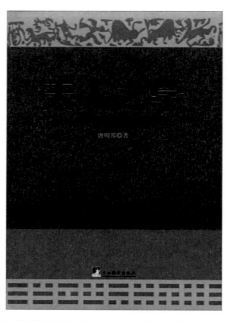

在第二編「先賢的辯證思維傳統」中，先生收錄了他有關《周易》經傳與兵家、農學、醫學辯證法的數篇論文。中國哲學區別於西方哲學的重要特色是辯證思維發達，在經、子之學與農學、醫學傳統中都可以得到印證。先生最近對我說，設置這一編，是想反映我們武漢大學中國哲學史學科點長期研究的一個重點，蕭萐父先生、李德永先生與他本人都曾在這一方面下過工夫。我們是富於辯證思維的民族。作為發展觀與思維方法論的辯證法，在中國學術史中尤為突出。中國的辯證智慧，不同於印度、希臘，而有著自身的特點。這一特點表現在天地人的相互關係上，中國辯證法與社會生活及人生的關係特別密切。中國哲學的整體性、有機性、相互聯繫性很強，其邏輯範疇與規律在不同哲學系統中所展示的形態尤為豐富。易家、兵家、農家、醫家對辯證思維的發展都有不同的貢獻。唐先生的這五篇論文，從一個側面反映了我國學者有關中國辯證法史的探討。我認為，中國辯證法的探討，在今天仍未過時，我們可以從中把握中國哲學史的特色。其中，天人關係，生命、生活與人生的辯證法尤為精彩。今天我們對生態環保哲學的思考，充分借鑒了中國傳統哲學的智慧，其中就包含有辯證智慧。先生有專文討論傳統文化與生態文明的關係，為這一現代課題提供了古代人的智慧。

在第三編「人文易學之輝煌」中，先生收錄了他有關《周易》義理的十篇代表性論文。唐先生是易學大家，對《周易》思想中所蘊藏的中華民族的核心

價值觀及其在 21 世紀的意義做了十分詳細的討論與揭示，對《周易》中的中國管理智慧作了全面的梳理與提揚。先生深研長江文化與易學的關係，對楊萬里、魏源的易學思想與今人的易學討論亦有精到的點評。唐先生認為，《周易》乃中華傳統思想文化的活水源頭，《周易》經傳啟迪中華民族探賾索隱、極深研幾的哲學智慧，激勵炎黃子孫自強不息、厚德載物的民族精神，闡揚天下為公、萬國咸寧的大同理想，培育獨立不懼的人格精神和崇德廣業的入世情懷。其太極思維方式、天人統一理論、保合太和思想，精深而高明，是先哲留下來的寶貴哲學遺產。先生認為，一部易學史，在一定意義上就是中華民族的智慧發展史。《周易》為鍛鍊民族思維能力提供了不可多得的經典教材，又是經邦濟世的寶典，使中華民族在瞬息萬變的現實世界面前，能高屋建瓴地總結過去，準確無誤地策劃當今，雄偉豪邁地開拓未來。其彌綸天地，經緯萬端，「裁成天地之道，輔相天地之宜」，駕御中華巨艦，衝破重重險灘，繞過層層暗礁，乘風破浪，創造輝煌文明，使我泱泱中華，飽經滄桑而永遠屹立於世界民族之林！其崇德與廣業並重，備物與聚人兼顧，自強與合眾結合，進取與憂患同步的原則，至今有其實踐意義與現代價值。

在第四編「象數易學之魅力」所收近十篇代表性論文中，先生對易學象數思維的特徵、易圖的思維方法論與模式予以揭示，對魏伯陽、陳摶、邵雍、朱震、來知德的象數易學思想作了深入的研究。唐先生認為，象數思維方式為中國獨創，綿延數千年，久而彌新。先生總結其特徵為：以「取象比類」為思維方法，以陰陽對稱、剛柔相濟為致思原則，以整體思維為其合理內核，以強調序列與層次，注重節律為突出優點。唐先生指出，象數思維包涵了、整合了歸納與演繹、分析與綜合，是先哲智慧的結晶。易學史上出現過數千種易圖，不少易圖具有科學價值，蘊含著易學家的卓越智慧。先生認為，易圖是中華民族傳播信息的特殊方式，是象數思維方式的特殊載體。對於既有知識，它可將其作形式上的歸納，形成簡約圖式，利於觸類旁通，開闊思路，拓展知識範圍；對於未知領域，則通過易圖的摹擬誘導，擺脫表面現象的侷限，引發聯想，啟發新知，激發頓悟。在《周易》思想與易學史的研究中，唐先生著力打破義理與象數的壁壘，在義理與象數兩方面都有建樹，並善於用通俗易懂的方式表達出來，有益於易學的創造性重建。

在第五編「儒學思想指要」中，先生系統地總結了儒家治國方略、經世理財思想、修身齊家之道，以「致中和」為《易》《庸》人生哲學的精髓，對孔

子作《易》作出考釋，弘揚民族精神與東方管理藝術。唐先生高度肯定儒家為中華民族提供的以「仁愛」為中心的、「仁義禮智信」的核心價值系統，培養與激勵了歷代志士仁人，凝聚了士子與民眾，成為千百年來我們各民族的主要信仰體系的基礎，是百姓日用而不知的生活信念與做人之道。他認為儒家「仁愛」思想的中心內涵是推己及人、與人為善，「己欲立而立人，己欲達而達人」，「己所不欲，勿施於人」。他指出，儒家的社會理想是「大同」，這一理想指導人們建立「民惟邦本，本固邦寧」，政通人和的和諧社會，「人不獨親其親，不獨子其子」，「老吾老以及人之老，幼吾幼以及人之幼」，「出入相友，守望相助」，親如一家，並以寬廣博大的胸懷，促成「四海之內皆兄弟」的世界大同局面。儒家思想在承平時期能使人居安思危，勵精圖治，「先天下之憂而憂，後天下之樂而樂」，「樂以天下，憂以天下」；在承平日久，弊端叢生，積重難返之日，能使人奮起改革社會，「時行則行，時止則止」，鐵肩擔道義，興利除弊，拯救社稷；在外侮侵凌，國難當頭之際，則抱負「多難興邦」的宏願，挺身而出，致命遂志，內除國賊，外抗強敵，救民於水火之中。儒學培養了一代又一代的中國人的良心，使草根民間出來的君子以「富貴不能淫、貧賤不能移、威武不能屈」的大丈夫精神，擔當起社會責任，「為天地立心，為生民立命，為往聖繼絕學，為萬世開太平」，並激發了中華兒女的豪邁氣概與開拓精神。

在第六編「道家道教思想」中，先生收錄的代表性論文，討論了傳世本與竹簡本《老子》，重點闡釋了道家、道教在中國傳統文化中的地位與作用及其與諸學、諸教的關係，論證了道家、道教直覺思維的長處，並對《道藏》作了多維度的解析，對老子、莊子哲學及呂洞賓、陳摶、丘處機思想作了深刻的探究。唐先生重點詮釋了道家道教的四個方面的貢獻：第一、《老子》、《莊子》中蘊含著精湛哲理，其本體論、宇宙論、知識論、人生境界論有深刻意義。道家經典中原創的智慧，誘導人們玄思宇宙，深探神奧，站得高，看得遠，領悟沖和閒靜的宇宙本體，拋開世俗煩惱，虛懷若谷，氣象恢弘。第二、道教應事接物，反映民間疾苦，同情勞苦大眾：「民之饑，以其上食稅之多，是以饑；民之難治，以其上之有為，是以難治。」主張：「天之道，損有餘而補不足」；「治大國若烹小鮮」。開導信眾：「少思寡欲」，「復歸於嬰兒」，慈愛、節儉，淨化心靈。其無為而治的政治論與返璞歸真的人生論，可以促進社會和諧。第三、道教對古代科學技術的發展功勞卓著。外丹為古代化學、物理、礦物學、植物學、動物學、藥物學研究，洞開門戶；內丹修持，為生命信息科學展示新

途徑。加之醫藥服食、養生方法的研究，成就斐然，名家輩出。第四、道家道教有助於改善現代人生存的環境。它珍生戒殺，主張「人法地，地法天，天法道，道法自然」，「無以人滅天」，宣揚人為自然之子，「天地與我並生，而萬物與我為一」，人當回歸自然，不應與之為敵。這些思想對生態環保有積極意義。

在第七編「佛學淺悟」中，先生收錄了他研究佛教哲學的五篇論文，涉及到佛學與易學互通的智旭與石頭希遷等禪師的思想，天台宗哲學的主要觀念，藏傳佛教文化與新時期佛教教育問題等。唐先生十分重視曹洞宗巧妙結合佛《易》的理論與歷史，認為曹洞宗涵攝易學，使自身的佛學思想有了特色，令人喜聞樂見，增強了理論性，提升了其在禪門的競爭力，不僅在中土枝繁葉茂，並能遠播東洋。先生對藏傳佛教獨有慧心，他指出：「藏傳佛教文化乃中華民族文化的重要分支。千餘年來，它在世界屋脊珠峰之下生根開花，大放異彩。在藏傳佛教影響下，西藏地區的天文、曆法、醫藥、文學、音樂、美術、建築等都有許多與漢地文化不同的特點。」藏文大藏經「是研究藏傳佛教文化的寶庫。它蘊含著文法、詩歌、邏輯、美術、天文、曆算、醫藥、工藝等多方面文化研究價值。」顯然，唐先生以多元開放的心態，充分尊重多彩多姿的中華各民族、各地域、各流派的文化，努力創造性地轉化其精華，為建設現代化的偉業添磚加瓦。

在第八編「古代科技掠影」中，先生收錄了他研究古代科技的五篇論文。唐先生十分重視對古代科技史的研究。他認為，《黃帝內經》與《周易》息息相通，陰陽五行思想是《內經》醫學理論的基石，是傳統醫學、養生學的基本原則。《周易》取象比類思維方法對中醫學影響甚大，天地人三才統一的整體觀，陰陽調和的中和觀，「天地節而四時成」的節律觀，「唯變所適」「變而不失其常」的常變觀，這些易學基本思想，都影響了並成為《內經》的基本理論。先生認為，《周易》象數與古代科技有密切關聯，古天文學借象數顯示星移斗轉的週期，古地理學借象數標誌分野座標系統，古物候學借象數描述陰陽變化節律，內丹、氣功借象數總括天人統一節度，樂律學借象數表徵律呂損益法則。以致明清之際接受西方科學思想的方以智、徐光啟等，試圖改造發展《周易》象數思維方法，建立有中國特色的科學思想體系。唐先生撰著《李時珍評傳》，與醫藥學家的視角有所不同，力圖從多學科、多角度闡發《本草綱目》的文化價值，除表彰其在創建本草學新體系，釐定本草分類新方法，發明新藥物，豐富藥性，增廣百病主治藥等方面的貢獻外，還特別論述此書對研究植物學、動

物學、礦物學、農林牧漁以及歷史文學的重要參考價值。唐先生還從哲學思想的角度，探討李時珍勇攀科學高峰的秘密，認為其獨創精神基於他富有辯證的思維方法、實事求是的認識路線、萬物化生源於元氣的自然哲學等。

唐老在《周易》哲學、道家道教哲學、古代科技哲學三個領域中極深研幾，創獲尤多，貢獻甚大，斐聲中外，是我國在這三個領域研究中的最重要的學者。不僅如此，他老人家在明清哲學、中國辯證法史、儒學、佛學等領域都有甚深造詣。可以毫不誇張地說，唐老對整個國學（中國傳統文化）與中國哲學史的各方面、各斷代都有深入研究。通過本書，我們可以瞭解唐老的基本思路與主要創見，尤其是，他老人家真正把握了中國傳統文化與哲學的精髓，並善於平實、準確地表達出來。

六十多年以來，唐老勤於讀書、思考、著述與講學，學而不厭，誨人不倦，獻身祖國傳統文化的創造性轉化的事業，為現代化文教事業的發展奮鬥不息！他晚年一再申言，要「重振國學，復興儒學，弘揚易學，光大祖國傳統文化，中西融合，古今貫通，建設中華民族共有精神家園，全面建設社會主義和諧社會」。這是他的為學主旨，也是他的心聲與宏願，並念茲在茲，身體力行！

唐老為人謙和，清退不爭，胸懷坦蕩，樂天無憂，提攜後進，不遺餘力。他謹遵道家養生要訣：養性貴守和，煉身貴守恆，飲食貴守淡，起居貴守時。老人家精神矍鑠，步履矯健，聲若洪鐘。

學術之良師人生之楷模
——痛悼恩師唐明邦先生

徐水生

　　4 月 22 號上午，我與教研室幾位同仁去中南醫院探望唐明邦老師，他雖消瘦許多但雙眼有神，與我們交談時的洪亮聲音使在場的青年教師感到驚歎。據在旁照顧的保姆說，「與前幾天相比，今天唐老師的身體和精神狀況好多了。」我看了一下監測的醫療儀器，心電圖走勢正常，血壓 113/52，舒張壓略低一點。我當時還說，「唐老師一定會康復的，過幾年我們一起給您辦百歲慶典！」唐老師微笑以對。沒想到，唐先生病情惡化於 5 月 4 號下午遽歸道山，令弟子悲痛不已！

　　恩師已去，但其慈祥的音容笑貌仍在我腦海中縈回。以蕭萐父先生為學術帶頭人的，包括李德永先生、唐明邦先生三人組成的學術團隊，幾十年來精誠團結，辛勤耕耘，成果豐碩，蜚聲學界，創建了現代的珞珈山中國哲學學科。他們在培養碩、博士研究生的過程中，長期實行的是名副其實的指導小組負責制。如，為了讓我做好「金岳霖《論道》研究」的碩士論文，蕭老師為我專門寫了一封求教於著名哲學家馮契先生的私人介紹信；唐老師為我專門寫了一封求教於著名的哲學家張岱年先生的私人介紹信。上世紀八十年代中葉，電話還沒有普及到一般家庭，在一個秋天的下午我不約而至地敲開了坐擁書城的張岱年先生房門，張先生看了唐老師寫的介紹信後，熱情而認真地與我談了一個多小時他對金岳霖哲學思想的看法和提示了研究中應注意的問題，極大地激勵和促進了我對金先生《論道》的研究。1992 年 7 月下旬，我的博士論文《中國古代哲學與日本近代文化》二稿寫出之時，正值武漢連續十來天的 40 度左右高溫，蕭老師看後並提出了修改意見，又囑我送李老師、唐老師審閱提

修改意見。當時空調還沒有普及，唐老師一邊拿著大蒲扇（因腳疾不能久吹電扇），一邊十分認真地談他對我論文的修改建議，其情其景，終生難忘！

我的中國哲學史教學工作是從「中國古代哲學名著選讀」課程開始的，唐老師曾給予詳細指點，教我如何把握原典中的哲學思想？如何利用現有的各種工具書？如何深入淺出地講授並取得較好的教學效果？為了解決我此課中的一些教學困惑，唐老師還帶著我一起去拜訪、求教著名的語言學家、武大中文系的教授周大璞先生，使我獲益匪淺，周大璞先生著的《訓詁學要略》後來成了我教學中的重要指導書之一。

唐老師不僅是良師，而且也是我們的人生楷模。我每次去他家求教和探望時，他總是熱情地詢問我的教學科研及生活的近況，同時十分高興地向我介紹他的新著或新作，給弟子以學術鼓勵。他身居斗室（比我們學生輩的住房小的多），月拿退休薄酬，但從來沒有任何怨言和牢騷，以治學為樂，身上充滿了一種「士人」的浩然之氣。

唐老師在如何正確對待家庭生活上，也為我們做出了榜樣。他對待與其有著巨大文化差異、大字不識的師母充滿了溫情和愛心，70餘年來，相濡以沫，相敬如賓。一位在哲學系工作多年的女教師對我說，在襄陽分校時，她與唐老師是簡易平房的隔壁鄰居，當時唐老師拿的是講師的工資，上有老下有小，家庭負擔較重，晚上經常聽到唐老師耐心並和氣地向老伴解釋工資收入的開銷情況和商量如何安排好日常生活。這位老師對唐老師的高尚人格十分敬佩。

　　幾年前，唐師母去世了，幾天後已屆 90 高齡的唐老師讓我開車陪他去事前選定的石門峰陵園高知花園區域的墓地。一米左右高的墓碑上，雕刻有以唐老師照片為底板的十分清晰的半身像。正在打掃的女保潔工，看著我們攙扶著唐老師一步一步地緩慢走上山坡的臺階，驚奇地說，「這位老先生與刻在墓碑上的人好像啊！」我回答說：「不是好像，二者就是一個人。這位老先生是我的老師，他已九十歲了，今天來看剛剛去世的老伴。」保潔工伸出大拇指，誇讚不已。唐老師到了墓地，給相伴一生先去天國的妻子獻花，然後扶著墓碑照相留念，表達了自己對終生伴侶的深深懷念。

　　如今唐老師到天國永久陪伴師母去了！

　　恩師唐明邦先生千古！

弟子徐水生　敬悼
2018.5.8　深夜

李德永先生

記李德永先生

郭齊勇

　　德高望重的恩師李德永先生是著名中國哲學史家，武漢大學哲學學院教授，曾兼任國際中國哲學會學術顧問、湖北省哲學史學會理事與顧問。他一生手不釋卷，與古書及中西古典音樂相伴，志存高遠，道守清虛，哲思廣遠。

　　李老師是湖北漢陽人，出身貧寒，少年時即鍾情玄圃。抗戰軍興，輾轉陪都，入江津國立九中，一頭鑽進文史哲的書海之中，頗心儀郭沫若先生的《十批判書》。少年李德永曾得到郭沫若的接引。青年李德永於 1947 年 9 月考入武漢大學哲學系，得到時在武大任教的洪謙、黃子通、石峻、周輔成等教授的栽培，醉心於中西哲學。北大周輔成先生不久前仙逝，享年九十八歲。周先生是武大哲學系諸師長們的大恩人，他對於艱難困苦、身處逆境中的弟子關愛有加，李德永、余敦康、夏甄陶、王蔭庭、汪國訓老師等人都曾得到周先生的關懷與幫助。

　　1952 年院系調整後，李老師入北京大學繼續完成本科學業，又入馬列主義理論研究生班學習，那個時候的研究生真是鳳毛麟角。1954 年 9 月李老師從研究生班畢業。1955 年 2 月至 1957 年 5 月間，李老師在天津市第十五中學（南開中學）任政治課教員。此期間，在繁忙的教學之餘，李老師勤於筆耕，在《新建設》上發表了《韓非的社會政治思想》，在《文史哲》上發表了《荀子的思想》。正是這兩篇學術論文，使得李老師回到武大哲學系任教。他在南開中學期間寫作《荀子》一書，於 1959 年在上海人民出版社出版。

　　李達校長重建武大哲學系，急需人才。經周輔成先生向李校長推薦，李校長親自審閱李老師的論文，決定把李老師調入武大，主動把路費寄到天津，讓

李老師與劉師母、師妹桂芳等舉家南返，又安排李老師到北大進修中國哲學史。時任北大哲學系主任的鄭昕教授原也曾想調李老師進北大，因種種原因未果。鄭昕先生讚歎李達校長的眼光與氣魄，當時武大哲學系在北大進修的，可謂人才濟濟。李達校長慧眼識珠，李老師感念李校長的知遇之恩。

李老師自 1957 年 6 月調入武大哲學系任教，直至 1989 年退休，退休後又被返聘數年，三十餘年一直在武大從事中國哲學教學與研究工作。李老師來武大任教後，政治運動不斷，他倍受壓抑，長期未得到重用，受到不公正的待遇。李老師的長輩與夫人多病，一家人長期生活困難，入不敷出，居住條件也很差。老師與師母相濡以沫，共渡難關。在師母的支持下，李老師全身心地投入到教學與科研工作之中，任勞任怨，甘之如飴。文革十年，李老師與哲學系的老師們一道在襄陽分校接受勞動改造。

改革開放以後，李老師意氣風發，以新的視域，重新省視中國哲學思想史，尤其在儒道兩家哲學思想的研究上，在協助蕭萐父先生編寫《中國哲學史》教材的工作中，在擔任本科生、研究生教學與教書育人的過程中，投入了大量的精力。

蕭萐父、李錦全二先生主編的《中國哲學史》上下卷，自 1982、1983 年出版問世以來，先後印行約十三萬冊，獲原國家教委優秀教材一等獎。這套教材又被編成簡編本，並被外文出版社譯成英文出版。李德永先生是該教材先秦編、宋明編的統稿人，不僅親自撰寫了其中的不少內容，又下力修訂甚至重寫了其中的另一些內容。他為這套教材的編寫立了汗馬功勞。李老師在全國率先自覺探尋中國古代的辯證智慧。在完成了《中國哲學史》的編寫任務之後，李先生承擔了主編《中國辯證法史稿》第一卷的任務，該書於 1990 年 7 月由武漢大學出版社出版，獲中南地區大學出版社優秀圖書一等獎。該卷討論先秦辯證法思想，著眼於探源，著意於專新，以考辯史實、綜述源流、剖析範疇、縱論思潮等論題形式，對遠古至秦統一時期的辯證法思想進行了多層面的探索和發掘。李老師頗費匠心地把本教研室教師及早期研究生等師友們長期研究的成果統整、編定了出來。

李老師多次參與國內外學術活動，特別是國際中國哲學會、中國哲學史學會、湖北省哲學史學會組織的學術會議，每會必提交論文，必即席賦詩。1987年 7 月，他曾應邀到美國聖迭哥的聖巴巴拉大學出席第五屆國際中國哲學大會，用英語宣讀了《論中庸之道》的學術論文，引起與會學者的熱烈討論。此

期間他還到美國斯坦福大學等高校訪問、講學。

李老師的學術貢獻主要在以下三個方面：

第一，著力探討中國哲學的源頭。李老師深入探究中國哲學發端史，認為夏禹治水的活動孕育著哲學的初生。他在代表作《「五行」探源》中，論證了原始五行思想產生於偉大治水鬥爭，五行思想蘊含著有關矛盾、關係、能動性思想的萌芽。他在梳理文獻的基礎上，對照二里頭發掘出的早商文化陶器如大口尊上的刻畫符號等材料，對「五材」、「六府」、「三正」所反映的中華早期文明作出了哲學的闡釋。在《奴隸制時代的辯證法思想研究》等論文中，李老師對於春秋時期的陰陽、和同、一兩、常變、因革、中庸等範疇、概念作了開拓性的、有創意的整理與發揮，豐富了我國哲學史界有關古代辯證法的研究。

第二，著力詮釋先秦哲學的智慧。李老師對老子、孔子、子思、莊子、鄒衍、韓非、荀子及百家爭鳴諸思潮等有著精深而全面的研究。他在《老子道論試析》、《孔子思想評議》、《莊子超越思想賞析》等論文中，特重老子之「道」的哲學意蘊與特質之闡發，孔子之「仁」與「禮」、天命論與教育思想的梳理，莊子之從有情到無情、有限到無限、有我到無我的超越精神的解讀，以重鑄中國哲學精神。

如關於孔子的「三畏」思想，李老師的體會是：「對君子來說，『畏』則具有『敬』『畏』二義。因為『命』具有偶然性，『道』之『將行』、『將廢』很難預料，故感到『畏』；但『天命』所在又具有必然性。既然『天生德於予』，把『舊邦新命』的歷史任務交賦於我，我就要恭敬受命、不計成敗、不畏風險、信心百倍而又警惕萬分地去完成這一神聖任務。因此，天命就內化為自覺自律的責任感、使命感；有此感才會具有仁人志士殺身成仁、捨生取義的激烈壯懷，創造承先啟後的光輝業績！只有這樣，才叫做『知命』！孔子『五十而知天命』就標誌著他的生命歷程中精神境界的高度和深度！」這是極有深度的體認與闡發。

李老師批判了把莊子精神當作阿 Q 精神的無知之言，肯定了積極開放，富有青春活力的逍遙之遊。他說莊子「從天外飛回了，突破了『以俗觀之』的侷限性，換上『以道觀之』的眼鏡，從無限與有限統一的視角高度，多側面、多層次地觀察事物，重新評估其地位和價值。」李老師逐一討論了心理治療的「心齋」三部曲，從「止念」到「集虛」再到「一志」。如說到「集虛」，他指出：「這種『集虛』而出的潛能，其內涵如老子之『虛極靜篤』，其功能同樣可

以達到孟子浩然之氣的『至大至剛』。不過孟子的『集義』，其『擴而充之』的道德情操，剛烈之氣外揚；而莊子的『集虛』，其『虛而待物』的淡泊情懷表現為柔弱中的堅定，瀟灑中的激烈，有更大的韌性和耐力。」關於「至樂」與「鼓盆而歌」，李老師指出：「在思想境界中獲得一種與宇宙乾坤同其悠久的『無樂』之樂，名之曰『至樂』。有了這種覺解，就會欣然面對死亡，『鼓盆而歌』或『臨屍而歌』，以無限寬廣的心懷，讚美『變而有生』、『變而有死』的轉化之理，反思『大塊載我以形，勞我以生，佚我以老，息我以死』的生死之義，從而在更高的層次上『懸解』人生困惑，重估生存價值，開展理想生活：『故善吾生者，乃所以善吾死也。』用偉大的生，迎接偉大的死，向偉大的宇宙大家庭報到，此之謂『大歸』。」這是對莊子智慧的開掘與弘揚，也體現了李老師與天地上下同流的博大胸襟。

李老師是荀學專家。他寫了《百家爭鳴與荀況解蔽》等三篇關於荀子的系列論文，從中可以瞭解荀子的社會政治思想與思維方法的理論特徵，特別是荀子對天人、名實、性偽、人禽、群分、古今、道氣、禮法問題的總結，以及荀子對道家思維的吸取。李老師把荀子作為先秦哲學的集大成者，通過荀子來總結先秦哲學的智慧。他在爾後討論劉禹錫的《天論》，討論王船山的「太極」思想時，又特重從荀子到劉、柳到王船山的思想傳統的哲學特質及意義。這是中國哲學「天人」之學的三個重要的里程碑！天人之際、古今之變、性命之源，一直是李老師關注的重心。

李老師有一次與我閒聊的時候曾經說過，他早年研讀《韓非子》，已經把法家的法、術、勢看得很透。法家反對仁義，藐視人的價值，把人作為工具，一切以「利害」來計算，以刑賞二柄驅動百姓，像對待牲畜犬馬一樣「畜」「牧」人民，其血淋淋之心在韓非著作中和盤托出，使我們能認識到專制統治者的靈魂深處。韓非的歷史觀自有貢獻，但其絕對的功利主義當然是有大毛病的。其實，任何時代的國家主義、集權主義、功利主義、工具主義對民族精神的發展都是有極大傷害的。李老師自覺批判精神奴役，呼喚思想啟蒙與自由個性。

第三，著力分析宋明理學的得失。收入本集的，有李老師討論周敦頤、朱熹、王陽明、李贄、王船山的六篇文章，從中可以看出作者試圖從理學思想的內部理解其發展軌跡。李老師十分欣賞周敦頤高潔的風範，肯定其貴真、志學、知幾的「乾乾不息」的人生哲學，指出：「他主張貴真去偽，在思想情操上多做淨化工作，讓『純粹至善』的心靈放射出『光風霽月』的道德光輝。這種聖

潔光明的人生哲學具有永久的魅力。」李老師推崇聖賢人格，一生都在體驗孔顏樂處。

李老師對宋明時期的「太極」、「理氣」的哲學問題有細緻的清理，對李贄從舊營壘內部衝出，呈現了「童心即真心」的個性自覺，以及李贄思想的內在矛盾有深度的分析。他通過對王船山「太極」思想的論疏，回過頭去看荀子至王船山的思想傳統及理論得失，對我們深有啟發。當然，不必諱言，由於寫作年代的時代限制，李老師的舊作中有一些當時的痕跡，他以「存真」的方式讓讀者瞭解當時的思想界的拘束。

李老師以樂觀的心態，在退休之後持之以恆地「補課」。他曾告訴我，他補的就是五經四書的課。愈到晚年，他愈是回歸孔孟老莊。他以孔子的「朝聞夕死」的精神激勵自己，充實自己，終身學習，達到「自得」「至樂」的崇高意境。晚年，他以從容的心態寫作了《漫談構建社會主義和諧社會》、《人文創造與生態和諧》等論文，反思人類中心主義，反思意志萬能論與科技萬能論，倡導高懸「太和」的價值理想，狠抓「時中」工夫，堅持「公平正義」原則，強化「正位定職」制度，貫徹「至誠無息」精神，謳歌中華人文精神，尤其提倡把這些精神活化到當下的社會與人生之中，積極參與現代化的建設，凝結成中國人的主體性的價值系統，並貢獻給全人類。李老師有深厚的歷史感與強烈的現實感，他時時批判當下的負面，反思現代性，對於環境污染、吏治不清和誠信系統的崩壞憂心忡忡，他身體力行，力求把根源意識與全球意識、傳統文化精神與現代化建設相結合，為建設健康的合理的物質文明、制度文明、精神文明而貢獻自己的智慧與力量。他強烈地反對無本無根之論、空頭的官樣文章與西化思潮。

李老師住院的時候，還帶著一部《四書章句集注》，一部《莊子集釋》，其實他都能背誦，之所以帶在枕邊，因為這是支撐他的精神支柱，是他的精神歸鄉與故園。

李老師是一位傑出的詩人。本集收錄了他的不少詩作，從中我們可以體會他的志向、理想追求、喜怒哀樂，他對親人師友的眷顧，對國事民瘼的關切，以及他的自我批評精神。「埋頭書案已忘年，初度八旬亦坦然」。「從吾所好勤學習，率性而行了音弦」。「莫道寒窗孤陋甚，遊心賴有逍遙篇」。「學無止境道無終，貴在追求苦用功」。「回首奠基知有限，迎頭補課興無窮」。這都是他晚年讀書生活的寫照。

　　長期以來，在武大哲學系，李老師為本科生上「中國哲學史」的課，為研究生上「哲學史方法論」、「中國辯證法史」、「中國古代哲學資料選讀」課，還參與古籍所的工作，並曾應周大璞與宗福邦先生之邀，為中文系與古籍所 1985 級古典文獻學研究生班上「《荀子》導讀」課。他於 1982 年、1983 年連續兩年被評為武漢大學先進工作者，1987 年被評為武漢大學優秀教師。

　　李老師是人師。李老師對提攜過他的前輩師長永懷敬意，片刻難忘師恩師德。薪火相傳，他也以師德潤澤後學。李老師教書特別用心，講課十分投入，聲音洪亮，常常汗流浹背。他時常指導學生讀書寫作，悉心為本科生與研究生修改文章，頗費心力，盡心盡責。他提攜後進，不遺餘力。他以自己的德行與學養嘉惠學苑，啟迪後生。他認為，教學之道，首在教人。他做到知行合一、表裏如一，以身教與言教帶領學生遊學，同學們十分敬重他。他與蕭萐父、唐明邦老師一道培養了很多學生，這些學生在中國哲學思想史、文化史的各領域拓展、創新。

　　李老師的人品，仁厚忠誠，樸實無華，恬淡無欲，與世無爭。他是謙謙君子，真正做到了敬業樂群，和為貴，大局為重，長期與蕭、唐先生等合作共事，以團隊精神共同建設武漢大學的中國哲學學科，是這個國家重點學科的重要的奠基人之一。三位老師的人品與學品，以及他們之間的相互關愛、協調、互補，在學術界傳為佳話，也深深教育、滋養著我們。在我們這些弟子的心目中，他們就是現代三聖！李老師甘當人梯、扶掖後進的風範，光風霽月、超越灑落的境界，嚴謹認真、理智分析的學風，潛沉經典、精誠專一的心態，激勵著我們像他一樣，發潛德之幽光，推陳出新，創造性地轉化中國哲學思想的智慧，為國家、民族、人類的長遠的價值理想竭己所能，盡心盡力。